Don Bosco   **James Martin**

Vom Banker
zum Jesuit

Die Geschichte einer Berufung

Aus dem Amerikanischen von Gerhard Hroß

Bibliografische Information Der Deutschen Bibliothek

Die Deutsche Bibliothek verzeichnet diese Publikation in der
Deutschen Nationalbibliografie; detaillierte bibliografische
Daten sind im Internet über http://dnb.ddb.de abrufbar.

Originalausgabe *In Good Company. The Fast Track
from the Corporate World to Poverty, Chastity and
Obedience* erschienen in den Vereinigten Staaten
bei Sheed & Ward, ein Imprint von
The Rowman & Littlefield Publishing Group
Lanham, Maryland U.S.A.
Genehmigte Ausgabe. Alle Rechte vorbehalten.

First published in the United States
By Sheed & Ward, an imprint of
The Rowman & Littlefield Publishing Group
Lanham, Maryland U.S.A.
Reprinted by permission. All rights reserved.

Alle Rechte der deutschen Ausgabe vorbehalten
1. Auflage 2003 / ISBN 3-7698-1401-0
© 2003 Don Bosco Verlag, München
Umschlag und Layout: Margret Russer
Produktion: Don Bosco Grafischer Betrieb, Ensdorf

Gedruckt auf umweltfreundlichem Papier.

INHALT

VORWORT

DIESES Buch erzählt von einem jungen Mann oder wenigstens von einem jüngeren Mann. Vor acht Jahren war ich in Kenia schwer krank geworden. Während ich mich von der Krankheit erholte, schrieb ich diese kurze Erzählung über meinen Eintritt in eine religiöse Gemeinschaft. Ich war nur wenige Monate zuvor angekommen. In Nairobi sollte ich im Rahmen meiner Ausbildung als Jesuit bei der Flüchtlingshilfe meines Ordens mitarbeiten. Zu viel Arbeit und zu wenig Schlaf brachten mich an den Rand meiner Kräfte und – voilà! – schon hatte sich der neue Missionar eine Viruskrankheit eingefangen: Pfeiffersches Drüsenfieber. „Zwei Monate strikte Bettruhe!", sagte ein kenianischer Arzt. Aber nach nur zwei Wochen hatte ich schon alle Bücher aus der Bücherei meiner Jesuiten-Niederlassung gelesen (sie haben eine sehr kleine Bücherei). Plötzlich hatte ich viel freie Zeit. Dieses Buch ist das Ergebnis dieser freien Zeit. Geschrieben habe ich es nur wenige Jahre, nachdem ich die Welt der Konzerne verlassen hatte und bei den Jesuiten eingetreten war.

Nachdem ich das Manuskript abgeschlossen hatte (und wieder zu meiner Arbeit zurückgekehrt war), blieb der Text sicher versteckt – oder besser: abgespeichert, auf einer alten Computerdiskette. Erst vor kurzem bin ich zu meiner Geschichte zurückgekehrt. Denn mein Verlag hatte angefragt, ob ich sie nicht veröffentlichen wolle. Es war ein kleiner Schock, den Text wieder zu lesen. Das war so, als würde man sich auf einer Kassette hören, die man vor langer Zeit aufgenommen hat: Natürlich bist das du, den du da hörst, aber es ist auch eine vollkommen andere Person, die da spricht. Ich habe mich entschlossen, den Text nur wenig zu überarbeiten. Ich lasse diesen jungen Mann seine Geschichte erzählen, so wie er sie in den langen und stillen Monaten in Ostafrika erlebt hat: noch voll von frischen Erinnerungen an die ersten Anzeichen einer religiösen Berufung, in sich den Glanz der Großen Exerzitien, und noch mit klaren Vorstellungen vom Leben in einem Orden. Das heißt, es sind die Erinnerungen eines *frisch gebackenen* Jesuiten.

TEIL 1 – UNRUHIGE HERZEN

Du hast uns für dich gemacht, Herr,
und unsere Herzen sind unruhig,
bis sie in dir ruhen.

Augustinus, *Confessiones*

LEGES SINE MORIBUS VANAE

Gesetze ohne Anstand sind nutzlos.
Motto der Universität von Pennsylvania

IN KINGSTON auf Jamaika gibt es ein Pflegeheim, das „Unsere Liebe Frau – Königin des Friedens" heißt. Der zweistöckige Betonbau ist in einem fröhlichen Blau-Weiß gestrichen. Dort sind die „Missionarinnen der Nächstenliebe" zu Hause. Dieser Frauenorden ist wohl am besten bekannt durch seine Gründerin, Mutter Teresa aus Kalkutta. Zum Pflegeheim geht man durch einen der größeren Slums von Kingston. Dort wühlen klapprige Ziegen, traurige Hähne, dürre Hennen, und ab und an ein Schwein in den Abfallhaufen, die auf den Straßen verrotten. Jeden Morgen laufen Scharen von jamaikanischen Kindern in ihren Schuluniformen durch die heißen Straßen. Ihre frisch gebleichten weißen Hemden lassen die dunklen Gesichter leuchten. Straßenbanden beherrschen die Slumbewohner, aber die Schwestern im Pflegeheim lassen sie in Ruhe.

Die Schwestern kümmern sich um die Kranken und Sterbenden in Kingston. Jeden Morgen ziehen sie los – in ihrem bekannten Ordensgewand: blau-weiße Saris – und suchen nach den Menschen, die zu krank sind, um für sich sorgen zu können. Die Schwestern tragen die Kranken in ihr Pflegeheim. Dort waschen sie sie, ziehen ihnen frische Kleidung an, bringen ihnen etwas zu essen und geben ihnen ein Zuhause. Oft sterben sie dort. Die Männer schlafen in einem Flügel, die Frauen im anderen. Es ist ein heller und ruhiger Ort mit einem großen Innenhof, der die jamaikanische Sonne auffängt. Um die Mittagszeit regnet es oft. Danach sitzen die Heimbewohner im Hof, während die Schwestern die Wäsche waschen und grüne Eidechsen faul in der Sonne liegen. An einem Morgen, als ich in diesem Pflegeheim arbeitete, kam ein Freund von mir aus den USA. Ich war gerade dabei, ein Dutzend alte Männer, die sich selbst nicht mehr waschen konnten, zu duschen und anzuziehen. Meine Aufgabe war es, so viele Männer wie möglich vor dem Mittagessen zu waschen. Manchmal rasierte ich sie auch oder schnitt ihnen die Fußnägel, was ich überhaupt nicht mochte.

Ich arbeitete in einem großen Gemeinschaftswaschraum. An einer Seite waren die Toiletten mit ihren gesprungenen Schüsseln, auf der anderen Seite lagen die Duschen. Die Männer, die nicht allein stehen konnten, saßen auf einem wackeligen Metallstuhl, auf dem eine Klobrille aus Plastik festgebunden war. Ich benutzte einen Eimer und einen Schwamm, um die Männer zu waschen. Ich kniete auf dem Boden, der von Wasser und Urin aus den verstopften Toiletten bedeckt war. Die Schwestern weichten die Wäsche und ihre Saris in einem großen Becken im Waschraum ein. Sie benutzten dafür ein starkes, scharf riechendes Waschmittel. Der gesamte Waschraum stank nach Kot, Urin, Waschmittel und Seife. Ich konnte kaum atmen.

Ich versuchte, einem alten Mann die Hose anzuziehen, allerdings ohne Erfolg: Die Hose war nass, weil sie auf dem

Boden gelegen hatte. Ich musste die Hose über nasse Schuhe
zerren, denn der alte Mann hatte darauf bestanden, seine
Schuhe in der Dusche zu tragen.

Es war feucht und heiß im Waschraum und ich schwitzte.
Da spiegelte sich ein Umriss auf dem gefliesten Boden. Ich
sah auf und sah einen Freund von mir. Er beobachtete mich
von der Tür aus. Seine dunkle Silhouette zeichnete sich
vor dem hellen Licht ab, das vom Innenhof hereinströmte.
Er sah mich ein paar Sekunden lang an und sagte dann:
„Junge, wenn deine Freunde aus Wharton dich jetzt sehen
könnten."

ICH KANN ES immer noch kaum glauben, dass ich nach
einer sechsjährigen Karriere in der Finanzwelt in einem
Ghetto von Kingston arbeitete. Was mich noch mehr überraschte, war, dass ich als Novize in einem Pflegeheim der
„Gesellschaft Jesu" arbeitete, dem römisch-katholischen
Orden, der besser unter dem Namen „Jesuiten" bekannt ist.
Die meiste Zeit meiner zehnjährigen Vorbereitungsphase
auf die Weihe zum Priester verbrachte ich mit der Arbeit
unter den Ärmsten. An dem Punkt meines Lebens, wo ich
einen gut bezahlten Job, Karriere gemacht, ein Haus, eine
Familie und ein Auto (oder zwei) haben sollte, hatte ich
gar nichts von diesen Dingen.

Ich komme nicht aus einer besonders religiösen Familie,
schon gar nicht aus einer, die sich „gesegnet" vorkommt,
wenn der Sohn beschließt, Priester zu werden. Meine Eltern
waren katholisch – mein Vater hatte sogar eine katholische
Schule besucht – und hatten katholisch geheiratet. Meine
Schwester Carolyn und ich wurden getauft und gefirmt. Als
ich noch ein Kind war, haben wir freitags und in der Fasten-

zeit Fisch gegessen. Den Gottesdienst an Ostern oder Weihnachten hätten wir nie versäumt. Aber die Liebe meiner Eltern zu Gott hat sich nie wie bei strengen Katholiken geäußert. Sie beteten nicht vor dem Essen, gingen nicht täglich zur Messe, hielten keine Familiengebete ab und beteten auch nicht den Rosenkranz. Sie zeigten ihren Wunsch, gute christliche Eltern zu sein, auf andere Weise: Sie pflegten ihre Kinder, wenn sie krank waren. Sie brachten ihnen bei, Fußball zu spielen und Rad zu fahren. Sie halfen ihnen bei den Hausaufgaben. Sie fuhren sie zu den Pfadfindern und zu Kindergeburtstagen. Und sie applaudierten ihnen bei Theateraufführungen in der Schule. Anders gesagt, meine Eltern liebten meine Schwester und mich und machten uns Mut.

Meine Eltern gingen nur gelegentlich zum Sonntagsgottesdienst. Trotzdem musste ich jeden Sonntag in die Messe gehen und danach die Sonntagsschule besuchen. In meiner Kindheit war Religion eine Pflicht. So wie man seine Hausaufgaben erledigt, sein Bett macht oder den Abfall rausträgt.

Wie die meisten katholischen Kinder musste ich die Sonntagsschule die ersten paar Jahre vor der Erstkommunion und vor der Firmung ertragen. Sonntagsschule hieß, dass man am Sonntagmorgen in der Schule unserer Pfarrgemeinde von Nonnen unterrichtet wurde. Wenn ich unter der Woche in meine normale Grundschule ging, konnte ich die katholischen Schüler aus der Gemeindeschule sehen – die Mädchen in grün-blau karierten Röcken und die Jungen in navyblauen Blazern mit goldenen Knöpfen. Aber weder ich noch meine Freunde kannten die Kinder aus der Gemeindeschule. Sie schienen eine eigene Kaste zu sein, abgetrennt und höher. Deshalb war es ziemlich einschüchternd, am Sonntag an ihren Pulten zu sitzen.

Die katholische Schule unserer Pfarrgemeinde „Erscheinung des Herrn" war ganz anders als meine öffentliche Schule. Die jungen Lehrerinnen in ihren Mini-Röcken an der Ridge Park-Grundschule hatten überhaupt nichts mit den majestätischen Nonnen an der Gemeindeschule gemein. Die Nonnen trugen ihren schwarzen Habit. Lange Rosenkränze hingen von ihren Hüften herab. Seltsame bunte Gipsfiguren standen in den gefliesten Schulgängen, die komisch rochen. Die größte Figur war eine 1,20 Meter große Marienstatue. Maria blickte auf ihre Schützlinge, während unter ihrem hellblauen Kleid ein rosa Fuß hervorlugte, der eine Schlange zertrat, die gerade einen Apfel verschlingen wollte. Warum waren die Pulte miteinander verschraubt, fragte ich mich. Und warum hatten sie oben in der Platte kreisrunde Löcher? Ich konnte eine Hand durch das Loch stecken und in dem Pult herumwühlen (was ich oft gemacht habe). Und wenn die Nonnen nicht aufpassten (was sie oft gemacht haben), konnte ich die Platte anheben und die Bücher und Stifte darunter untersuchen. Ein paar Jahre später hat mir jemand erzählt, dass die Nonnen ihren Schülern am Freitagnachmittag immer sagten, sie sollten ihr Pult aufräumen. Damit die „Öffentlichen", wenn sie am Sonntag im Pult herumstöberten, nicht dachten, die Gemeindeschüler wären unordentlich.

Ich blieb in der Sonntagsschule gerade lang genug, dass ich an der Erstkommunion und an der Firmung teilnehmen konnte. Gefirmt wurde ich von John Kardinal Krol, der damals der Erzbischof von Philadelphia war. Er besuchte unsere Kirche so, wie ich dachte, dass es Gott tun würde: Er hatte eine große Mitra auf dem Kopf, trug ein hochpoliertes goldenes Kreuz und zog eine eineinhalb Meter lange purpurfarbene Schleppe hinter sich her, die von fünf oder sechs Priestern hoch gehalten wurde. Mir gefiel die Firmung. Denn ich konnte mir einen Firmnamen aussuchen. Ich wählte „Thomas" und schrieb ihn zwischen meinen Vor- und meinen Nachnamen. Damals war ich neun Jahre alt.

Wie bei der Erstkommunion, die ich nur ein Jahr zuvor gehabt hatte, trugen die Jungen einen neuen braunen oder schwarzen Anzug. Sie hatten eine sportliche weiße Krawatte, die von einem Gummiband festgehalten wurde, das sich um den Kragen schloss. Die Mädchen trugen ein weißes Kleid und einen passenden Schleier. Meine Eltern haben mich in meinem braunen Anzug zum Fotografen gebracht. Auf dem Foto kniete ich auf einem weißen Schemel und hielt einen schwarzen Rosenkranz in meinen gefalteten Händen. Wochen vor dem „großen Tag" bekam ich religiöse Glückwunschkarten und religiöse Geschenke – mehrere Bibeln, einige Rosenkränze und manchmal auch einen Zehn-Dollar-Schein. Der fiel dann aus einer der seltsamen Karten wie ein Blatt von einem Ast. Bei der Erstkommunion durfte ich mir keinen Namen aussuchen. Aber ich durfte eine Hostie probieren. Sie schmeckte nach Pappe. „Es ist unanständig, den Leib Christi zu kauen", hatte die Nonne uns gesagt. Man musste die Hostie auf der Zunge empfangen und sie dann sofort an den Gaumen pressen. Dort sollte man sie zergehen lassen.

Kurz nach der Firmung verlor ich das Interesse an der Sonntagsschule. Monat für Monat schien der wöchentliche Unterricht noch langweiliger zu werden. In einem Jahr wurden wir nur über das Alte Testament unterrichtet, und ich konnte mir nie merken, wer welcher Prophet war.

Also wollte ich mit der Sonntagsschule aufhören. Der Unterricht war langweilig, ich hatte Angst vor den Nonnen, ich kannte die anderen Kinder kaum und ich konnte es nicht mehr ausstehen, eine Stunde am Sonntag ausgerechnet in einer Schule zu verbringen. Und außerdem, warum musste ich etwas über Jesaja wissen? Ich dachte mir, dass ich alles hatte, was ich brauchte: Erstkommunion und Firmung. Daher bettelte ich bei meinen Eltern, dass sie mich nicht mehr zur Sonntagsschule schickten. Nachdem ich lang genug (und laut genug) gebettelt hatte, stimmten sie zu.

Meine religiöse Erziehung dauerte nur ein paar Jahre und mein Verständnis von Religion war auf dem Niveau eines Zehnjährigen eingefroren. Wie viele meiner Freunde wuchs ich nur mit einem kindlichen Glauben heran. Sicher ist es lehrreich, mit zehn Jahren die Definition einer Todsünde oder eines Sakraments zu kennen, aber man braucht doch einiges mehr an Ausbildung, um als Erwachsener durchs Leben zu kommen.

Einmal im Jahr besuchte ein Priester jedes Haus in der Pfarrgemeinde, um den Familien in ihrer moralischen und religiösen Entwicklung beizustehen. Das wurde „Visitation" genannt. Eines Abends, gewöhnlich während der Schulzeit, würde einer der Priester aus unserer Pfarrei nach dem Essen vorbeikommen. Er bekam dann Milch und Kuchen. In einem Jahr war dieser Priester Pfarrer Sheehan, der erst vor kurzem geweiht worden war. Er wurde, wenigstens bei uns zu Hause, der „Hippie-Pfarrer" genannt, weil er auf einem Motorrad fuhr, eine Lederjacke trug und Koteletten hatte. Die Leute sagten, dass eine Narbe auf seiner rechten Wange aus einer Schlägerei in einer Bar stamme.

Pfarrer Sheehan stellte meinen Eltern Fragen, mit denen er herausfinden wollte, welche Art von katholischer Familie wir waren. Gehen wir zur Messe? Gehen meine Schwester und ich noch in die Sonntagsschule? Wie oft gehen wir beichten? Gehen wir regelmäßig zur Kommunion? Wie viel spenden wir? Meine Eltern plauderten mit ihm freundlich über die Schule und über die Nachbarn. Dann gaben sie ihm ihre jährliche Spende in einem farbigen Umschlag, den die Pfarrei jeden Monat ins Haus schickte. Meine Schwester und ich hatten auch kleine Umschläge, die wir in der wöchentlichen Kollekte in die Körbe warfen. Auf der Vorderseite des Umschlags stand „Meine Spende", auf der Rückseite „Möge Gott dich für jede Spende, die du in seinem Namen machst, segnen."

Bevor der Priester aufbrach, segnete er uns im Namen des Vater, des Sohnes und des Heiligen Geistes. Wir knieten auf dem Teppich in unserem Wohnzimmer.

Von den Nonnen wusste ich, dass der Segen besser wirken würde, wenn ich mich exakt bekreuzigen würde. Sie erklärten auch, dass es wichtig war, den richtigen Willen zu haben, wenn man betete. Es war gut, das zu wissen. Denn ich glaubte, dass Gott vor allem ein perfekter Ausweg war, wenn ich nicht genug für eine Prüfung gelernt hatte. Meine Eltern hatten meiner Schwester und mir gesagt, wie wichtig eine gute Ausbildung sei, und ich wollte gut in der Schule sein. Also liefen die Gebete in meiner Kindheit immer nach demselben Muster ab: Ich bat Gott, alle meine Probleme zu lösen – Lass mich in diesem Test eine Eins bekommen! Lass mich bei den anderen beliebt sein! Lass mich in Sport besser werden! Ich betete zu meinem Gott, dem Großen Problemlöser.

Als kleiner Junge betete ich jeden Abend vor einem Plastikbild der Pietá, das im Dunkeln leuchtete. Mein Großvater hatte es 1964 auf einer Reise nach New York gekauft. Als es auf meinem Nachttisch landete, waren die Gesichtszüge der Madonna mit dem Kind schon vollkommen verblasst. Übrig geblieben war ein weißer fluoreszierender Fleck auf einem blauen Hintergrund. Später habe ich dann ein Foto von der echten Pietá in einem der schweren Kunstbücher, die meine Mutter im Wohnzimmerregal aufgestellt hatte, entdeckt. Ich brauchte meine gesamte Vorstellungskraft, um Michelangelos Pietá mit der Version zusammenzubringen, zu der ich gebetet hatte.

Regelmäßig betete ich zum hl. Judas Thaddäus. Dass er der Patron für unmögliche Anliegen war, machte ihn zu einem außergewöhnlich praktischen Heiligen. Zuerst betete ich zu Gott und wenn Gott selbst auf mein Gebet nicht antworten konnte, dann war es *todsicher* ein unmögliches Anliegen. Dann betete ich zum hl. Judas Thaddäus.

Weil ich gern Post bekam, schnitt ich mir eine Anzeige aus einer Zeitschrift aus und schickte sie an den „Nationalen Heiligenschrein von St. Judas" in Maryland. Für drei Dollar bekam ich eine 15 Zentimeter große, beige Plastikstatue von St. Judas Thaddäus und ein Gebetbuch mit langen und komplizierten Gebeten. Einige Gebete waren sogar auf Latein. Ich glaubte, die längeren Gebete wären besser und die auf Latein mit Abstand die wirkungsvollsten. Ich benutzte die lateinischen Gebete nur für die größten und schwierigsten Prüfungen. Der hl. Judas stand geduldig auf meinem Nachttisch, bis ich herausfand, dass er seinen Job, unmögliche Anliegen zu lösen, nur mittelmäßig erledigte. Ich verbannte ihn in meine Schublade mit der Unterwäsche.

Ich hatte eine schöne Kindheit in den 60er Jahren, ohne große Vorkommnisse. Es gab ein paar schmerzliche Momente und ab und an ein paar Probleme, aber ich wuchs in einem guten und liebevollen Zuhause auf. Ich war genauso sorglos wie meine Freunde und ich hatte gute Noten in der High School – vielleicht dank dem hl. Judas Thaddäus, der von der Wäscheschublade aus Fürbitte für mich einlegte. Ich lernte viel in der High School. Im Sommer verdiente ich Geld für mich und das College. Ich mähte Rasen, trug Zeitungen aus, wusch Geschirr, war Kellner, Gepäckträger, Platzanweiser, Bankangestellter, und einen grauenvollen Sommer lang arbeitete ich am Fließband und stellte kleine Schachteln in große Schachteln. Schließlich begann ich zu überlegen, an welches College ich gehen sollte.

Im letzten Jahr in der High School war ich Klassenbester und hatte gute Noten in den Aufnahmeprüfungen für das College. Ich bewarb mich an den besseren Colleges. Damals waren die einzigen guten Universitäten, die ich kannte, die aus der Ivy League*. Auf die Idee, auf andere Colleges zu gehen, bin ich nie gekommen. An katholischen Colleges hatte ich so viel Interesse, wie es meine jüdischen Mitschüler wohl hatten: gar keines. Die einzigen katholischen Colleges, von denen ich gehört hatte, waren Georgetown und Notre Dame, und weil ich von beiden fast nichts wusste (außer dass Notre Dame eine bekannte Football-Schule war), habe ich mich dort nicht beworben. Auf ein katholisches College zu gehen kam mir genauso sinnlos vor, wie die Sonntagsschule weiter zu besuchen. Wer will schon die ganze Zeit

---

* Ivy League ist die Bezeichnung der acht amerikanischen Eliteuniversitäten: Harvard, Yale, Pennsylvania, Princeton, Columbia, Brown, Dartmouth und Cornell (Anm. d. Übers.)

Religion lernen? Für meine Eltern, meinen Schulberater und meine Freunde war die Ivy League der richtige Platz für mich. Damals habe ich auch beschlossen, Wirtschaft zu studieren. Zugegeben, ich hatte in der Schule nie Wirtschafts-Kurse besucht (es war nur „Buchhaltung" angeboten) und für mich waren die „Nachwuchs-Wirtschaftsbosse" an der Schule nur ein unerschöpfliches Reservoir an Idioten. Und zugegeben, ich fand so viel um einiges interessanter als Wirtschaft: Kunst, Englische Literatur, Geschichte. Aber ich konnte mir nicht vorstellen, wie ich mit meinen Interessen allein Karriere machen könnte. Was machte man nur mit einem Abschluss in Kunst? Malen? Und mit einem Abschluss in Englischer Literatur? Wie kann man davon leben? Wirtschaft zu studieren war ein pragmatischer Kompromiss und die perfekte Lösung für mein Problem. Und schließlich könnte ich ja, das sagten meine Eltern, mit Wirtschaft in allen Bereichen arbeiten. Das kam mir vernünftig vor und mein Schulberater stimmte begeistert zu.

Viele meiner Freunde trafen damals dieselben Entscheidungen. Sie gaben ihr Interesse an Literatur und Kunst auf und wählten stattdessen Wirtschaft, weil es „pragmatisch" war. Wer hätte etwas Besseres gewusst? Ein Teil der Überlegung waren die hohen Kosten einer Ausbildung am College. Meine Familie hatte nicht viel Geld. Ich wusste, dass ich nach meinem Studium einen großen Kredit zurückzahlen musste. Wie ich das mit einem Abschluss in Geschichte oder Kunst schaffen sollte, konnte ich mir nicht vorstellen.

Nachdem ich mich bei einigen Colleges beworben hatte, ging ich an die Universität von Pennsylvania. Es war die einzige Universität der Ivy League, die ein Wirtschafts-Studium für Anfänger im Angebot hatte. Meine Eltern waren doppelt froh. Es war eine sehr gute Universität, zumindest sagte das jeder, und ich war nicht allzuweit weg von zu Hause.

DIE UNIVERSITÄT von Pennsylvania ist die älteste Universität im Land. Harvard, darauf wiesen die Führer bei den Campusrundgängen immer wieder gerne hin, war nur das ältere *College*. Die Gebäude der Universität liegen um einen großen Campus in West Philadelphia. Die Universität ist ein angenehmer Mix aus gotischer, jakobinischer, kolonialer und moderner Architektur. Das Gelände wirkt sehr städtisch, aber es gibt genug Bäume, Büsche und kleine gepflasterte Wege, so dass man sich nicht ganz zugebaut fühlt. Als ich im Jahr 1978 dort ankam, erholte sich die Universität gerade von einer Identitätskrise. Ursprünglich war sie im Geist der Quäker mit einem Zug zur Bescheidenheit und zum Anstand gegründet worden. Die Penn, wie die Universität genannt wurde, hatte nie die Exklusivität gesucht, die Harvard, Yale oder die verhasste Rivalin Princeton hatten. Das förderte den Wettbewerb in der Schule, bedeutete aber zum Glück auch, dass es an der Penn viel weniger Arroganz gab als an den anderen Universitäten der Ivy League. Die Universität hatte vielleicht nicht den großen Ruf, den ihre Schwestern in der League hatten, aber ihre Fakultäten waren berühmt: Medizin, Jura, Maschinenbau, Kommunikationswisschenschaft und Wirtschaft. Diese Fakultäten verliehen der Penn eine Aura von Professionalität und Ernsthaftigkeit, die andere Ivy League-Unis mit ihrer Atmosphäre der freien Künste nicht hatten. Insgesamt war die Penn ihrer vor allem *pragmatischen* Vision einer amerikansichen Unversität treu geblieben, so wie sie ihr Gründer Benjamin Franklin 1740 erdacht hatte. Als Erstsemester wohnte ich im „Viereck", einem gigantischen Bau von Schlafsälen aus dem 19. Jahrhundert, der die Größe von mehreren Fußballfeldern hatten. Das Gebäude war mit drohenden Wasserspeiern, hohen gotischen Fenstern und steilen Zwiebeltürmen verziert. Gewaltige Statuen thronten vor den Gebäuden – ein Prediger aus dem 18. Jahrhundert, ein ehemaliger Dekan des College und ein Grabmal für die Gefallenen des Großen Kriegs. Das „Viereck" atmete Geschichte und ich freute mich darüber, jeden Morgen auf dem Weg zur Vorlesung durch die großen Eisentore zu gehen (und gelegentlich nachts betrunken durchgetragen zu werden). Ich mochte alles an der Penn, was mit Tradition zu tun hatte: die uralten, verwinkelten Efeuzweige, die die Unterrichtsräume umwucherten, die riesigen hundert Jahre alten Bäume beim College Green, die Gedächtnistafeln für längst tote Absolventen. Besonders gern ging ich unter dem großen Eisentor bei der Houston Hall hindurch. Dort stand das Motto *Inveniemus viam aut faciemus:* Wir werden einen Weg finden oder wir werden selbst einen bauen. Die Deckel unserer Notizblöcke trugen das College-Siegel mit dem Motto *Leges sine moribus vanae:* Gesetze ohne Anstand sind wertlos.

Ich war froh, dass ich an der Wharton Business School, der wirtschaftswissenschaftlichen Fakultät der Penn, aufgenommen worden war. Sie hatte den Ruf, die beste Wirtschaftsschule im Land zu sein. Am Anfang liebte ich die Kurse. Mir eröffnete sich eine vollkommen neue Welt: Begriffe wie Angebot und Nachfrage, Bilanzierung, Schulden, Gewinnerwartung und Kapital. Es war, wie wenn ich eine neue Sprache lernen würde, die die Geheimnisse der Wirtschaftsseiten in der Zeitung erschließen würde. Ich begann die Wirtschaft und die Welt im Ganzen zu verstehen. Mit einem Mal fühlte ich mich erwachsen. Sofort nach meinem Studienbeginn wurden mir die anscheinend grenzenlosen Möglichkeiten klar, die vor mir lagen. Wir Wirtschaftsstudenten hörten täglich von den hochdotierten Jobs und den aufregenden Chancen, die uns erwarteten, sobald wir erst einmal das Studium abgeschlossen hätten. Es war wie im Rausch: Die umwerfenden Gehälter für Absolventen, die Rekrutierungs-Programme der großen Gesellschaften auf dem Campus, die berühmten Wharton School-Absolventen und die gigantischen Summen von Geld, die sie machten. Es war pures Adrenalin, besonders für einen 17-Jährigen.

Meine Kommilitonen und Kommilitoninnen waren junge Leute mit Talent – intelligent, interessiert und präzise. Und sie standen, vor allem hier auf der Wharton School, in einem harten Aussiebverfahren. Die schwierigen Wirtschaftskurse verlangten viel Zeit der Aufbereitung, wenn man die komplexen finanziellen Begriffe verstehen wollte: Umgekehrte Angebotskurve, Buchhaltung bei nicht konsolidierten Partnerfirmen, zu erwartende Kaufkraft. Nur Kurse wie Management und Marketing bildeten eine Ausnahme. Die anderen Wirtschaftkurse waren alle genauso qualvoll. Jeder lernte Wochen voraus für die Prüfungen in der Mitte des Semesters und für die Abschlussprüfungen. Ich musste geduldig lernen, um wenigstens die übliche Note Zwei zu bekommen. Wenn einer einmal eine Eins bekam, war das ein Grund zum Feiern. Als ich in Statistik eine Drei bekam – meine erste überhaupt –, war ich kaum niedergeschlagen. Denn ich hatte *überhaupt keine* Ahnung, worüber der Lehrer das ganze Semester über gesprochen hatte.

Die meisten Abende im ersten Semester verbrachte ich in der Medizinischen Bibliothek. Die Stille eines Leichenschauhauses, die hier herrschte, mochte ich lieber als die geräuschvollere Hauptbibliothek. Ich wusste, dass mich meine Freunde für einen Streber hielten. Einmal wollte ich nicht an einem Donnerstagabend mit ihnen zum Trinken gehen. Da packten sie mich an Armen und Beinen und trugen mich aus dem „Viereck" in Richtung der nächsten Kneipe. Zuerst habe ich mich gewehrt, aber dann habe ich mich entspannt. Als meine Freunde merkten, dass es mir Spaß machte, von ihnen getragen zu werden, legten sie mich sofort auf den Gehsteig. Den Rest des Weg ging ich mit ihnen zu Fuß.

Der angespannte Wettbewerb an der Fakultät machte ehrgeizige Studenten nur noch gehetzter, manchmal sogar auf eine manische Weise. Im ersten Semester setzte einer der Professoren in der Woche vor der Abschlussprüfung eine Fragestunde an. Ich fragte einen meiner Mitstudenten, wann genau die Stunde stattfinde.

„Wann ist die Fragestunde?", fragte ich.

„Weiß ich nicht", sagte er vage.

Aber natürlich wusste er es. Aber obwohl ich weiter nachbohrte, nannte er mir den Termin der Fragestunde nicht – weil er einen Vorteil mir gegenüber haben wollte, wenn die Prüfungen kamen. Schließlich fand ich den Termin selbst heraus. Als ich den Raum betrat, saß der manische Student in der ersten Reihe.

Das Studium an der Wharton Business School bedeutete auch, dass ich mein Blickfeld einschränken musste. Um an der Wirtschaftsfakultät bestehen zu können, konnte ich kaum andere Kurse (in Kunst zum Beispiel) belegen. Ich hatte einfach keine Zeit mehr, um mich in anderen Bereichen umzusehen.

Für die Auswahl unserer Kurse in Wharton mussten wir uns jedes Semester mit dem Berater der Fakultät treffen. Ich sah den nahezu unwirklichen Berater nur zweimal im Jahr zu einem Zehn-Minuten-Treffen. Da war es wohl kaum möglich, dass er mich bei irgendetwas „beraten" konnte. Er konnte sich noch nicht einmal meinen Namen merken. Trotzdem ging ich jedes Semester vor der Wiedereinschreibung pflichtbewusst in sein Büro.

Im Frühjahr meines ersten Jahres erklärte ich meinem Berater, dass ich mich für einen Kurs in US-amerikanischer Geschichte einschreiben wollte. Er riss die Augen auf und kniff sie dann skeptisch zusammen.

„Wofür", fragte er.

„Na ja", sagte ich, „ich habe mir gedacht, dass es ... äh ... interessant ist."

„Ich muss dich darauf hinweisen, dass du *so* einen Kurs auf keinen Fall nehmen sollst", sagte er. „Das nimmt dir nur wertvolle Zeit, die du für die wichtigen Kurse brauchst. Wenn du schon etwas außerhalb der Wirtschaft nehmen willst, dann nimm einen leichten Kurs. Wenn du später in einem Vorstellungsgespräch sitzt, scheren die sich einen Dreck darum, welche Note du in einem Poesie-Kurs hattest."

Ich habe seinen Rat nie ernst genommen. Also habe ich auch auf diese Warnung nicht gehört. Ich habe mich in den Geschichtskurs geschrieben und habe eine Eins bekommen. Heute kann ich mich viel besser an den Geschichtskurs erinnern als an jeden der Wirtschaftskurse.

Das erste Jahr ging schnell vorbei, fast zu schnell. Meine Kurse hatte ich ziemlich willkürlich ausgewählt, weil ich erst im zweiten Jahr einen Schwerpunkt angeben musste. Viel wichtiger als das Studium war das Abenteuer, auf mich selbst gestellt zu sein, weit weg von meiner Familie. Im Sommer kam ich nach Hause, mit der Arroganz und dem Zynismus, den man nur an den besten Unis lernt. Ich konnte an den Gesichtern meiner Eltern ablesen, wie neunmalklug ich klang, als ich ihnen all die „Großen Warheiten" enthüllte, die ich in meinem ersten Jahr gelernt hatte.

Ein paar Jahre später kam meine Schwester Carolyn von ihrem ersten Jahr in Harvard nach Hause und gab beim Thanksgiving-Essen dieselben Wahrheiten zum Besten. Ich fragte meine Eltern: „Habe ich denselben Blödsinn erzählt?" – „O Mann", sagte mein Vater, „noch viel mehr."

Weil ich meinen eigenen Intellekt nun höher einschätzte, diskutierte ich mit meinen Freunden öfter über Religion. Mein Glaube war immer noch auf dem Stand eines Zehnjährigen. Trotzdem diskutierte ich oft mit meinem Freund George, einem bekennenden Agnostiker, über fast jeden religiösen Streitpunkt: Hat Jesus wirklich Wunder gewirkt? Wofür braucht man eine institutionalisierte Religion? Ist Jesus von den Toten auferstanden? Warum muss man beichten, wenn Gott sowieso alle unsere Sünden kennt? Gibt es Gott?

Diese langen Diskussionen haben sicher mein Verständnis von Religion vertieft. Zugleich aber wurde ich dadurch gegen jede wirkliche Beziehung zu Gott immun. Es war Leidenschaft in unseren Diskussionen, aber nur die trockene, formale Leidenschaft des Verstandes. George und ich hätten genauso gut über Politik oder Wirtschaft diskutieren können. Jeder religiöse Begriff, den ich nicht mit dem Verstand erfassen konnte, wurde von mir verworfen. Alles, was sich nicht rational beweisen ließ, sah ich als bedeutungslos und dumm an.

Jenseits dieser Diskussionen ignorierten wir Religion. Meine neuen Freunde waren nicht unmoralisch oder respektlos. Religion war einfach ein Fremdwort für uns. In meinem Abschlussjahr habe ich die Fernsehserie *Wiedersehen in Brideshead* zusammen mit ein paar Freunden gesehen. Charles Ryder, das Alter Ego von Evelyn Waugh, sagt dort ziemlich genau, was er von Religion hält:

In meiner Ausbildung habe ich gelernt, dass sich die Erzählungen der christlichen Religion längst als Mythos entpuppt haben. Jetzt ging es nur um die Frage, ob die ethischen Lehren des Christentums heute noch Sinn haben. Viel sprach dafür, dass sie keinen Sinn mehr hatten; Religion war ein Hobby, dem manche nachgingen und manche nicht; im besten Fall war Religion wie Folklore, im schlimmsten Fall war Religion ein Hort von „Neurosen" und von „Verklemmung" – die Schlüsselwörter in diesem Jahrzehnt – und ein Hort der Intoleranz, der Heuchelei und der reinen Dummheit, die sich dort seit Jahrhunderten angesammelt hatten.

In unseren Ohren klang das genau richtig.

A BER ICH GING noch zur Messe. Warum nicht? Ich war zufrieden damit, einfach in der Kirche zu sitzen, sei es auch nur wegen seines beruhigenden Rituals. Die Messe war etwas Stabiles, etwas Beständiges und etwas Vertrautes.

Um genau zu sein, es konnte auch nicht schaden. Wenn es einen Gott *geben würde*, könnte ich ihn vielleicht günstig für mich stimmen, wenn ich zur Kirche ging, vor allem wenn ich ihn um etwas bitten wollte. „Man weiß ja nie", sagte ich mir in einer Abwandlung der berühmten Wette von Blaise Pascal.

Ich ging nach St. Agatha-St. James, eine kleine Kirche in der Nachbarschaft. Zuvor hatte ich mit Bruce, einem meiner halb praktizierenden katholischen Freunde, das Kardinal Newmann-Zentrum in der Universität ausprobiert. Am Sonntag gingen wir zum Gottesdienst in die Kappelle des Zentrums – ein großer Raum, der von Neonröhren erhellt war. Graue Metallstühle standen einem Art hohen Tisch gegenüber, der wohl der Altar sein sollte. Der Text des ersten Lieds wurde auf einen weißen Schlacke-Stein hinter dem Altar projiziert. Als wir „Das Weizenkorn muss sterben" anstimmten, kam ein abgerissener junger Priester in Sandalen hereingeschlurft und begann mit uns zu reden. Wir sprachen darüber, was das Evangelium für uns bedeutet. Studenten halfen, die Kommunion auszuteilen. Beim Vaterunser forderte uns der Priester auf, die Hand unseres Banknachbarn zu halten. Das war alles, dachte ich mir, aber keine Messe. Am nächsten Sonntag gingen Bruce und ich zu der konservativen, aber gemütlichen Pfarrei St. Agatha.

Dort gefiel uns vor allem die Predigt. An einem Sonntag saßen wir in der Bank und unterhielten uns, ohne auf die Predigt zu hören. An einem Punkt seiner Predigt sagte der Pfarrer: „Gott will, dass wir aus jeder Situation im Leben das Maximum herausholen."

Dann sagte er: „Ja, Gott will, dass wir uns jeden Tag fragen: Was ist da *für mich* drin? Gott will, dass wir sagen: Was ist da *für mich* drin?"

Bruce lächelte und flüsterte mir schelmisch zu: „Na, das ist doch die Religion für mich."

So blieb ich in meiner College-Zeit ein reiner Sonntagschrist. Ich folgte den Regeln der Kirche und verstand überhaupt nichts von deren Geist. In meinem dritten Jahr aber stieß ich auf richtige Religion, oder zumindest auf wahren Glauben.

Am Memorial Day, ein paar Tage nach Semesterende, starb Brad, ein guter Freund und früherer Zimmergenosse von mir, zusammen mit der Freundin eines anderen Freundes bei einem Autounfall. Beide waren 20 Jahre alt.

Brad war im ersten Jahr mein Zimmergenosse. Mit ihm war ich das erste Mal in meinem Leben betrunken, er brachte mir bei, wie man einen Joint rollt, nahm mich ins Kino zu meinem ersten europäischen Film mit, brachte mir unglaublich viele Trinkspiele bei und erklärte mir, was man sich an der Penn anziehen muss – Topsiders, Khakihosen, und Oxford-Button down-Hemden („Kein unnatürliches Gewebe; keine Farben, die nicht in der Natur vorkommen", sagte er, als ich ihn fragte, was er zu seinem Geburtstag wolle). Wir spielten unseren Freunden Streiche, und viel öfter, uns selbst. Ich hatte das Wochenende bei seinen Eltern verbracht, ich kannte seine Freundin(nen), ich wusste seine Zukunftspläne. An einem Nachmittag geriet ich mit ihm Kilometer weit entfernt von der Uni in ein Gewitter. Wir zogen einfach unsere Schuhe aus und gingen lachend zurück. Er war ein wunderbarer Freund.

Da der Unfall am Memorial Day passiert war, waren die meisten von uns schon in die Sommerferien abgefahren. Die schlimme Nachricht erfuhren wir am Telefon sehr schnell voneinander. Brad wurde an einem drückend heißen Tag in Washington, D.C., beerdigt.

Während des Gottesdienstes hörte ich den Pfarrer von der Liebe Gottes und seiner Nachsicht sprechen. Da entschied ich mich, nicht mehr zur Kirche zu gehen. Ich entschied mich schnell und einfach. Es konnte keine rationale

Erklärung dafür geben, dass ein liebender Gott so etwas tat. Warum sich also noch mit der Farce von Religion abgeben? Ein paar Monate später unterhielt ich mich an der Penn mit Jacque, einem schüchternen und ruhigen Mädchen aus unserem Freundeskreis. Jacque stammte aus einer kleinen Stadt bei Chicago und war, was man eine „Fundamentalistin" nannte (obwohl ich nicht glaube, dass irgendjemand von uns zu dieser Zeit wusste, was das bedeutet). Sie ging zu „Bibelkreisen" und suchte lange Zeit nach der „richtigen" Kirche, in der sie beten wollte.

Brad und Jacque, die in so vieler Hinsicht das Gegenteil voneinander waren, waren trotzdem Freunde gewesen. Brad war wild und voller Energie; Jacque war – eben eine „Fundamentalistin". Aber beide hatten in ihrem Herz einen großen Raum für „Außenseiter" (so müssen sie sich gegenseitig gesehen haben).

An einem kalten und klaren Novembertag stand ich zitternd vor Kälte vor dem „Viereck". Ich erklärte Jacque, wie wütend ich war, dass Gott Brad weggenommen hatte, und ich erzählte ihr, dass ich seit seinem Tod nicht mehr zur Kirche gegangen war. Und ich glaube, dass ich wütend auf sie war, weil sie an Gott glaubte, der so etwas tun konnte. Ich erwartete von Jacque eine intellektuelle Antwort auf meine Wut und meinen Frust. Ich bin mir sicher, dass sie gemerkt hat, dass ich sie herausforderte.

Sie schloss ihre Augen einige Sekunden lang, öffnete sie wieder und sagte: „Ich habe zu Gott gebetet und ihm für Brad's Leben gedankt."

Als ich das hörte, spürte ich einen Wandel, eine kaum wahrnehmbare Verschiebung in mir. Statt mir die intellektuelle, fast mathematische Antwort zu geben, die ich mir erhofft hatte, ließ mich Jacque für einen kurzen Moment die Welt auf eine andere Art sehen. Vielleicht war es nur eine Kleinigkeit, aber ich begann, den Unterschied zwischen Glauben und Vernunft zu erkennen, zwischen dem Intellekt und der Seele – und zwischen meiner Welt und ihrer. Ich dachte mir, ich gebe Gott noch eine Chance und gehe wieder zur Kirche.

MEIN LETZTES JAHR verging ohne besondere Ereignisse. Die Vorlesungen wurden immer schwieriger, weil wir die Grundkurse hinter uns hatten und jetzt die Fortgeschrittenenkurse in Buchhaltung und Finanzen belegten. Vor allem die Finanzkurse waren rein mathematisch geworden. Wir lernten komplizierte Gleichungen und zeichneten Graphen, die die vertrackten Wirtschaftstheorien veranschaulichen sollten. Trotzdem hat mir diese Herausforderung Spaß gemacht und ich hatte das Gefühl, dass ich etwas Wichtiges lernte, etwas, womit ich im echten Leben zurechtkommen würde.

Ich hatte mich für den Studienschwerpunkt „Finanzmärkte" entschieden. Aber ich belegte ein paar zusätzliche Kurse in Buchhaltung, damit mein Lebenslauf besser aussehen würde. Aber die Vorbereitung auf die Prüfung in Kostenkontrolle verlangte sehr viel Zeit. Die Prüfung bestand aus sechzehn DIN A4-Blättern, die mit Zahlenkolonnen und Bilanzen voll geschrieben waren. „Die Prüfung dauert vier Stunden", sagte unser Tutor. „Ihr habt zwei Stunden dafür!" Obwohl ich mit Sicherheit nichts Besseres als eine Zwei bekommen würde, wollte ich immer noch einen klasse bezahlten Traumjob.

Aber jetzt brauchte ich erst einmal trotz meiner Sommerjobs und meiner Kredite Geld. Ich war so knapp bei Kasse, dass ich mich als Versuchsperson an der psychologischen Fakultät meldete. Dort bekam man fünf Dollar pro Stunde, was damals eine Menge Geld war. Bruce war auf diese Idee gekommen. Er nahm nicht nur an psychologischen, sondern auch an medizinischen Tests teil. Einmal war sein Arm mit seltsamen Metallplättchen vollgepflastert. „Dermatologische Tests", sagte er, „ich kriege fünf Dollar pro Plättchen."

Die meisten Psychologietests bestanden aus Rorschachtests und einfachen Frage-Antwortbögen. Bei einem Test musste man auf kleine Tiere auf weißen Pappkarten sehen. Dein Kopf sollte sich nicht bewegen, während ein Student die Karten langsam in und aus deinem Sehfeld bewegte. Am Ende bekam ich Kopfweh – und zehn Dollar. Bruce und ich hatten es bald heraus, dass man zu einem neuen Test gerufen wurde, wenn man komische Antworten gab. Das bedeutete die Chance auf nochmal fünf Dollar. Also dachten wir uns Antworten aus, wie sie ein Verrückter sagen würde.

Am Ende des Semesters waren wir totale Profis bei den Allgemeinbildungsfragen, weil alle Tests dieselben Fragen stellten. Also schlugen wir die Antworten auf die Fragen in den Lexika nach und lernten die Anworten auswendig. „Wann wurde Goethe geboren?", „Wie weit liegt Los Angeles von New York entfernt?", „Wo kommt der Gummi her?" Weil wir die Antworten auswendig kannten, konnten wir perfekt antworten. Wir erreichten die höchsten Punktezahlen im Bereich der Allgemeinbildung. Die Tester mussten aus unseren Spitzenergebnissen schließen, dass die Absolventen an der Penn geistig ziemlich gestört, aber extrem gebildet waren.

Als meine Abschlussprüfung nahte, wurde meine Zukunft für mich immer unklarer. Ein Teil von mir wollte in der Wirtschaft weiter machen. Schließlich hatte ich das ja studiert. Den Sommer zuvor hatte ich sogar bei einem Börsenmakler in Philadelphia gearbeitet und es hatte mir Spaß gemacht, meine Studienkenntisse praktisch anzuwenden.

Trotzdem zögerte ich. Wirtschaft war zwar interessant, aber es machte mir keinen Spaß (besonders die Buchhaltung nicht). Ich fand es komisch, dass einige meiner Freunde die Wirtschaftsmagazine wie „Fortune" oder „Business Week" *gerne* lasen. Denn ich fand sie unsäglich langweilig. Vielleicht könnte ich ja anderswo arbeiten? Aber wo? Wovon sollte ich leben? Ich hatte einmal einen Kurs in Wirtschaftsrecht belegt und er hatte mir Spaß gemacht. Vielleicht also Jura. Aber ich hatte absolut kein Geld für ein Zusatzstudium.

Als ich mit meinen Freunden über meine Zweifel sprach, reagierten sie alle genauso: „Warum hast du überhaupt Wirtschaft studiert, wenn du überhaupt nicht in der Wirtschaft arbeiten willst?" Jeder sagte, ich solle doch froh sein, dass ich es überhaupt auf die Wharton Business School der Penn *geschafft* hatte. Vor mir lag eine vielversprechende Karriere: Wir sagten, wir waren „auf der Überholspur" unterwegs zum Erfolg. Mit meinem Wirtschaft und Finanzen-Abschluss würde ich garantiert ein sehr hohes Anfangsgehalt haben. Wieso also wollte ich *nicht* in die Wirtschaft, fragten sie mich alle. Einige Investmentbanken boten schon den Studenten 25.000 Tausend Dollar Jahresgehalt an. Also verhielt ich mich pflichtbewusst. Ich meldete mich zu den Vorstellungsgesprächen bei den Investmentbanken, Konzernen und Wirtschaftsberatungsfirmen an, die jedes Jahr direkt auf den Campus der Penn kamen.

Die Vorstellungsgespräche waren ausgesprochen kurzweilig. Ich bekam einen riesigen Haufen Post. Und dann machte unsere Uni das ganze Auswahlverfahren schon fast idiotensicher. Als die „Jahreszeit der Vorstellungsgespräche" (früher hatten wir sie mal Herbst genannt) kam, musste ich fast nichts anderes tun als Lebensläufe schreiben. Die Karriereplanungs- und Berufsberatungsstelle der Uni hatte eine riesige Wand voll mit Zetteln, auf denen Woche für Woche Dutzende der genialsten Job-Angebote ausgehängt wurden.

Zuerst kamen die „Big Eight". Das waren die Buchhaltungsfirmen,die die crème de la crème der Buchhaltungsstudenten anwarben. Plötzlich wurde es ganz ruhig in den Buchhaltungskursen, weil die Studenten, die bereits ein Jobangebot angenommen hatten, kein Interesse mehr an ihren Noten hatten. Dann kamen die Investmentbanken und die Börsenmakler – Salomon Brothers, Lehman Brothers, Goldman Sachs, Smith Barney, Merrill Lynch – auf der Suche nach Absolventen aus dem Finanzmarkt-Bereich. Schließlich kamen die großen Banken und entfalteten Mitte November eine große Hektik: Chase Manhatten, Citicorp, Manufacturers Hanover, mit ihnen große Konzerne wie IBM, AT&T und GE, und dazu die Elite-Beraterfirmen wie Booz Allen und die Boston Consulting Group.

Um an ein Vorstellungsgespräch zu kommen, musste man als jobhungriger Absolvent nur einen mit der Maschine getippten Lebenslauf in einen der vielen Briefkästen an der Wand mit den Stellenanzeigen werfen. Neben dem Briefkasten stand auf einer 10 mal 15 Zentimeter großen Karte der Name der Firma und eine kurze Berufsbeschreibung. Die Berufsberater leiteten den Lebenslauf dann an die Firma weiter. Wie von Zauberhand wurde man in den nächsten Tag zu einem Vorstellungsgespräch auf dem Campus der

Uni eingeladen. Dazu trug man einen dreiteiligen Anzug in Navyblau, ein button-down-Hemd (weiß – oder hellblau, wenn man abenteuerlustig war), und ein Seidentuch (mit den Farben der Uni: rot und blau). Die Frauen trugen dasselbe Outfit, nur dass sie ein Kostüm anhatten und ein weiteres Seidentuch. Außerdem musste man einen Trenchcoat haben, der locker über dem Arm getragen werden sollte. Eine Freundin hat mich einmal an einem warmen Septembertag mit dem Trenchcoat über dem Arm, der offensichtlich vollkommen überflüssig war, gesehen. Ich ging gerade über den Campus und sie fragte mich, ob ich nicht einfach eine Attrappe eines Trenchcoats hätte kaufen können. Denn der Mantel war doch nur Fassade und gar nicht notwendig. Ich begann zu lachen, aber ich kam mir durchschaut vor. Der Mantel war nur Fassade, und ich fühlte mich wie ein Schauspieler auf dem Weg zu einem Casting für eine Rolle, in der er sich nicht wohl fühlte.

Die meisten Vorstellungsgespräche waren locker und unproblematisch. Man musste sich kaum vorbereiten, nur kurz den Jahresbericht der jeweiligen Firma ansehen. Die Firmen wollten uns unbedingt anstellen, und es war schmeichelhaft, so umworben zu werden. Die größeren Firmen, vor allem die „Big Eight" der Buchhaltung, gaben sogar Cocktail-Parties in den Hotels beim Campus. Essen umsonst! Aber nach einigen Monaten verloren die Vorstellungsgespräche ihren Reiz. Es waren immer dieselben vorgefertigten Fragen. Ich erklärte meinen akademischen Hintergrund bis zum Erbrechen. Wieder und wieder versuchte ich einem Personalchef zu erklären, warum ich ein galaktisch guter Banker sein würde, weil ich einmal in der High School Vorsitzender der Schülermitverwaltung gewesen war.

Aber einige der Vorstellungsgespräche – vor allem die mit den Investmentbanken – waren wirklich mühsam.

In den frühen 80er Jahren waren die Investmentbanken der ideale Anstellungsort für uns Studenten. Dafür gab es einen schlagenden Grund: Sie zahlten das meiste Geld. (Die Studenten machten darüber Witze: Auf die Frage „Warum wollen Sie bei uns arbeiten?", war die ehrliche Antwort „Weil Sie uns für viel Geld anstellen wollen.")

Die meisten Firmen setzten ihre Vorstellungsgespräche an, nachdem sie die Lebensläufe erhalten und die Bewerber ausgewählt hatten. Die Salomon Brothers, eine Investmentbank, gingen nach dem Motto vor: Wer zuerst malt, malt zuerst. Wir vermuteten, dass damit diejenigen aussortiert werden sollten, die sich die Firma nur mal ansehen wollten. Übrig blieben nur die, die unbedingt bei der Firma arbeiten wollten. Und genau das wollte Salomon erreichen.

Salomon hängte eine Liste für die Vorstellungsgespräche aus. Um sechs Uhr früh trafen die ersten mit Koffein vollgepumpten Absolventen ein, um sich dort einzutragen. Ich interessierte mich für Investmentbanking und für riesige Einstiegsgehälter, aber nicht so, dass ich dafür um sechs Uhr früh aufstehen wollte. Also ging ich erst am Vormittag um neun Uhr auf dem Weg zu meiner ersten Vorlesung vorbei. Und wundersamer Weise bekam ich noch einen Termin, weil sich jemand wieder ausgetragen hatte.

In der nächsten Woche wartete ich im Empfangsbereich des Berufsberatungszentrums. Ein großer, blonder Investmentbanker begrüßte mich. Er war genauso gekleidet wie ich (natürlich dachte ich mir, dass es er bestimmt mehr navyblaue Anzüge als ich besitzt und dass sein Kashmere-Mantel garantiert nicht nur Fassade war) und führte mich in einen kleinen, fensterlosen Raum an einen runden Tisch mit drei Stühlen. Er setzte sich, sah mich an und sagte: „Ähm …" Er sah kurz auf den Lebenslauf vor sich und rief: „Jim!". Anscheinend war er froh darüber, das er meinen Namen richtig gelesen hatte. „Ja", sagte er zu sich, „also, wo sonst stellen Sie sich noch vor?"

„Na ja", sagte ich locker, „bei ein paar anderen Investmentbanken, bei den Finanzabteilungen von einigen Konzernen und bei ein paar Banken."

Seine linke Augenbraue schnellte hoch. „Banken?", fragte er nach. Am Ton seiner Stimme hörte ich, dass ich genauso gut hätte sagen können, dass ich mich beim Zirkus als sprechender Seehund vorstellen wollte. „*Banken?*", diesmal spuckte er das Wort beinahe aus.

„Wissen Sie den Unterschied zwischen einer Investmentbank wie Salomon Brothers und einer normalen Bank?", fragte er. „Ich gehe *natürlich* davon aus, dass Sie den Unterschied zwischen einer Bank und einer Investmentbank kennen."

Einem Wirtschaftsabsolventen eine solche Frage zu stellen, das war, wie einen Fußballspieler zu fragen, ob er den Unterschied zwischen einem Ball und einem Tor verstand. „Äh, na klar", sagte ich. Dabei versuchte ich, nicht überrascht oder beleidigt zu klingen.

„Also, … worin liegt der Unterschied?"

Ich erklärte ihm kurz den Unterschied. Er sah mich an. „Aha", sagte er.

Es klopfte an der Tür. Das war ziemlich ungewöhnlich. Normalerweise war der Raum nur für Vorstellungsgespräche da. Da durfte man nicht unterbrechen. Es kam noch ein großer, blonder Investmentbanker dieser rein arischen Firma herein. Er sah mich an: „Hallo Jim!"

„Hallo", sagte ich und fragte dann, „wie geht's?"

„Jim", sagte der Arier Nr. 1 vor mir am Tisch, „das ist Bill." – „Bill", sagte Arier Nr. 1 dann zu seinem Partner, „stell dir mal vor: Jim hat mir gerade erzählt, dass er sich bei einer Bank beworben hat."

Bill sah mich total entsetzt an: „Bei einer *Bank?*"

Das übrige Vorstellungsgespräch konnte ich vergessen und sie drängten mich schnell raus. Danach habe ich von anderen Studenten, die sich ebenfalls dort vorgestellt hatten, erfahren, was ich im Gespräch hätte sagen müssen: Dass ich seit meiner frühesten Kindheit schon immer nur für die Salomon Brothers arbeiten wollte. Dass ich etwas so Häretisches erwähnt habe, wie für die Chase Manhattan Bank zu arbeiten, war einfach kein guter Stil. Der Absagebrief kam nur ein paar Tage später.

Das Gegenteil passierte mir beim Vorstellungsgespräch bei der Wachovia Bank in Winston-Salem. Ich hatte meinen Lebenslauf in deren Briefkasten geworfen, weil ich deren Stelle als Kursanalytiker wollte – dort wäre ich dann dafür zuständig gewesen, die Aktien auszuwählen, in die sie investieren sollten. Das Problem war, dass ich noch nie etwas über Wachovia gehört hatte. Außerdem wollte ich nicht nach North Carolina ziehen.

Aber mein erstes Gespräch mit der Angestellten der Wachovia Bank war so angenehm – ich meine, sie hat sogar gelacht! –, dass ich mich zu einem zweiten Gespräch in ihrer Firmenzentrale in North Carolina bereit erklärte.

Winston-Salem war eine nette Stadt, die vorwiegend aus dem Geld der Tabakplantagen aufgebaut worden war. Das ist mir aber erst später klar geworden. (Dass ich das nicht schon am Namen der Stadt, die wie eine berühmte Zigarettenmarke klingt, erkannt habe, zeigt, dass ich mich so gut wie gar nicht auf das Gespräch vorbereitet hatte.) Die Zentrale von Wachovia war im größten Gebäude der Stadt, in der anscheinend nur Nordstaatler wohnten, die hierher übergesiedelt waren. Jeder, den ich traf, war erstaunlich freundlich, und der Job klang richtig gut. Die Bank wollte dieses Jahr nur einen Kursanalytiker einstellen, und das war ich. Sie haben sich ziemlich angestrengt. Eine freundliche Frau aus der Personalabteilung führte mich durch ganz Winston-Salem. Am Ende der Tour fuhr sie mich vor ein gemütliches Haus mit einer großen Veranda. Wachovia hätte schon eine Wohnung für mich gesucht, sagte die Frau. Voraussetzung sei, natürlich, dass sie mir auch gefalle. Die Wohnung war riesig. Es war der ganze sonnendurchflutete erste Stock dieses hellen und offenen Hauses mit einem großen Garten. Voll möbliert kostete es im Monat nur 300 Dollar. Ich mochte die freundlichen Leute in Wachovia und ich mochte den Job. Schnell rechnete ich mir im Kopf aus, dass ich bei der niedrigen Miete bei meinem Gehalt sehr schnell viel ansparen könnte.

„Und", sagte sie, „wir geben ihnen einmalig zweitausend Dollar dazu. Denn wir wissen, dass Sie bestimmt Extraausgaben für Möbel, Kleidung und all die Sachen brauchen werden." Das war nicht schlecht. Allerdings schien Wachovia ein ziemlich verschlafenes Nest zu sein. Es gab sicher nicht viel, was man nach der Arbeit noch machen konnte.

Ein paar Tage nach der Fahrt nach North Carolina hatte ich ein Vorstellungsgespräch bei General Electric (GE). GE hatte für Absolventen ein hochdotiertes Trainee-Programm, das als eines der besten in den ganzen USA galt. Nachdem ich den Zuschlag für ein zweites Gespräch bekommen hatte, bat mich GE, drei mögliche Niederlassungen zu wählen. Ich füllte ihren Fragebogen aus und schrieb: Philadelphia (GE Aerospace – der sympathische Name für die Entwicklung ihrer Waffensysteme), New York (GE International) und Washington, DC (GE information Systems – ihre neue Abteilung für Computer).

Aus irgendeinem seltsamen Grund sollte ich für das zweite Gespräch zu keinem dieser drei Orte fliegen, sondern nach Lynn, Massachussetts. In Lynn war die Zentrale der GE Aircraft Engines, ein großes Areal mit Dutzenden von alten Fabrikgebäuden. Ihr Geschäft mit Flugzeugantrieben hatte während des Zweiten Weltkriegs geboomt. Danach war das Geschäft abgekühlt, jetzt standen einige Gebäude leer. Auf dem Weg zur Finanzabteilung musste ich über einen offenen lauten Gang in der Fabrik gehen – das war ganz anders als in einer edlen Buchhaltungsfirma, denn hier musste ich auf meinem Weg zum Vorstellungsgespräch Gabelstaplern ausweichen! Doch hier wurde etwas *hergestellt*. Das gefiel mir. Das machte die Firma und ihr Geschäft greifbarer.

Aber die Büroräume waren eng, voll gestellt und abgewohnt. Alles war in der Kindergartenfarbe Hellgrün bemalt. Während meines Vorstellungsgesprächs merkte ich, wie ich in Gedanken bei Wachovia und meiner sonnigen 300 Dollar-Wohnung in Winston-Salem war.

Mittags traf ich mich mit drei Trainees aus dem Finanzmanagement-Programm. Sie versuchten mich zu überzeugen, hier in Lynn zu arbeiten. Sie wussten, dass ich mich nicht für diese Niederlassung beworben hatte, aber sie probierten es trotzdem. Auf der Fahrt zum Mittagessen fragte ich sie, wie es so war, in Lynn zu wohnen. Es sei nicht viel los, sagte einer, aber die Stadt sei „im Kommen". Denn die Stadt hätte gerade ein Renovierungsprojekt gestartet, das sich allerdings auf ein besonderes Viertel beschränke. Dann schauten mich die drei an und fingen an zu lachen. „Leider ist es gerade abgebrannt!", platzte einer heraus. Ein paar Minuten später fuhren wir an einem ganzen Straßenzug von verkohlten Ruinen einer alten Ziegelsteinsiedlung vorbei. Das förderte nicht gerade meine Hoffnung auf einen Boom in Lynn. Ich hoffte einfach, dass es mich nicht hierher verschlagen würde.

Nach einer zweiten Runde von Gesprächen mit den verschiedensten Firmen kontaktierten mich die Personalabteilungen regelmäßig. Ein paar schickten etwas, was wir „Liebesbriefe" nannten. Darin schrieben die Personalchefs, wie wunderbar ihre Firma sei, welche tollen Leistungen sie bieten würden und wie gerne sie uns aufnehmen würden – in ihrem „Team", in ihrer „Truppe" oder in ihrer „Familie". Der stellvertretende Vorsitzende der Wachovia Bank rief mich am Samstag um acht Uhr früh an (war der nie auf dem College?, fragte ich mich), nur um mir zu sagen, wie sehr er mich in seinem Team haben wollte.

Ich war noch gar nicht richtig wach, und als ich endlich verstanden hatte, wer da am anderen Ende der Leitung war, war das Gespräch auch schon vorbei: „War nett, mit ihnen zu reden, Junge!" Während ich wieder einschlief, fragte ich mich, was ich eigentlich gesagt hatte.

Am Ende wollte ich mich zwischen General Electric und Arthur Andersen entscheiden.

Andersen war eine Buchhaltungsfirma, die ein Trainee-Programm in ihrer Beratungsabteilung in Washington, DC, oder Chicago anbot. In Wachovia waren sie ja nett und freundlich gewesen, aber ich konnte mich nicht dazu durchringen, nach Winston-Salem zu ziehen. Als ich Wachovia ein höfliches „Nein" schrieb, riefen sie mich an und sagten, dass ich jederzeit zu ihnen kommen könne, falls es mir bei GE oder Arthur Andersen nicht gefalle.

Während meines letzten Vorstellungsgesprächs bei GE sagte ich dem Interviewer, dass ich mir überlege, für Arthur Andersen zu arbeiten. (Dass ich mir überlegte, für eine Bank zu arbeiten, würde ich garantiert nie mehr sagen.)

„Ja dann", sagte der Interviewer, „dann ist ja alles ganz einfach."

„Wieso ist dann alles einfach?", sagte ich.

„Jim", lachte er. „Wissen Sie, was die auf ihren Grabstein schreiben werden, wenn Sie für Arthur Andersen arbeiten?"

„Nein, was denn?"

„Auf Ihrem Grabstein wird stehen: Hier ruht Jim Martin. Er hat immer für Arthur Andersen gearbeitet. Punkt!"

Der Interviewer machte eine rhetorische Pause. „Weil das alles ist, was Sie jemals gemacht haben werden. Für etwas anderes haben Sie keine Zeit mehr."

Das wollte ich auf keinen Fall. Der Interviewer deutete mir an, dass ich bei GE sicher nicht so viel arbeiten müsste. Und das gefiel mir gut. Ich wollte mich nicht für Arthur Andersen aufarbeiten und GE sah nach einem guten Vertrag aus. Das Trainee-Programm klang interessant – zwei Jahre mit einem Wechsel zu jedem halben Jahr in eine andere Abteilung. Und es sah sogar danach aus, als ob ich eine Stelle in New York bekommen könnte. Rob, einer meiner College-Freunde, hatte gerade einen Job bei einer Buchhaltungsfirma in New York angenommen. Da hätten wir schon eine kleine WG. Aber was letztlich den Ausschlag gab, war das Geld: 20.000 Dollar im Jahr. Ich rechnete mir mein Netto-Einkommen aus, grinste und sagte Ja.

HELLE BLÜTEN
AN EINEM DUNKLEN ZWEIG

All die Gesichter in der Menge:
wie helle Blüten an einem feuchten, dunklen Zweig.

Ezra Pound, „In einer U-Bahn-Station"

Es war das Jahr 1982 und General Electric rüstete für das Zeitalter der Großen Gier auf. John F. Welch war ein Jahr zuvor Generaldirektor geworden. Er hatte die verschiedenen Geschäftszweige informiert, dass sie eingestellt oder verkauft werden würden, wenn sie nicht Nummer Eins oder Zwei in ihrer Branche wären. Im GE-Jargon: „Starte durch oder flieg raus!"

Die Geschäftszweige antworteten mit „Verkleinerung", einem Konzept, das zu dieser Zeit absolut in war. Den Konzernen wurde vorgeworfen, zu viele Leute im mittleren Managementbereich zu beschäftigen. Nach der Verkleinerungs-Theorie machte diese Schicht von Managern eine Firma schwerfällig und fraß viel Geld, das besser in Forschung und Entwicklung angelegt gewesen wäre. Die Direktoren der einzelnen Zweige mussten also Leute entlassen. GE war die rigoroseste Firma auf diesem Gebiet.

Generaldirektor John Welch konnte nicht verhindern, dass er den Spitznamen „Neutronen-Jack" bekam. Denn die Angestellten sagten, dass er wie die eben erst entwickelte Neutronenbombe sei: Wenn Direktor Welch eine GE-Fabrik besucht hatte, dann standen zwar noch die Gebäude, aber die Leute waren alle weg. Für das *Wall Street Journal* und die Business-Magazine war Direktor Welch der Prototyp des neuen und energischen Generaldirektors, der seine Firma „lean and mean – schlank und gnadenlos" machte. Wie schlank und gnadenlos, das sollte ich bald herausfinden.

Welchs Vorgänger als Generaldirektor, Reginald Jones, war ein Manager der alten Schule gewesen: höflich und distinguiert – ein Gentleman. Jack Welch hatte sicher nicht dieselbe Unterstützung bei seinen Angestellten wie Jones, aber seine Gewinne bei GE machten ihn zum Star der Wall Street und der Wirtschaftsschulen. In wenigen Jahren hatte Welch aus einer schwerfälligen Firma einen global agierenden Konzern gemacht, der zum Trendsetter für seine Konkurrenten wurde.

Deshalb war ich natürlich glücklich, dass ich den Job bei GE bekommen hatte. Meine Aufstiegsmöglichkeiten waren nahezu grenzenlos – GE war ein Gigant. Der Konzern hatte so viele Geschäftszweige, dass man fast in jeder Art von Industrie arbeiten konnte. Die Gehälter und die Bonuszahlungen waren großartig. Für uns war General Electric jetzt die „Großzügige Electric". Mein Trainee-Programm hatte den Ruf, fast so gut wie ein MBA* zu sein. Wenn ich das Programm gut machte, dann würde ich noch weit kommen und das Geld nur so scheffeln.

* Ein Spitzen-Abschluss in Betriebswirtschaft (Anm. d. Übers.)

Die International Division von GE lag in Manhattan zwischen der 51. Straße und der Lexington Avenue. Es ist ein schlankes Ziegelgebäude, das die niedrige Kuppel von St. Bartholomew überragt. Das Gebäude ist im Art Deco-Stil mit Blitzen, Radiowellen und vielen anderen fantasievollen Elementen verziert. Es liegt neben dem Waldorf-Astoria und ist nur zwei Straßen von der St. Patrick's Kathedrale entfernt. Im Sommer konnte man auf der großen Plaza vor dem Seagram's Building sitzen. Man hörte mittags den Straßenbands zu, aß griechisches Essen von einem Imbiss und sah den Konzernangestellten zu, die um einen herumwuselten.

Das Innere des Gebäudes war etwas enttäuschend, nicht ganz so nobel wie bei den Investmentfirmen, wo einige Freunde von mir arbeiteten. GE versuchte verzweifelt, sein Image als reiner „Hersteller" loszuwerden. Trotzdem klammerte sich GE an die Vorstellung, dass Geld für das Produkt ausgegeben werden sollte, und nicht für die Büros. Unser Gebäude war außen blitzblank und frisch gestrichen. Innen fand man dagegen graue Metallaktenschränke, uralte Telefone und aufgerissene Schachteln mit Buchhaltungsunterlagen.

An meinem ersten Tag hatte ich meinen besten grauen Anzug an (es war auch mein einziger grauer Anzug) und eine neue Krawatte. Der Koordinator meines Trainee-Programms hieß Sandy und hatte nur noch wenige blonde Haare. Sandy brachte mich zu seinem großzügigen Büro im 21. Stock. Dort arbeitete Sandy zusammen mit seinem Kollegen Nagel in der Finanzplanung und der Kostenanalyse. Alle nannten Nagel wegen seiner roten Haare „Rostiger" Nagel. Ich sah mich in Sandys Büro um und bewunderte den großen roten Lederstuhl an seinem Schreibtisch, seinen Computer, die Fotos am Schreibtisch und die teuren Bilder an der Wand. Sandy sagte mir, dass er froh sei, dass ich heute anfange. „Bin ich auch", sagte ich. In meinem ersten halben Jahr sollte ich in der Abteilung für Gewinnerwartung arbeiten. „Ist das okay?", fragte Sandy. „Klar", sagte ich.

In den nächsten Stunden kämpfte ich mich durch das Bonus-Programm von GE. Wollte ich am Vermögensbildungsprogramm der Firma teilnehmen, bei dem eine Sparsumme von meinem Lohn abgezogen wurde und von der Firma verdoppelt wurde? Ja. War mir klar, dass ich dieses Geld frühestens nach drei Jahren abheben konnte? Ja. Wollte ich mein Einkommen direkt auf ein Konto in New York überwiesen haben? Ja. Wäre ich so freundlich, eine Erklärung zu unterschreiben, dass ich mich nach den ethischen Richtlinien der Firma verhalte? Ich las die Erklärung schnell und unterzeichnete, dass ich keine Firmengeheimnisse weitergeben würde und dass ich mich „ethisch" verhalten würde. Am Ende fragte ich mich: Hat irgendjemand meine neue Krawatte bemerkt?

Zum Mittagessen nahmen mich zwei GE-Trainees in das Restaurant „Bun & Brew" (Bier und Brezen), mit. Dank meiner teuren College-Ausbildung war ich jetzt ein perfekt ausgebildeter Trinker. Zu dritt tranken wir zwei Pitcher Bier. Nach einer Stunde mussten wir wieder hinaus auf die quirligen Straßen von Manhattan. Ich hatte nur zwei Wünsche: Auf die Toilette gehen und Schlafen. Zurück im Büro merkte ich, dass ich viel zu viel getrunken hatte – ausgerechnet an meinem ersten Arbeitstag, dem Tag, für den ich die letzten vier Jahre studiert hatte. Über mich selbst entsetzt lief ich schnell zur Toilette und spülte meinen Mund, um den aufdringlichen Geruch von Bier zu überdecken. Ich hatte Angst, dass ich auf der Stelle gefeuert werden würde, wenn ich entdeckt würde. Damals war ich noch ziemlich naiv und glaubte, dass Alkohol zum Mittagessen ein großes Vergehen sei.

Meine Aufgabe bei der Abteilung für Gewinnerwartung war es, den Profit, den die verschiedenen Geschäftszweige erwirtschafteten, aufzulisten. Unser Büro verfolgte die Rentabilität von verschiedenen Projekten auf der ganzen Welt, bei denen GE-Produkte verwendet wurden: Gasturbinen, Stromgeneratoren, etc. Damals schienen die weltweiten Projekte alle in Saudi-Arabien zu liegen. Die meiste Arbeit war reine Buchhaltung. Das hieß reihenweise Einträge auf Vordrucken, Finanzberichte und Kontoauszüge, die kopiert und dann zur Vorlage an Dutzende von Vorgesetzten geschickt wurden. Meine Hauptaufgabe lag darin, einen monatlichen Gesamtbericht mit unzähligen Spalten zu erstellen. Die Trainess würden erst in einem Jahr einen eigenen PC bekommen. Deshalb hatte ich immer Angst, auf den zwölfspaltigen Kalkulationsvordrucken einen Fehler zu machen.

Von den Trainees wurde auch erwartet, dass sie über ihre zwei Ausbildungsjahre Inhouse-Kurse in Buchhaltung und Finanzen belegten. Sie fanden im Frühjahr und im Herbst statt. Durch diesen Rhythmus kam ich mir vor, als sei ich noch auf der Uni. Der langweilige Unterricht am Montag nachmittag, der um GE-interne Buchhaltungsverfahren ging, wurde von den Managern der einzelnen Geschäftszweige gehalten. Unsere Lohnerhöhungen und unser nächster Wechsel in eine andere Abteilung hingen nicht nur von unserem Können im Job, sondern auch von den Noten in den Kursen ab. Also mussten wir uns in den Kursen ziemlich anstrengen. Nach der Wharton Business School der Penn war das ein alter Hut. Trotzdem ärgerte ich mich, als ich merkte, dass ich noch einmal zwei Jahre lang am Abend und am Wochenende lernen musste.

Ich erinnerte mich an die Bemerkung vom Grabstein, die mein GE-Interviewer beim Bewerbungsgespräch gemacht hatte, und erzählte sie einer meiner Bosse. „Wer hat dir denn den Blödsinn erzählt?", sagte sie. Mein neuer WG-Kollege Rob sagte, ich sei der Einzige, der an der Penn Buchhaltung studiert habe, nur damit er einen Job bekam, wo er wieder Buchhaltung studierte.

Glücklicherweise hatte ich eine nette Chefin – Marge, eine gutmütige Frau, die schon lange Jahre für GE gearbeitet hatte. Marge kam aus Brooklyn und sah das Leben locker. Durch sie wurde das Leben bei GE freundlich und menschlich. Wir schwätzten gerne während der Arbeit, und sie nahm nichts (auch die Arbeit nicht) allzu ernst.

Außer mit Marge arbeitete ich mit Louise. Sie war seit vielen Jahren bei GE und war zufällig ein großer Fan von Elvis Presley. Sie hatte ein großes Bild vom King in ihrem Büro. Jedes Jahr, zum Todestag von Elvis, kam sie in schwarzem Kleid und mit schwarzen Ohrringen in die Arbeit. Nach dem Mittagessen gab es dann dunklen Schokoladenkuchen, den sie gebacken hatte. Dazu spielte der Kassettenrekorder immerzu „Love Me Tender". Ich kam mit dieser Tradition im ersten Monat in Berührung. Über diesen Brauch habe ich mich nicht so gewundert wie darüber, dass jeder im Büro das ganz normal fand. „Ich mag den Elvis Day einfach", sagte Marge, nachdem wir den Kuchen weggeputzt hatten. An Nicht-Elvis-Tagen, wenn einer von Elvis' Songs im

Radio kam, bat Louise alle im Büro, still zu sein. Für Louise schloss das Telefongespräche ein. Wenn Louise am Telefon war und Elvis im Radio kam, sagte sie dem Anrufer sofort, dass sie jetzt aufhören musste.

Louise arbeitet mit Sherry zusammen, die eine ähnliche Begeisterung für Frank Sinatra hatte. (Wir durften allerdings während Frankies Lieder im Radio weitersprechen.) Als Sherry in den 60er Jahren von GE angestellt wurde, rieten ihr die Mitarbeiter, dass sie dem Management nicht sagen solle, dass sie verheiratet sei. (Die Manager glaubten damals, dass Single-Frauen engagiertere Mitarbeiter waren.) Also war Sherry offiziell Single. Obwohl sie seit 30 Jahren für GE arbeitete und obwohl ihre Tochter regelmäßig im Büro vorbeischaute, nannte Sherry ihren Mann immer noch ihren „Bruder" und ihre Tochter ihre „Nichte". Jeder im Büro machte das aus Höflichkeit genauso.

Wir waren ungefähr zwanzig Trainees und verbrachten viel Zeit zusammen. Wir gingen in die Clubs von Manhattan tanzen, wir feierten Partys in unseren Wohnungen, wir gingen ins Kino und besonders gern hingen wir in den nah gelegenen Bars herum. Dort gab es in der Happy-Hour jede Menge Snacks umsonst. Im Sommer fanden im Central Park Gratis-Konzerte statt. Im Yankee Stadion konnte man billig Baseball sehen. Ab und an sahen wir uns eine Broadway Show an. Meistens gingen wir jeden Abend noch in eine Bar in der Upper East Side. Fast immer gab es dort für die Abenteuerlustigen Kokain auf der Toilette – gesponsort von demjenigen, der gerade genug Cash dafür hatte.

Am liebsten ging ich auf Firmenrechnung mit Hochschul-absolventen, die zum Vorstellungsgespräch da waren, zum Mittagessen. Der ultimative Luxus. Das Management wählte zwei Trainees aus, die die Bewerber zum Mittagessen begleiten und deren Fragen beantworten sollten. Die Bewerber sollten „sich entspannen", aber wir füllten nach dem Essen Fragebögen über sie aus. Die Höchstgrenze bei einem Essen für drei Personen lag bei 100 Dollar. Unter den Trainees wurde der Erfolg eines Mittagessens daran gemessen, wie nahe man dem Limit gekommen war. Außerdem war es natürlich eine große Erleichterung, dass man auf der anderen Seite des Tisches saß – mit einem Job, und nicht auf der Suche danach.

Für mich mit meinen 21 Jahren war New York einfach perfekt. Durch den Rhythmus der Stadt, durch die Menschenmengen und durch das Gewusel fühlte ich mich lebendig. Ich hatte das Gefühl, dass ich am Puls dessen war, was zählte. Ein Teil des Abenteuers, in New York zu leben, war, die neuesten Restaurants, die heißesten Clubs, die angesagtesten Broadway Shows und die neuesten Filme zu entdecken. Am Wochenende ging ich ins Frick Museum, das nicht weit von meiner Wohnung entfernt war, ins Museum of Modern Art, in die Morgan Library oder ins Metropolitan Museum. Dort habe ich, ganz gleich wie oft ich dort gewesen bin, immer etwas Neues gesehen. Es war ganz einfach, wählerisch zu werden, leicht überheblich und sehr selbstzufrieden. Einmal habe ich John Updike's Bemerkung gelesen, dass die New Yorker glauben, dass alle Leute, die nicht in New York leben, nicht ganz dicht sind. Da hatte er vermutlich Recht.

Sechs Monate nach meinem Einstieg bei GE bekam ich die erste von vielen Lohnerhöhungen und das Geld auf meinem Konto nahm entsprechend zu. Für mich war es eine ganz neue Erfahrung, meine Freunde zu einem teuren Essen einzuladen und danach zu vergessen, wie viel ich gezahlt hatte. Oder eine Handvoll wunderschöner Seidenkrawatten zu kaufen, die ich gerade gesehen hatte. Die Sicherheit, einen Job bei GE zu haben, über ein gutes Einkommen zu verfügen und ein schönes Appartment in Manhattan zu bewohnen, war damals für mich ungeheuer befriedigend.

Meine Karriere bei GE fiel mit der Ära der Reagonomics* und dem Zeitalter der Yuppies zusammen. Die Zahl der Immatrikulationen an den Wirtschaftsfakultäten der Unis stieg immer höher, und die Yuppies, die von den Unis ausgespuckt wurden, strömten in die Jobs bei multinationalen Konzernen, Investmentbanken und (sogar) normalen Banken. Meine Freunde und ich hassten es, „Yuppie" (Young Urban Professional) genannt zu werden. Aber natürlich waren wir sehr jung, ganz sicher städtisch und mehr oder weniger professionell. Insgeheim freute ich mich doch über das Label „Yuppie". Denn dadurch fühlte ich mich voll im Zeitgeist.

D IE MANAGER von General Electric waren in ihre Trainees vernarrt. Ständig sagten sie uns, welch Glück wir gehabt hatten, bei GE angestellt zu sein. Wir waren Teil des „Teams". Zur selben Zeit musste ich erfahren, dass GE trotz seiner bunten Bewerberbroschüren, auf denen fröhliche Trainees begeistert ihre hilfsbereiten Manager anstrahlten, weit weniger kollegial war als ich gedacht hatte.

Wie ich schon berichtet habe, war es meine Hauptaufgabe, jeden Monat sehr lange statistische Berichte herauszu-

---

* Bezeichnung für die Wirtschaftspolitik des damaligen US-Präsidenten Ronald Reagan (Anm. d. Übers.)

bringen. Im ersten Monat informierte ich meinen Vorgesetzten darüber, dass die Ergebnisse zu niedrig waren. Wir würden wahrscheinlich „unsere Zahlen nicht erreichen", was einer Todsünde gleichkam. Ich erklärte, dass unsere Vertragspartner in Saudi-Arabien in diesem Monat Geld verloren hatten. „Na und?", sagte mein Vorgesetzter. „Frisieren Sie einfach ein paar Einträge in dem Bericht."

„Aber das gibt nicht unseren wahren Gewinn wieder", sagte ich, vier Jahre Erbsenzählerei in Buchhaltung im Rücken.

„Hör mir genau zu", sagte mein Vorgesetzter hart, „jeden Monat werden in unserem Bericht die richtigen Zahlen stehen oder die Konzernleitung macht uns die Hölle heiß. Also mach einfach, dass am Ende die richtigen Zahlen dastehen."

Das bedeutete, dass wir jeden Monat mit unseren Reserve-Konten jonglieren mussten. Anders gesagt, es gab größenabhängige Reserven – Geld –, die auf verschiedene Konten verteilt wurden, die nur dafür da waren, dass wir am Ende mit den „richtigen" Ergebniszahlen dastanden. Wenn wir in einem Projekt nicht genug Gewinn machten, dann holten wir das Geld einfach aus den Reserven eines anderen Projekts. Wenn wir zu viel Geld verdienten, machten wir das Gegenteil und verschoben das Geld zurück auf die Reservekonten. Das Ergebnis war, dass wir nie genau auswiesen, wie viel Geld die verschiedenen Projekte erwirtschafteten. Stattdessen zeigten wir der Konzernleitung das, was sie sehen wollte.

Unsere Reservekonten hatten sogar ihre eigenen Namen. Die aktuellen Projekte hatten Namen wie „Saudi" oder „Turbine". Die Reservekonten hießen „Deckel", „Überschuss" und „Reserve".

Für die Konzernleitung schien das, freundlich gesagt, wenig hilfreich zu sein. Was hatte es für einen Sinn, genau das zu berichten, was die Vorgesetzten lesen wollten? Wie sollten sie wissen, welchen Zustand die Abteilung hatte? Das kam mir alles ziemlich schäbig vor. Und ganz bestimmt war es schlechte Buchhaltung. Im nächsten Monat kam derselbe Vorgesetzte in unser Büro und schrie, dass wir wieder das Ergebnis nicht erreicht hatten. Wir mussten noch mehr Reserven hin- und herschieben. (Das Soll bekamen wir normalerweise erst in letzter Minute mitgeteilt.)

Genervt fragte ich: „Warum warten wir jedesmal bis ans Monatsende mit unserem Bericht? Wenn wir unsere Gewinnzahlen sowieso jetzt schon kennen, warum machen wir dann nicht gleich alle zwölf Berichte?" Der Vorgesetzte stürmte aus dem Büro, ohne ein Wort zu sagen. Louise lachte und sagte: „Du nimmst den Unterricht in Buchhaltung viel zu ernst."

Zusätzlich zu dieser neuen Buchhaltungspraxis lernte ich im Januar meines ersten Jahres auch, wie GE den Jahresbericht machte. Dieser Geschäftsbericht umfasste alle Konten. Das war eine anstrengende Zeit für die Angestellten in der Buchhaltung. GE brüstete sich damit, dass es seine Geschäftsberichte jedes Jahr als erster der großen Konzerne veröffentlichte (das zeigte, dass die Angestellten von GE schneller als die der anderen waren). Am Ende des Jahres gab es immer eine Riesenhetze, um die Hunderte von Finanzberichten fertig zu stellen, die den „Abschlussbericht" bildeten. Dann wurde der „Abschluss" mit Korrektureinträgen versehen. Das gab den „Abschließenden Abschlussbericht". Dieser Bericht wurde nochmal überarbeitet. Der offizielle Name für den Geschäftsbericht war dann der „Endgültige Abschließende Abschlussbericht".

All das verschlang so viel Überstunden, dass GE erklärte, dass die Angestellten in den letzten drei Wochen des Jahres nicht nach Hause gehen müssten. Die Firma reservierte für jeden Angestellten ein Zimmer in einem nahe gelegenen Hotel. Ich war gut dran und konnte die meiste Zeit noch in meine Wohnung fahren. Aber in der letzten Woche mussten wir bis nach Mitternacht arbeiten und ich ging doch ins Hotel.

Wir arbeiteten zwar direkt neben dem Waldorf-Astoria, aber GE reservierte die Zimmer in dem bedeutend billigeren Summit Hotel gegenüber. Dort wankten nachts Obdachlose durch die stickige Lobby. Gegen Ende des ersten Jahres, in der Hochphase des Abschlussberichts, ging Cathy, eine Angestellte in der Buchhaltung, gegen 11 Uhr nachts in ihr Zimmer. Sie öffnete den Schrank und sah ein zweites Paar Schuhe. Plötzlich sprang ein Mann heraus, packte Cathy, drückte ihr seine Hand auf den Mund und fesselte sie an einen Stuhl. Als er kurz den Raum verließ, floh Cathy. Cathy erklärte, dass sie versucht hatte, ihre Hände locker zu lassen, als sie gefesselt wurde. (Sie hatte das in einem Film gesehen, wie sie sagte.) Verstört lief sie in die Hotellobby, rannte durch den Pappschnee auf der Lexington Avenue und schaffte es in das Foyer des GE-Gebäudes. Dort fanden wir sie vollkommen aufgelöst, als wir von einem verspäteten Abendessen zurückkehrten. Wir riefen ihren Bruder an, der mit Cathy in der Bronx lebte. Er kam eine Stunde später an und gab einige heftige Flüche über GE von sich. Dann fuhr er Cathy nach Hause.

Cathy kam einige Wochen nicht zur Arbeit. Schließlich erklärten die Manager, dass sie sich langsam erhole. Später informierte uns einer der Manager, dass Cathy „psychisch unausgeglichen" sei und nicht mehr länger für General Electric arbeiten könne. Außerdem, sagte er, dass Cathy nie eine besonders engagierte Angestellte gewesen sei. Sie sei nie Teil des „Teams" gewesen. Cathy kehrte nie wieder an ihre Stelle zurück.

Im Januar war mein erstes halbes Jahr vorbei und ich erhielt in einer Trainee-Rotation eine neue Stelle. Mit dem neuen Job kam ich in ein weitläufiges Büro im 15. Stock. Von dort aus gab es eine der wenigen unverbauten Aussichten auf die Park Avenue und die Kuppel von St. Bartholomew. Ich arbeitete für eine der kleineren internationalen Tochterfirmen von GE. Sie operierte von Italien aus. Ich kümmerte mich um ihre Bargeldkonten, bewegte ihr Geld von Bank zu Bank und kontrollierte die Kontoabrechnungen. Ich machte oft telefonisch Überweisungen. Nach einiger Zeit kannten die Angestellten bei der Citibank meine Stimme. So brauchte ich nur den Hörer abzuheben, um Millionen von Dollar auf die Kontonummern überweisen, die ich nannte.

Zu Beginn des zweiten Halbjahrs fühlte ich mich in New York zu Hause. Ich dachte mir, dass ich bei GE so lange wie möglich bleiben würde. Ich war ziemlich zufrieden mit meinem Job – obwohl ich die andauerden Kurse nicht mochte – und meine Freunde und ich hatten viel Spaß in New York. Es stellte sich heraus, dass Rob der perfekte WG-Genosse war. Er stapelte das dreckige Geschirr in der Spüle. Wir feierten oft Partys und brachten unsere verschiedenen Freundeskreise zusammen. Eines merkte ich früh: Ein Vorteil von Manhattan war es, Leute treffen zu können, die weit jenseits des eigenen Freundeskreises lebten – ein Freund bei GE kannte jemand, der beim Verlag arbeitete. Der wiederum kannte einen arbeitslosen Schauspieler, der einen Absolventen der Columbia kannte, der dann jemand kannte, der bei der UN arbeitete. Die Leute bei unseren Parties waren sehr bunt zusammen gewürfelt.

Unser kleines Appartment war nicht unbedingt der ideale Ort zum Feiern. Vor allem im Sommer wurde es sehr heiß. Während unserer ersten Party, bei der die Leute nur stehen konnten, sagte einer der Gäste: „Euch fehlen nur noch die Schlaufen an der Decke, dann wäre es genauso wie in der U-Bahn." Bevor wir unsere kleine GE-Klimaanlage angeschafft hatten, war unsere Wohnung unerträglich. Mir graute es davor, morgens den Anzug und die Krawatte anzuziehen. Ein Mitarbeiter riet mir, die Unterwäsche über Nacht in den Kühlschrank zu legen, um mich in der Frühe abkühlen zu können. Das hört sich vielleicht abwegig an, aber es war erstaunlich effektiv. Die erfrischende Kühle reichte genau, bis ich im Büro ankam. Aber ich musste damit aufhören, als mir Rob erklärte, dass er es nicht lustig fände, wenn meine Unterhose – zwar sauber und in einer Plastiktüte – auf seinen Jogurtbechern liegen würde.

Im Lauf des Trainee-Programms wurden die Kurse immer anstrengender und die Jobs immer schwieriger. Ich machte wieder Überstunden (und erinnerte mich wieder an die Bemerkung über meine Grabinschrift beim Vorstellungsgespräch). Meine Freizeit wurde immer weniger. Die Wochenenden versuchte ich wenigstens immer noch für mich zu haben. Rob sah sich genauso gern wie ich Filme an. Um ein bisschen Zeit für mich zu haben, ging ich ins Museum.

Es bedeutete zwar eine lange U-Bahn-Fahrt ans äußerste Nordende von Manhattan, aber das beste Museum, um Stress zu entgehen, war The Cloisters (Die Kreuzgänge). Dort war die Sammlung mittelalterlicher Kunst des Metropolitan Museum of Art untergebracht. 1936 baute John D. Rockefeller nach einer Reise durch verlassene Klöster in Europa sein eigenes Kloster nach, um dort die Sammlung des Metropolitan Museums ausstellen zu können. The Cloisters ist voll gepackt mit hervorragenden Malereien, mit Statuen und mit farbigen Glasfenstern. Die Gärten sind kleine Juwelen. Sie sind bis auf die Flugzeuge, die gelegentlich darüber fliegen, sehr ruhig. Wenn ich in dem ruhigen und grünen Kloster saß, umgeben von blühenden Bäumen und zwitschernden Flügeln, konnte ich mir leicht vorstellen, dass ich nicht mehr in Manhattan war, sondern ganz woanders.

Der Besuch von Kirchen war eine andere Möglichkeit für mich, von meinem immer stressiger werdenden Berufsleben abzuschalten. Wenn ich dem Geruch von Weihrauch nachspürte oder ein kleines Gebet sprach, fand ich zwar keinen inneren Frieden, aber immerhin ein paar Minuten Ruhe. Ich sah mir die verblassten Gemälde an und versuchte die unbekannten Heiligenstatuen zu identifizieren. Ich betete immer noch. Aber es war immer noch die Art von Gebet, die mich in der High School und im College begleitet hatte – ich betete zu Gott, dem Großen Problemlöser. Nur jetzt hatte ich ganz neue Probleme: Lass meine neue Stelle im Trainee-Programm gut sein! Lass mich eine umfangreiche Gehaltserhöhung bekommen!

Ich sah mich ein paar Monate nach einer netten Kirche um. Schließlich fand ich St. Vincent Ferrer in der 67th Street. Die Kirche gehörte den Dominikanern. Sie hatte die drei Dinge, nach denen ich gesucht hatte: viele farbige Glasfenster, einen guten Kirchenchor und kurze Predigten. Die Pfarrgemeinde war sehr „aktiv", aber ich hatte weder

Zeit noch Lust darauf, an einem der Angebote teilzunehmen. Für mich war es genug Nächstenliebe, fünf Dollar in den Spendenkorb zu geben. Weil ich sah, dass viele Leute nur einen Dollar gaben, kam ich mir sehr großzügig vor.

Ich war sogar stolz darauf, über die obdachlosen Männer und Frauen auf dem Gehsteig zu springen, die mich anbettelten. Ein Freund von außerhalb sah, wie ich über einen Mann am Gehsteig wegstieg, der um Geld gebeten hatte.

„Wie kannst du das nur machen?", fragte er mich betroffen.

„Ich habe Übung darin", sagte ich, stolz auf meine Weltläufigkeit.

In meiner letzten Tätigkeit im Trainee-Programm arbeitete ich für die Abteilung von GE, die für die Kundendienst-Verträge weltweit zuständig war. Ich hatte immer noch keinen eigenen PC. Also musste ich haufenweise Vordrucke mit vielen Spalten, in vielen Währungen und für viele Länder ausfüllen. Am Ende des Jahres kam wieder der „Abschlussbericht" auf mich zu. In meiner Abteilung musste ich noch mehr Berichte für die Geschäftsführung ausarbeiten. Das einzig Positive war, dass ich mein eigenes kleines Büro und ein Namensschild aus Plastik hatte.

Seit ich bei GE eingestiegen war, war mein Gehalt um die Hälfte gestiegen. Mir gefiel die große Sicherheit, die das immer höhere Gehalt versprach. Aber das viele Geld selbst war nicht so aufregend wie ich gedacht hatte. Mir genügte es, die Sachen zu kaufen, die ich brauchte. Ich wollte nie extravagant sein. Ich brauchte keine ausgefallenen Klamotten, keine Hi-Tech-Musikanlage oder Luxusferien in der Karibik. Es war angenehm, die immer größeren Zahlen auf meinem Kontoauszug zu sehen. Sonst bedeutete mir das Geld nicht viel.

Jetzt war ich zwar für meine Verhältnisse reich, aber nach zwei Jahren in Manhattan hatte ich genug von den hohen Mieten. Es war Zeit für einen Umzug. Rob hatte sich eine Wohnung an der Upper East Side gekauft. Nach einer kurzen Suche fand ich in Forest Hills einen WG-Platz bei einem Kollegen von GE und dessen WG-Genossin. Jeden Tag pendelte ich mit der U-Bahn eine halbe Stunde nach Manhattan.

Im Dezember 1985 schloss ich mein Trainee-Programm ab. Wie alle anderen war ich froh, dass die Kurse und der halbjährliche Wechsel endlich vorbei waren. Es gab eine große Feier mit einem noblen Abschluss-Dinner im obersten Stockwerk eines Bürohauses in Midtown – mit allem, was dazu gehört: Gastredner, Preise und Diplome. Das Trainee-Programm hatte sich doch als schwierig gezeigt. Ich war stolz (und erleichtert), dass ich mein Diplom hatte. Zwei Wochen zuvor hatte ich meine Mitarbeit bei einem „Sonderprojekt" zugesagt. Ich sollte ein Jahr lang mithelfen, die Konten der Firma zu konsolidieren, bevor das dafür zuständige Abrechnungsbüro geschlossen wurde.

In den zwei Jahren seit meinem Eintritt bei GE hatte der Konzern im Zuge der „Verkleinerung" schon Tausende von Angestellten entlassen. Ein paar Monate, bevor ich mein Trainee-Programm abgeschlossen hatte, hatte die Konzernleitung beschlossen, alle Angestellten aus meinem Bürogebäude zu entlassen. Die Hauptaufgabe der International Division von GE, die dort untergebracht war, war die Buchführung für das gesamte internationale Geschäft der anderen Geschäftszweige. Der Konzern wollte Geld sparen und verlegte die Buchführung in die einzelnen Geschäftszweige zurück. Also – kein Bedarf mehr für die Angestellten in Manhattan. Außerdem war das Gebäude selbst wertvoller Besitz und konnte teuer verkauft oder vermietet werden.

„Verkleinerung" sah in der Bilanz umwerfend aus. Sicher trug es auch dazu bei, den Konzern stromlinienförmiger zu machen. Aber es bedeutete auch, Angestellte zu entlassen, die ihr gesamtes Leben für GE gearbeitet hatten. Bisher waren Unternehmen wie General Electric, IBM und AT&T dafür bekannt, dass sie niemand entließen. Das hatte den Firmen bei ihren Angestellten ein großes Maß an Loyalität und Opferbereitschaft eingebracht. GE zählte auf diese Loyalität und betonte andauernd den Begriff der „GE-Familie". Bei Firmenpicknicks bekam jeder ein königblaues T-Shirt, auf dem stand: „GE, das bin ICH!"

Im April 1984 hatten die Top-Manager alle Angestellten der International Division für eine Sonderversammlung in das große Auditorium zusammengerufen. Gerüchte über Entlassungen zirkulierten schon lange, aber wir hatten noch nichts Definitives gehört. Ein Manager in kurzen Ärmeln trat ans Podium. Die Lichter wurden runtergedreht und auf eine große Leinwand wurden lange Spalten mit Zahlen projiziert. Wir dachten, sie zeigten uns eine Bilanz. Auf ihre Weise taten sie das auch …

„Wie manche von ihnen bestimmt schon gehört haben", sagte der Manager, „sind wir gerade dabei, zu verkleinern." Im Publikum hörte man ein Raunen und das Kratzen von Stühlen.

„So viele Angestellte haben wir jetzt", sagte er und deutete auf eine Zahl: 400. „Und so viele Angestellte werden wir am Ende des Jahres haben." Er deutete auf eine andere Zahl: 50.

Das, so erklärte er, sei Teil der Strategie von GE, die Firma schlank zu machen. GE würde versuchen, für so viele

Leute wie möglich Jobs bei anderen Abteilungen zu finden. Aber da alle Abteilungen verkleinert wurden, würden wohl nicht allzu viele einen neuen Arbeitsplatz finden. Es stellte sich heraus, dass es nur noch Jobs für die jüngeren, lower-level-Angestellten wie mich und die anderen Trainees gab. Aber für die meisten meiner Freunde im Auditorium, die seit Jahrzehnten für die Firma gearbeitet hatten, würde es keine Anstellung mehr geben.

„Gibt es noch Fragen?"

Im Saal war es still. Die meisten Leute im Raum saßen völlig überfahren in ihren Stühlen. Der Kopf hing nach unten. Eine Frau neben mir wischte sich unauffällig mit einem Taschentuch über die Augen.

Die Manager sagten, dass sie keine andere Wahl hätten. Es sei einfach eine Frage der Rentabilität. Sie sagten, es sei unfair, vom Konzern zu erwarten, dass er Leute behalten solle, die er gar nicht brauche. Aber „Rentabilität" war nicht der einzige Grund, warum die Angestellten so lange für GE gearbeitet hatten. Viele Angestellten hatten große persönliche Opfer gebracht. Sie hatten erwartet, dass sich der Konzern an ihre Loyalität erinnern und zu ihnen stehen würde. Einige der älteren Angestellten waren zum Beispiel mit ihren Familien auf Geheiß der Firma für einige Jahre in die tiefste Provinz gezogen. Diese Leute erwarteten sich wenigstens ein bisschen Loyalität der Konzernleitung als Gegenleistung.

Aber die einzigen Angestellten, die bleiben durften, waren ein paar Manager, die Trainees, und eine Handvoll Leute, die das Gebäude instand hielten, das heißt die Hausmeister und das Putzpersonal. Schrittweise übernahmen die Trainees die Jobs von langjährigen Angestellten, die jetzt entlassen waren.

Im selben Monat hatte der Generaldirektor Jack Welch die Idee, sein Büro im Manhattaner Gebäude zu renovieren. Das Hauptquartier des Konzerns lag in Connecticut. Welch hatte zusätzlich ein eigenes Büro in New York, in dem er ungefähr zwei oder drei Tage im Monat residierte. Das Gebäude in Manhattan war in früheren Jahren selbst das Hauptquartier des Konzerns gewesen. Daher gab es immer noch ein gewaltiges Büro für den Vorstandsvorsitzenden im 45. Stock. Es war mit Mahagoni getäfelt und hatte einen weiten Ausblick über ganz Manhattan. Welch erschien das Büro zu plump für die 80er Jahre. Er ließ es komplett renovieren. An die Wände kam Teakholz, die Böden wurden mit Marmor ausgelegt und darauf ein großer weißer Orientteppich. Während die Angestellten dabei waren, Kisten mit ihren persönlichen Gegenständen aus den Büros zu räumen – ihre Entlassung war das Ergebnis von Kosteneinsparungsmaßnahmen des Konzerns – trugen Handwerker neue Teakholzwände und Wollteppiche in das Büro des Direktors.

Mein neuer Job war es, Licht in die Buchführung des Bereichs „Fabrikgebäude und Ausrüstung" zu bringen. Die Gesamtsumme betrug ungefähr 20 Millionen Dollar. Als ich dazu kam, war das Konto „überzogen", so wie es auch das eigene Bankkonto sein kann, aber hier wurden zwei Millionen Dollar vermisst! Es war der Alptraum eines Buchhalters. Im Büro glaubten alle, dass es fast ein Jahr dauern würde, bis die Ungereimtheiten aufgeklärt waren. Der Angestellte, der vorher dieses Konto betreut hatte (ein älterer Mann, schon lange bei GE angestellt) hatte überhaupt keine Lust darauf, dem 23-jährigen Trainee, der seinen Job übernahm, etwas zu erklären. Er hatte nicht nur keine Lust, er verhielt sich sogar aggressiv. Also bekam ich von ihm keine Informationen.

An der Wharton School hatte unser Standard-Lehrbuch fiktionale Firmen mit katastrophaler Buchführung „Flug ins Nirgendwo-Enterprises" oder „Misswirtschaft und Co." genannt. Nach ein paar Tagen Arbeit am „Gebäude und Ausrüstung"-Konto kam es mir vor, als ob „Misswirtschaft und Co." real geworden war. Die Unterkonten waren völlig chaotisch geführt und entsprachen überhaupt nicht ihrer Auflistung im Hauptkonto. Anders gesagt, die Buchführung war miserabel. Die Zahlen in den Büchern des Konzerns waren völlig verdreht und gaben in keinster Weise die physichen Werte der Firma wieder. Um ein Gefühl dafür zu kriegen, wie die richtigen Bilanzen aussehen sollten, verfolgte ich falsche Einträge und Rechnungen zehn oder zwanzig Jahre zurück. Schrittweise wurde es grotesk. Einmal wühlte ich eine Kiste mit Kontoauszügen aus dem Jahr 1958 durch. An diesem Punkt entwickelte ich die Faustregel, mich um keine falschen Buchhaltungseinträge mehr zu kümmern, die vor meiner Geburt geschehen waren.

Zum Glück arbeitete ich mit einer guten Gruppe von Leuten aus der Gesamtbuchhaltung zusammen. Viele von uns hatten Jobs in anderen Abteilungen in Aussicht. Jetzt sollten wir alle derselben Aufgabe nachgehen – die Bücher auf Vordermann bringen, bevor die International Division geschlossen wurde. Wir arbeiteten gemeinsam in einem Büro im achten Stock. Aus großen Fenstern konnte man auf die Ecke 51st Street und Lexington Avenue sehen. Wir waren von den vielen Überstunden genervt. Die dauernden Entlassungen und der Abschied von den Angestellten, die uns angelernt hatten, bekümmerte uns. Wir Buchhalter wurden zu einer eingeschworenen Gruppe. Ganz sicher haben wir einander öfter gesehen als unsere Familien. Das galt auch für die Wochenenden.

Jeder, der in einem großen Konzern arbeitet, weiß, dass eine eingeschworene Gruppe äußerst bequem und angenehm sein kann. Deine Mitarbeiter sind fast wie eine Familie, von denen du jede Eigenheit und jeden Spleen kennen lernst (aber nicht immer lieben lernst). Du nimmst an jeder Kleinigkeit in ihrem Leben teil, ganz einfach, weil du mit ihnen die meiste Zeit am Tag verbringst. Es gibt ganz unterschiedliche Charaktere – die Sekretärinnen, die dich besser kennen als viele deiner Freunde; die Angestellten in der Cafeteria, die genau wissen, was du isst und was du gar nicht magst; die Damen am Empfang, die immer eine ironische Bemerkung auf den Lippen haben, wenn du zu spät kommst; die Mitarbeiter, mit denen du mindestens acht Stunden am Tag verbringst; die naiven Berufsanfänger; und die Angestellten, die schon bei der Firma waren, als du noch gar nicht geboren warst.

Trotz dieser angenehmen Atmosphäre wollte ich die meiste Zeit nur das Handtuch werfen. Ich saß an meinem Schreibtisch und war von Bergen von zerrissenen Rechnungen, verblassenden Quittungen, unlesbaren Eintragungen und uralten Finanzberichten umgeben. Mehrmals am Tag kam ein vorgesetzter Manager – der garantiert Angst hatte, dass er selbst seinen Job verlieren würde – zu uns herein. Er gab uns weitere Befehle oder trieb uns an, weil wir nicht schneller waren.

Schließlich arbeitete ich fast jeden Tag bis acht Uhr abends. Dann fuhr ich mit der U-Bahn nach Hause. Unterwegs holte ich mir fettiges chinesisches Essen und aß es allein in meiner Wohnung. Meine WG-Kollegen arbeiteten auch lange. Meistens sah ich sie nur am Wochenende. Dann arbeitete ich auch an den Samstagen. Am Samstag fuhren in der U-Bahn von Queens nach Manhattan nur die Betrunkenen der letzten Nacht, die Arbeiter der Frühschicht und irgendein verrückter Bettler. Wenn ich an der Kreuzung 53rd Street/Lexington Avenue nach oben kam, kaufte ich mir in einem Fast-Food-Laden eine Tasse Kaffee und einen Doughnut. Dann konnte mein Arbeitswochenende beginnen. Nacheinander trudelten auch die anderen in Jeans und Sweatshirt ein. Mit einem Stöhnen ließen sie sich in ihre Stühle vor dem Computer fallen. Nach ein paar Monaten dieser Tortur hatte ich chronische Magenschmerzen. Ich schob es auf das chinesische Essen zu später Stunde und nahm mir vor, nicht mehr so oft „Krabben mit sieben Kostbarkeiten" zu essen. Zum ersten Mal mochte ich mein Leben nicht mehr.

Meine Freunde aus dem College fragten mich, warum ich nicht einfach aufhörte. Wenn ich meine Aufgabe nicht zu Ende geführt hätte, hieße das nur noch mehr Arbeit für meine Kollegen im Büro. Meine Loyalität gegenüber GE war sicher zurück gegangen, aber ich wusste, ich konnte meine Kollegen nicht hängen lassen. Wenn ich einige Stunden am Samstag gearbeitet hatte, machte ich eine Pause und ging in die Abendmesse in die St. Patrick's Kathedrale, die nur eine Straße weiter lag. Die Kathedrale war ein ruhiger Ort, an dem man dem Stress im Beruf entgehen konnte. Ich betete und fragte mich, wie lange das noch so weitergehen konnte. Sogar Gott ruhte am siebten Tag.

Der erste Sommer in Queens war eine Qual. Wir hatten eine kleine Klimaanlage in unserer Wohnung. Aber die schaffte es nicht, die schwüle New Yorker Sommerluft aufzufrischen. Meine tägliche Fahrt mit der U-Bahn war eine Plage. Es hatte über 30 Grad und ich stand in Anzug und Krawatte in der drückenden Luft am Bahnsteig. Ich schwitzte und hoffte, dass eine klimatisierte U-Bahn kommen würde.

Auf den ganzen U-Bahn-Fahrten zur Arbeit und zurück blieb mir viel ungenutzte Zeit. Ich hatte es noch nie geschafft, im Stehen die *New York Times* zu lesen, während hunderte Leute gegen mich drückten. Außerdem gelang es einem nicht, die Druckerschwärze der *Times* von den Fingern zu waschen. Also begann ich stattdessen einige Lücken in meiner Ausbildung zu schließen. Der einzige Literaturkurs, den ich im College belegt hatte, war ein Kurs in US-amerikanischer Poesie. Meine Bildung schien mir mangelhaft, wenigstens in den freien Künsten. Jetzt las ich die Bücher, von denen ich glaubte, dass ich sie im College gelesen haben sollte: „Ein Portrait des Künstlers als junger Mann", „Die Odyssee", „Die Ilias", „Die Aeneis", „Anna Karenina", „Madame Bovary". Nachdem ich die „Brüder Karamasov" gelesen hatte, erzählte ich einem Freund von mir, der Russisch studiert hatte, dass ich den Teil übersprungen hatte, in dem der Großinquisitor Jesus befragte. Der Teil kam mir so langweilig vor. „Du spinnst doch!", sagte er, „das ist wahrscheinlich der wichtigste Teil des ganzen Buchs." Aber damals kamen mir Dostojewskijs theologische Fragen weniger interessant als der Plot vor. Ich las in der „Ilias"davon, wie Speere die Köpfe von Menschen durchdrangen, während die ahnungslosen Passagieren in der U-Bahn der Linie E ihre Zeitungen lasen.

In diesem Sommer erfuhr ich von einem Job beim Museum of Modern Arts als Finanzanalytiker. Das Gehalt dort lag im Jahr zehntausend Dollar niedriger als mein jetziges. Trotzdem ging ich zum Vorstellungsgespräch. Meine Aufgabe bei GE war bald abgeschlossen, und ich glaubte nicht, dass ich in einen anderen Geschäftszweig von GE wechseln würde, nur um einen neuen langweiligen Finanzjob zu übernehmen.

Ich ging zu Fuß zum Museum, das nur wenige Straßen von meinem Büro entfernt lag. Den Weg war ich schon viele Male gegangen, aber diesmal ging ich nach oben in die Finanzabteilung. Der Personalchef war erstaunt, dass ich eine Gehaltskürzung in Kauf nahm. Wie sollte er da sicher sein, dass ich den Job wirklich wollte? „Ich bin doch hergekommen, oder?", antwortete ich.

Ein paar Tage später bekam ich einen Anruf, dass ich überqualifiziert sei. Was sollte mich davon abhalten, den Job hinzuschmeißen, wenn er mir nicht gefiel, vor allem bei dem niedrigen Gehalt? Das war eine gute Frage, musste ich zugeben. Trotzdem stellte ich mir eine Zeit lang vor, ich würde mit den Cézannes, Monets und Picassos in einem Gebäude arbeiten. Es klang viel besser zu sagen: „Ich arbeite im Museum of Modern Art", als: „Ich prüfe Rechnungen aus dem Jahr 1965".

Nach einem Jahr voller Überstunden, durchgearbeiteten Wochenenden und Übelkeit, brachte ich schließlich die „Fabrikgebäude und Ausrüstung"-Bilanz zum Abschluss. Ich stellte einen extrem langen Bericht zusammen, in dem ich all die Entdeckungen und die unzähligen Korrekturen auflistete, die ich in den letzten 12 Monaten gemacht hatte. Ein paar Fehlsummen waren auf gefälschte Konten verschoben worden, aber die meisten Fehlbeträge waren ganz einfach das Ergebnis von schlampiger Buchführung. Ich verbesserte die Fehler, indem ich Hunderten von Zeilen mit Zahlen ausfüllte.

Ich ließ mir beim Chef unserer Abteilung einen Termin geben. Denn ich glaubte, dass ich den Abschluss des Projekts positiv auf mein Konto verbuchen konnte. An einem Morgen im Juni präsentierte ich ihm stolz einen einseitigen Bericht. Ich erklärte ihm, dass ich bis auf viertausend Dollar die gesamten zwei Millionen Dollar, die gefehlt hatten, gefunden hatte. Dann wartete ich auf die Dankesworte von meinem Chef.

Der Chef blickte aber nur kurz auf meinen Bericht – das Ergebnis des Projekts, das mich ein ganzes Jahr meiner Tage, Nächte und Wochenenden gekostet hatte – sah hoch und sagte: „Und wo sind die übrigen viertausend Dollar?"

Ich rief: „Es sind doch nur viertausend Dollar. Ich habe fast die gesamten zwei Millionen Dollar gefunden!"

„Sie hätten alles finden sollen", sagte er knapp, und ging zurück an seine Arbeit.

EIN UNSICHTBARER HAKEN

Erinnerst du dich an die Geschichte, die uns Mami an dem Abend vorgelesen hat, an dem Sebastian so betrunken war, an dem schlimmen Abend. Father Brown sagte sowas wie: „Ich habe den Dieb mit einem unsichtbaren Haken und einer unsichtbaren Angelschnur gefangen. Die Schnur war so lang, dass er bis ans Ende der Welt gehen konnte, aber mit nur einem Ruck an der Schnur konnte ich ihn sofort zu mir zurückholen.

Evelyn Waugh, Wiedersehen in Brideshead

ICH HATTE GLÜCK und ergatterte eine Stelle in der GE Credit Corporation, die äußerst profitabel (und daher äußerst attraktiv) war. GE Credit expandierte schnell. Diese Abteilung, die von Connecticut aus operierte, war nicht nur die Finanzierungsgesellschaft für General Electric selbst. Sie bot auch einen riesigen Finanz-"Supermarkt": mit der Finanzierung von Filialgeschäften, von Hypotheken und von Speditionen, mit Investmentbanking und sogar mit einer eigenen kleinen Bank. GE Credit war auch die Finanzierungsgesellschaft von Firmen wie Apple Computers oder

Macy's*. Wenn die Kunden ihre Rechnungen mit ihren Kreditkarten bezahlten, wurden ihre Daten an GE-Center weitergeleitet, die es überall im Land gab. Das Geld stammte von GE, das Geld ging an GE, und der ganze Zahlungsverkehr wurde über GE ausgeführt. Macy's musste nur eine Gebühr bezahlen.

GE Credit, GECC abgekürzt, hatte General Electric Millionen von Dollar an Steuergeldern erspart, indem sie Dutzende von Flugzeugen aufkauften und an die Airlines vermieteten. Das nannte man Leasing. Auf diese Weise bekamen wir Steuervergünstigungen, weil wir in „Firmenausstattung" investierten, obwohl wir die Flugzeuge nie selbst benutzten. Und das war nur einer von unseren profitablen Finanzdeals. Wären wir eine Bank, strich die Konzernleitung heraus, dann wären wir die siebtgrößte in den USA.

Ich übernahm die Stelle, von der aus das GE Credit Finanzmanagement-Programm geleitet wurde. Das war genau das Programm, das ich selbst gerade als Trainee in New York abgeschlossen hatte. Ich nahm die Stelle an, weil ich dachte, sie sei interessanter als noch so ein undankbarer Buchhaltungsjob wie in New York. Ich hatte die Nase voll davon, 30 Jahre alte Rechnungen zu prüfen. Dass ich jetzt eine Stelle in der Personalabteilung übernahm, würde wahrscheinlich meine Chancen, wieder einen Finanzjob zu bekommen, schmälern. Aber das war mir egal. Ich hoffte, dass mir die neue Stelle mehr Kreativität erlauben würde.

Die Abteilung zog von New York nach Stamford, Connecticut – aus der Stadt, die niemals schläft, in die Stadt, die

---

* Große Kaufhaus-Kette in den USA (Anm. d. Übers.)

anscheinend dauernd schläft. In Stamford war es schön zu leben, wenn man zum alteingesessenen „Landadel" gehörte. Aber für einen Yuppie war es langweilig. Stamford erlebte Mitte der 80er Jahre einen Bau-Boom. Schlanke Bürotürme stiegen in der Innenstadt in den Himmel. Und auf dem Land entstanden Bürozentren. Aber dann war der Boom vorbei. Als ich 1985 dort ankam, gab es in der ganzen Stadt gerade mal drei gute Restaurants und zwei Kinos.

Aber was soll's? Es gab schlimmere Städte, in die es einen verschlagen konnte. Auf jeden Fall klang meine neue Stelle viel interessanter als der Job, denn ich gerade gemacht hatte. Und die Bezahlung war hervorragend. Ich mietete mit zwei Kollegen von GE, die ich überhaupt nicht kannte, eine Wohnung in Stamford. Doch mittlerweile waren so viele Freunde aus New York nach Stamford versetzt worden, dass ich mich sofort zu Hause fühlte.

In meiner neuen Stelle warb ich die Leute direkt vom College an und brachte sie, wie ich es in New York erlebt hatte, im halbjährlichen Wechsel in verschiedenen Abteilungen von GE Credit unter. Weil die GECC so profitabel war, hatten wir Dutzende von Abteilungen, und daher auch die unterschiedlichsten Wechselmöglichkeiten für die Trainees. Je besser ein Trainee in seiner Beurteilung und in seinen Kursen abschnitt, desto größer waren seine Chancen, dass er oder sie an die heiß begehrten Jobs kam: Das waren Stellen in London, Frankfurt, San Francisco, Chicago und Raleigh. Dort gab es noch Zusatzleistungen der Firma. In London und Frankfurt, zum Beispiel, bezahlte die Firma die Miete: „Großzügige Electric (Generous Electric)". Der Dollar war stark und das Arbeitsklima in Übersee war sehr entspannt. Da bedeutete ein Wechsel für ein halbes Jahr dorthin einen Urlaub in Europa, in einer voll möblierten Wohnung. Also waren die Stellen sehr beliebt.

Meine erste Vorgesetzte bei GECC war Alice, eine fröhliche Frau Mitte 30. In der Firma hatte jeder Respekt vor ihr. Sie hatte selbst das Trainee-Programm in Finanzmanagement durchlaufen. Und obendrein machte es auch noch Spaß, mit ihr zu arbeiten. Alice war „HighPot" – der GE-Ausdruck dafür, dass sie „großes Potenzial" hatte. Es gab HighPots und LowPots. Niemand wollte LowPot sein.

Endlich hatte ich mein eigenes Büro. Das Büro hatte eine Tür (meine erste eigene Bürotür überhaupt!) und großflächige Fenster, die von der Decke bis zum Boden reichten. Von dort aus hatte ich einen wunderbaren Blick auf einen erstaunlich hässlichen Bronzebrunnen, der genau vor meinem Fenster auf dem Rasen stand. Außerdem hatte mein Büro, wie jeder sofort bemerkte, zwölf statt der üblichen acht Deckenstrahler. (Das wurde als echter Fortschritt angesehen.)

Es machte mir Freude, das Trainee-Programm in Stanford zu leiten. Denn ich kam viel stärker mit Menschen in Kontakt als in meiner früheren Stelle. Ich war für die Vorstellungsgespräche zuständig. Denn ich entschied darüber, welche Bewerber die Trainee-Stellen bekamen.

Die Gespräche machten Spaß – und „Spaß" war in meiner Arbeit wirklich mal ganz was Neues. Ich organisierte die begehrten „zweiten Gespräche", bei denen die College-Absolventen nach dem ersten Gespräch am Uni-Campus zu uns in die Büros eingeladen wurden. Dort trafen die Bewerber nicht nur mich, sondern auch zwei Trainees und ein paar Manager, die danach einen Fragebogen über den Kandidaten ausfüllten. Alice und ich setzten uns zusammen und suchten aus, wen wir anstellen wollten. Meine liebste Aufgabe war es, die Bewerber anzurufen und ihnen zu sagen, sie hätten den Job. Ich erinnerte mich an meine eigene Collegezeit und wusste genau, wie wunderbar sich mein Gegenüber am anderen Ende fühlte.

Die Vorstellungsgespräche nahmen viel Zeit in Anspruch, aber das machte mir nichts aus. Und es gab die tollsten Überraschungen. Eine junge Frau aus New York hatte am Flughafen ihr Gepäck nicht bekommen. Also musste sie in derselben Kleidung, in der sie hergeflogen war, zu uns ins Büro kommen. Leider war das ausgerechnet ein leuchtend rosa Sweat-Shirt, auf dem stand: „Mein Freund ist Blöd". Sie hatte das Shirt in allen Gesprächen an – und es brach sofort das Eis. Wir haben sie schließlich genommen.

Ein junger Mann unterbrach mich beim Mittagessen, als ich ihm gerade erklärte, wie toll unser Trainee-Programm wäre. Er fragte mich, ob ich meine Erbsen noch essen würde. Wenn nicht, könnte er sie dann bitte haben? Die Bewerber waren natürlich nervös und machten Dinge, die sie normalerweise nie tun würden. Ein Bewerber kämpfte einen heldenhaften Kampf mit seinen Spaghetti, während er mir erklärte, warum er für uns arbeiten wollte. Er wickelte seine Nudeln zu schnell um die Gabel, so dass die Tomatensauce über den Tisch direkt auf meine Krawatte spritzte. Für einen Moment dachte ich, er würde sofort in Ohnmacht fallen. Wir haben ihn trotzdem angestellt.

Ein anderer Bewerber fragte mich ganz ernsthaft, ob wir sein neues Auto bezahlen würden, weil er ja ein Auto brauche, um zur Arbeit zu kommen.

Die Entscheidung darüber, wen wir nehmen sollten und wen nicht, war viel leichter, als ich gedacht hatte. Bei den meisten Leuten wusste man schon nach ein paar Minuten, ob sie für die Stelle geeignet wären oder nicht. Ich benutzte kaum die üblichen Fragen eines Vorstellungsgesprächs (Was sind Ihre Stärken? Welcher Baum wären Sie, wenn Sie ein Baum wären?). Denn dann bekam man nur Standardantworten (Ich arbeite viel. Ich wäre ein kräftiger, aber biegsamer Baum.). Ich fand heraus, dass ich das, was ich wissen wollte, am besten herausfand, wenn ich mit einem gut gesetzten „Ach, wirklich?" antwortete.

Während eines Vorstellungsgesprächs erklärte ein smarter junger Mann von einem guten College plötzlich, dass er bei GE arbeiten wollte, weil er gerne mit „intelligenten" Leuten arbeiten würde.

Ich war mir nicht sicher, was er damit meinte. Wollte er damit sagen, fragte ich ihn, dass er schon einmal mit intelligenten Leuten gearbeitet und damit gute Erfahrungen gesammelt habe?

„Nein, eigentlich nicht", sagte er. „Es ist nur so, dass mich dumme Leute nerven."

„Ach, wirklich?", sagte ich.

„Ja genau. Sie kennen das doch sicher auch: Man geht in die Einkaufspassagen und sieht, wie die Leute ihre Kleidung in den Billigläden kaufen. Und man denkt, dass diese Looser noch nicht einmal einen anständigen Job bekommen konnten. Ihr Leben ist einfach so … erbärmlich."

Dieser Satz war ein Juwel, er sagte alles über den Bewerber aus. Mit einer der Standardfragen hätte ich diese Anwort nie bekommen. Der Bewerber bekam den üblichen „Die hohe Bewerberzahl hat uns die Auswahl nicht leicht gemacht. Viel Glück weiterhin"-Brief.

Meine neue Stelle war auch meine erste, die mit Autorität verbunden war. Denn ich war für die Anwerbung und die Anstellung verantwortlich. Zuerst versuchte ich, mir eine Aura von Würde zu geben. Doch dann wurden die Trainees und ich schnell Freunde. Sie waren ja nur zwei Jahre jünger als ich. Diese freundschaftliche Art hat die Arbeit nicht belastet. Im Gegenteil, ich hatte den Eindruck, die Trainees waren mir gegenüber offener. Ich entschied mich dafür, von Anfang an die Wahrheit über die Arbeit bei GE zu sagen, anstatt den Trainees nur die offiziellen Statements weiterzugeben. Der Vorgesetzte von Alice wollte zum Beispiel, dass ich die weniger interessanten Jobs anpries. Ich dachte mir, das war nicht fair. Außerdem wusste jeder, dass die Trainees klug genug waren, zu erkennen, wann sie für dumm verkauft wurden. Ich sprach offen über die guten und die schlechten Tätigkeiten im Programm. Das machte mich beim Management weniger beliebt, brachte mir aber den Respekt der Trainees ein.

Ich bemühte mich auch, mir neue Programme und Events auszudenken, die die Firma für die Trainees interessanter machen würden. Nach ein paar Monaten an meiner neuen Stelle hatte ich die Idee, den Trainees das Hauptquartier von GE in Fairfield zu zeigen. Es lag nur ein paar Autominuten von Stamford entfernt.

Die Architektur des Hauptquartiers sollte Ehrfurcht hervorrufen. Zwei große, weiße, dreistöckige Gebäude dominieren einen Hügel, der einen weiten Blick auf die friedliche Landschaft von Connecticut ermöglicht. GE hatte das ganze Areal entlang der Landstraße aufgekauft, damit der Blick erhalten blieb – unverbaut und nicht zersiedelt, als Augenfreude für die Top-Manager von GE. Und weil es in der näheren Umgebung kein Hotel gab, das für GE nobel genug war (außer man zählte das Hi-Ho-Motel an der Landstraße als solches), baute GE sein eigenes. Das luxuriöse „Gästehaus" beherbergte die GE-Manager, die das Hauptquartier besuchten. Wie das Büro von Direktor Jack Welch hatte das Hotel mit Teakholz vertäfelte Wände und flauschige weiße Teppiche.

Der Besuch bei der Konzernleitung sollte den Trainees einen Ausblick auf die fantastischen Arbeitsmöglichkeiten geben, die sie nach dem Abschluss ihrer Ausbildung erwarteten. Ein paar Wochen vorher hatte ich mit dem Chef des konzerneigenen Catering-Service geplant, welches Essen er an diesem Tag anbieten würde. Der Küchenchef kochte auch für das private Esszimmer des Vorstandsvorsitzenden und war für das Essen verantwortlich, das an Bord der firmeneigenen Flugzeuge serviert wurde. Sein Job, erklärte er stolz, sei es, den Vorsitzenden und seine Gäste zu jeder Zeit mit jeder Art von Essen bedienen zu können.

Neben dem Essen war der Höhepunkt des Tages ein Gespräch mit einem der Spitzen-Finanzmanager des gesamten GE-Imperiums. Das war ein kleiner, mürrischer Mann, den ich Dan nenne. (Alle Namen, die in den kommenden Konzern-Horrorgeschichten verwendet werden, sind von mir geändert worden – aus Mitleid.) Nach einer flammenden Rede darüber, wie interessant der Finanzbereich war, bat Dan um Fragen.

„Ich habe eine Frage", sagte eine Frau, die jetzt ein paar Monate für GE gearbeitet hatte. „Sie wissen sicher", sagte sie und stand von ihrem Stuhl auf, „dass GE von uns erwartet, dass wir viele Überstunden machen und viel von unserem Privatleben aufgeben."

„Das stimmt", antwortete Dan nüchtern.

„Und jetzt würde ich gern wissen …"

„Ich weiß, was sie wissen wollen", rief Dan, bevor sie zu Ende sprechen konnte. „Sie wollen wissen: Was schuldet GE *mir*? Dass wir uns da richtig verstehen: GE schuldet Ihnen einen *Dreck*!"

Es war schlimm genug, zu glauben, dass die da oben so dachten. Aber es war etwas ganz anderes, es von ihnen öffentlich zu hören. Loyalität war in den Augen des Konzerns ganz offensichtlich eine einseitige Angelegenheit. Ich glaube, das war der Augenblick, in dem ich alles, was ich noch an Bindung zu GE fühlte, verloren habe.

Hier galt „schlank und gemein (lean and mean)" noch viel stärker als in New York wortwörtlich. Die Betonung lag auf „gemein". Einige Vorgesetzte hatten scheinbar keine Vorstellung von menschlicher Würde und erniedrigten regelmäßig und lustvoll ihre Untergebenen. Ganz gleich, was die Firma nach außen behauptete („GE – das bin ICH!"), der Gewinn blieb die oberste Priorität. Was hätte man auch anderes erwarten können? Unser Job wie bei allen anderen Firmen war es, Geld für die Aktionäre zu machen. Doch die Versuche der Firma, uns von ihrer viel gepriesenen Sorge um ihre Mitarbeiter zu überzeugen, waren angesichts dessen, was ich tagtäglich erlebte, die reine Ironie.

Nach ein paar Monaten ging Alice in Mutterschaftsurlaub. Es schmerzte mich, von ihr Abschied zu nehmen. Nach ihr kam eine ganze Reihe von Vorgesetzten. Eine davon war Karen. Diese Vorgesetzte war auch HighPot, aber sie war viel konformer als Alice und viel weniger entspannt.

Eine der ersten Bewerberinnen, über die Karen und ich uns stritten, war eine schwarze Frau von einem kleinen College aus dem Süden. Sie war lebendig und klug, aber sie hatte auch ziemliches Übergewicht. Ich wollte sie anstellen. Meine Vorgesetzte aber wollte das nicht.

„Sie passt einfach nicht zu unserem Image, Jim“, sagte Karen. „Das wissen Sie genauso gut wie ich.“

Natürlich wusste ich das. Aber ich bohrte weiter.

„Sie meinen, weil sie schwarz ist?“, fragte ich.

„Natürlich nicht.“

„Weil sie fett ist?“

„Nein“, sagte Karen, „und hören Sie auf, mir Sätze in den Mund zu legen. Sie wissen genau, was ich meine.“

„Was denn?“

„Ach, kommen Sie“, rief sie, „was würde der Vorstands-vorsitzende denken, wenn er jemanden wie sie den Gang entlang wackeln sehen würde?“

Ich weiß noch genau, dass ich mir dachte, dass er hoffentlich nicht nur auf ihr Äußeres sehen würde. Aber ich war so überfahren, dass ich gar nichts mehr sagen konnte. Ich hatte gerade eine engstirnige Erklärung des richtigen „Image“ gehört – und das ausgerechnet von einer Personalchefin. Die sollte es doch wirklich besser wissen! Solche Gespräche wie das mit Karen ließen mich daran zweifeln, ob ich den richtigen Beruf hatte.

Zum Glück hatte ich nette Kollegen bei GE Credit, die fast alle intelligent und einfühlsam waren. Es war klasse, so viele Freunde meines Alters um mich herum zu haben. Das Problem war das, was ich die „Blödmann-Theorie“ nannte: Je höher jemand in der Hierarchie aufstieg, desto mehr schien er zum Blödmann zu mutieren. Um bei GE überleben zu können, musste man zäh sein. Man musste immun gegen Kritik sein. Man musste bereit sein, andere fertig zu machen. Man musste sich bucklig arbeiten. Und man musste in machiavellistischen Machtspielen perfekt sein. Dann konnte man – bis auf wenige Ausnahmen – zum Totalen Blödmann aufsteigen. Dann warst du jenseits aller Kritik, jähzornig gegenüber deinen Untergebenen und nur noch mit deinem Beruf verheiratet.

Einer der Spitzen-Finanzmanager in unserer Abteilung, Karen's Boss, war ein älterer Mann mit einem kantigen Gesicht. Len war seit ungefähr tausend Jahren bei der Firma. Er war in der Hierarchie nur zwei Stufen über meiner Vorgesetzten. Aber er war eine fast mythische Figur. In unser Büro kam er nie, obwohl es nur ein Stockwerk unter seinem lag. Ich hatte Lens riesiges Büro nur einmal gesehen. Meine Vorgesetzte war krank und ich hatte das Privileg, drei Minuten in der Nähe seiner mürrischen Person verbringen zu dürfen.

Eines Tages hatte Len die Idee, jeden Monat mit den fünf besten Angestellten unserer Abteilung zu Mittag essen zu gehen. Karen wählte jeden Monat fünf glückliche Angestellte aus, die als Ergebnis ihrer hervorragenden Leistung aus der dumpfen Masse der Mitarbeiter herausragen würden und eine Stunde lang mit Len im Speisesaal der Manager essen durften. Auf diese Weise sollte Len die Angestellten kennen lernen und umgekehrt.

Eines Tages, gegen Mittag, saß ich gerade in meinem Büro am Computer. Da hörte ich, wie die Sekretärinnen vor meiner Tür auf unheimliche Weise verstummten. Mit einem Mal stand Len in meiner Tür, vom Olymp herabgestiegen.

„Len", sagte ich überrumpelt und stand auf.

„Wo ist mein Mittagessen?", schimpfte er. Seine rheumatischen Augen funkelten mich an.

„Wie bitte?"

„Wo ist mein verdammtes *Mittagessen?* In dem verdammten Speisesaal ist niemand. Ich habe zehn Minuten gewartet."

Ich wusste sofort, was los war. Die Einladungen an die Angestellten waren verschütt gegangen. Zum Glück hatte ich nichts damit zu tun.

„Ähm, Karen ist dafür zuständig und ich …"

„Bringen Sie sie sofort her!", sagte er mit zusammengebissenen Zähnen. (Ich dachte mir, dass ich eigentlich noch nie jemand gesehen hatte, der seine Zähne zusammengebissen hatte.)

Karen führte gerade ein Vorstellungsgespräch. Ich verließ mein Büro, Len schnaubend hinter mir her. Ich klopfte an die Tür von Karen's Büro. Ich wusste, dass sie es hasste, bei einem Vorstellungsgespräch unterbrochen zu werden.

„Was ist denn?", rief sie durch die geschlossene Tür.

Bevor ich etwas sagen konnte, griff Len um mich herum nach der Türklinke und öffnete die Tür.

„Len!", sagte Karen und sprang aus ihrem Stuhl.

„Wo ist mein *Mittagessen?*"

Einen Moment lange dachte ich, Karen würde in die Cafeteria gehen und ihm ein Sandwich holen. Noch bevor Karen antworten konnte, gab Len die hilfreiche Erklärung: „Im Speisesaal ist *niemand.* Ich habe 15 Minuten gewartet!" (Mir fiel auf, dass er die Wartezeit geändert hatte.)

Karen sagte, da müsse es ein Problem mit dem Verschicken der Einladungen gegeben haben. Sie fragte ihre Sekretärinnen, aber keine von ihnen wusste, wie das passieren konnte. Trotzdem hatte niemand die Einladungen bekommen. Mitten in ihren Erklärungsversuchen stapfte Len beleidigt mit einem roten Gesicht aus ihrem Büro. Arme

Karen, dachte ich mir. Sie arbeitete viel und hatte das sicher nicht verdient. (Für mich dachte ich: Bin ich froh, dass ich nicht daran schuld bin.)

Es war so lächerlich. Warum konnte Len in dieser Situation nicht *ein bisschen Humor* zeigen? Er hätte uns ganz einfach von dem verpatzten Termin berichten können und – man traut es sich kaum zu sagen – er hätte sogar darüber lachen können! Aber nein, seine erste Reaktion war es, loszubrüllen und den Schuldigen zu suchen.

Darauf bekam ich die Verantwortung für die Mittagessen mit Len übertragen. Ich schickte jedem die Einladungen einen Monat im Voraus. Ich musste die ausgewählten Angestellten am Tag vor dem Essen anrufen und zur Erinnerung auch noch am Vormittag unmittelbar vor dem Mittagessen.

Seit ich Vorgesetzte wie Len kannte, wollte ich keine Karriere mehr machen. Ich konnte mir einfach nicht vorstellen, dass ich mich eines Tages wie Len und viele der Vorgesetzten benehmen würde. Also verbrachte ich die meiste Zeit mit den Kollegen, die mir gleich gestellt waren. Karen sagte mir eines Tages, dass sie das nicht gut finde.

„Warum nicht?", fragte ich.

„Wegen der Optik, Jim."

„Wegen der Optik?"

„Ja", sagte sie, „es sieht einfach nicht gut aus. Sie sollten mehr Zeit mit den Vorgesetzten und den Senior-Managern verbringen. Sie gehen immer nur mit Ihren Kollegen und mit den Trainees zum Essen. Die Vorgesetzten registrieren das. Das dürfte Ihnen doch klar sein?"

Langsam kam ich mir in der Falle vor. *Was* hatte ich hier zu suchen? Wie bin ich überhaupt hier *hineingeraten*? Ich konnte mir nicht vorstellen (bzw. es machte mir Angst), dass ich hier als „Blödmann" enden würde. Und wenn ich nun schon einer geworden war?

Viele Leute, mit denen ich zusammenarbeitete, hatten ebenso keine Freude mehr an ihrer Arbeit. Weil ein großer Teil meiner Arbeit darin bestand, zuzuhören, was andere über ihre Jobs sagten, wusste ich, dass nur ganz wenige Spaß an ihrer Arbeit hatten. Viele meiner Kollegen konzentrierten sich darauf, was sie mit ihrem jetzigen Job noch erreichen konnten. Ihre Stelle war nur Mittel zum Zweck. Viele Trainees wollten nach dem Abschluss ihres Programms sofort weg und gingen für ein Aufbaustudium zurück an die Uni. Der Konzern hatte die Trainees für eine lange Karriere bei GE ausgebildet. Aber die Trainees erkannten schnell, dass eine Ausbildung bei GE wegen ihres guten Ansehens einen hohen Wert für die Zulassung zu einem Aufbaustudium hatte. Viele wollten weg und ich schrieb sehr viele Empfehlungsbriefe für die Wirtschaftsschulen.

Bill, einer der Trainees, bat mich, seine Bewerbung an der Harvard Business School anzusehen. Bill sollte einen Aufsatz über ein „moralisches Dilemma" schreiben, das ihm in der Arbeit begegnet war. Bill beschrieb, dass ihn ein Vorgesetzter gebeten habe, die finanziellen Ergebnisse zu fälschen, die jemand erwirtschaftet hatte. Anders gesagt, in seinem Aufsatz beschrieb Bill, dass er einen Finanzbericht fälschen sollte, damit jemand anderes eine Bonuszahlung bekommen konnte. Das machte mich ziemlich betroffen. Denn Bill arbeitete in meiner Abteilung und ich hatte nichts von einem solchen Vorfall gehört.

„Wann ist denn *das* passiert?", fragte ich ihn überrascht.

„Es ist nicht ganz so passiert", gab er zu. „Ich hatte kein moralisches Dilemma. Da habe ich mir eines ausgedacht."

„Nur, dass ich dich da richtig verstehe", sagte ich, „du *lügst* in einem Aufsatz über ein moralisches Dilemma?"

Ihm war die Ironie nicht klar. Ich schlug ihm vor, dass er seine eigene Situation als moralisches Dilemma beschreiben sollte – dass er in Versuchung geriet, bei seiner Bewerbung zu lügen, um nach Harvard zu kommen. Das, betonte ich, ist ein echtes moralisches Dilemma. Bill blieb bei seinem Aufsatz und schrieb seine Lüge. Im Herbst konnte er in Harvard beginnen.

In diesem Jahr durchlief GE einen „Imagewechsel". Die Konzernleitung beklagte, dass die meisten Verbraucher bei GE immer noch an Glühbirnen dachten, obwohl das nur ein kleiner Teil von GE war. GE aber hatte Geschäftszweige wie die Medical Systems, Aerospace, Plastics und GE Credit und wollte daher unbedingt ein neues Firmenimage transportieren. Von da an hießen wir nur noch GE, nicht mehr General Electric. Aus GE Credit (das klang, als ob wir Kühlschränke finanzieren würden) wurde GE Capital. Sogar das ehrwürdige GE-Logo wurde verändert, aber nur so leicht, dass die meisten den Unterschied gar nicht bemerkten. (Die Schnörkel wurden verkleinert.) Die Firma veränderte ihren Briefkopf und verwendete nun Kursivbuchstaben, um, wie es das Memo ausdrückte, „die positive Dynamik der Firma zu akzentuieren". In Briefen und am Telefon durften wir nicht mehr „General Electric" erwähnen. Nur noch GE. Auch nicht G.E. Nur noch GE. Die Punkte waren out. Anscheinend waren die Punkte nicht dynamisch genug.

Bei mir gab es 1986 auch so etwas wie einen „Imagewechsel". Ich wurde befördert zum „Spezialisten für Konzern-

Finanz-Management-Entwicklung". Damit hatte ich nicht nur den längsten Titel in der Firma. Ich war auch für die Anwerbung und Anstellung in allen Finanzjobs in der gesamten GE Credit Corporation, die jetzt GE Capital hieß, zuständig. Ich war immer noch in Kontakt mit meinen Trainees, weil ich in meiner Abteilung blieb. Auf diese Weise konnte ich einige der Trainees, mit denen ich gearbeitet hatte, in guten Stellen in der Firma unterbringen. Mit der Beförderung kamen viel mehr Arbeit und viel mehr Überstunden. Ich musste mit jedem, der in der Firma einen neuen Finanzjob suchte, sprechen. Jeder Chef, der einen seiner Mitarbeiter ersetzen wollte, klopfte bei mir an. Dazu war ich für die Gehaltsabrechnungen und jede „Beratung", die nötig war, verantwortlich. Das machte mich in der Firma sehr beliebt. Denn ich war der erste, der über neue Jobs Bescheid wusste. Ich wusste fast alles, was in der Firma vor sich ging.

In meiner neuen Position erfuhr ich, dass die Angestellten bestimmten Gruppen zugeordnet wurden – mehr als nur HighPot und LowPot. Jedes Jahr gab es eine Leistungsbewertung. Danach wurde dem Angestellten eine Zahl zugewiesen, die sein Potential wiedergab. Eine „Eins" bedeutete, dass man noch zwei Gehaltsstufen aufsteigen konnte. Eine „Zwei" hieß noch eine Gehaltsstufe mehr. Die „Dreier" konnten überhaupt nicht mehr befördert werden. Eine „Vier" hieß, dass man nicht mehr lange in der Firma war. Das erinnerte mich an *Schöne Neue Welt* von Aldous Huxley. Du warst nur noch eine Nummer. Die Chefs kamen und fragten mich nach einem Jobkandidaten. Dann erklärte ich lang und breit die Stärken und Schwächen einer Angestellten. Schließlich sagten die Chefs: „Schön und gut, aber ist sie eine Eins?" Oder sie sagten: „Vergessen Sie's, sie ist nur eine Zwei!" Noch eine Variante: „Jim, haben Sie ein paar Einser für mich?" Als ob wir Schafkopf spielen würden. Nur mit Menschen als Karten.

In der Zeit, in der ich meine Beförderung bekommen hatte, trennten sich meine Eltern für einige Zeit. Jeden Abend rief mich meine Mutter an. Das deprimierte mich, und durch die zusätzliche Arbeit in der neuen Stelle fühlte ich mich ausgelaugt. Innerhalb weniger Monate wurde aus dem Bauchweh, das ich auf das fettige chinesische Essen geschoben hatte, eine „chronische Magenreizung". So nannten die Ärzte diese Stresskrankheit. Ich konnte essen, was ich wollte, ich bekam sofort stechende Schmerzen im Magen. „Kein Problem", sagte der Betriebsarzt bei GE. „Vermeiden Sie nur bestimmte Arten von Essen: fettiges Essen, gebratenes Essen, scharfes Essen und Milchprodukte." Für meine Freunde bedeutete es eine echte Herausforderung, ein Restaurant zu finden, in das ich noch gehen konnte. Kein Mexikaner, kein Chinese, kein Inder. „Aber das Wichtigste ist:", sagte der Doktor, „Vermeiden Sie Stress!" Ich fand es wirklich lustig, dass der Betriebsarzt von GE das sagen konnte, ohne mit der Wimper zu zucken.

Als offizieller Personalchef hatte ich den Vorteil, ganz offiziell zu sehen, was hinter den berüchtigten „verschlossenen Türen" vor sich ging. Ein Mitarbeiter aus dem mittleren Management kam in mein Büro und erklärte: „Mein Boss will Mike feuern."

Das war ein Schock. Mike war seit fünfzehn Jahren bei GE. Erst letztes Jahr hatte er einen Preis für seine Leistung bekommen: Die Firma hatte ihm ein Wochenende in einem noblen Hotel in Arizona bezahlt. Es kam mir grotesk vor, dass Mike jetzt gefeuert werden sollte.

Ich ging zu Mike's Vorgesetzten. Er hieß Bill. Ich fragte ihn, was los sei. Bill sagte, er sei sechs Wochen zuvor Manager geworden und habe beschlossen, dass er Mike nicht mehr länger in seinem Team brauche.

„Ich will ihn rauskicken", sagte Bill. In der Firma war das ein beliebter Ausdruck für „Entlassung".

„Das können Sie nicht machen!", sagte ich. „Wir haben ihm erst einen Preis verliehen. Keiner hat bei ihm eine schlechte Leistung festgestellt. Sie haben noch nicht mal vorher gesagt, dass Sie unzufrieden mit ihm sind."

„Na und?", sagte Bill. Er lehnte sich in seinem Sessel zurück. „Ich hab ihn schon gefeuert."

„Aber er ist seit fünfzehn Jahren in der Firma. Es wird für ihn praktisch unmöglich sein, einen neuen Job zu finden. Kommen Sie, zeigen Sie etwas Mitleid."

Seine Antwort war kurz und einprägsam.

„Scheiß aufs Mitleid!", sagte er.

Meine einzige Chance war, Bills Vorgesetzten, den Manager der gesamten Abteilung, zu sprechen. Ich wiederholte das Gespräch mit Bill Wort für Wort. Falls es ihm noch nicht klar war, erklärte ich ihm, dass die Firma mit einer Klage wegen Altersdiskriminierung rechnen müsse. Denn gegen Mike würden keine Abmahnungen oder Unterlagen über schlechte Leistungen vorliegen. Bill's Chef nahm sein Telefon und fuhr seine Sekretärin an: „Bringen Sie Bill hierher – sofort!"

Bill kam und sein Boss stellte ihn wegen der Situation, die ich ihm gerade geschildert hatte, zur Rede. Bill sah mich an und sagte dann, ohne eine Mine zu verziehen: „Da muss mich Jim missverstanden haben. Ich wollte Mike nie feuern. Er ist ein wertvoller Mitarbeiter."

„Wagen Sie es nicht, ihn zu entlassen!", schrie Mike's Boss. „Wenn Sie ihn nicht mögen, dann suchen Sie lieber für ihn eine neue Stelle in der Firma!" Wenigstens glaubte Mike's Chef mir. Aber die ganze Affäre fand ich widerwärtig.

DIESE ANGELEGENHEIT brachte mich nach längerer Zeit wieder dazu, ernsthafter nach etwas Neuem zu suchen, „etwas anderes" zu machen. Mir war klar, dass ich bis jetzt das meiste von dem erreicht hatte, wovon ich im College geträumt hatte: Ich hatte ein Spitzengehalt, war in der Arbeit ziemlich unabhängig und machte Karriere in der Firma. Aber diese Ziele an sich gaben mir keine Befriedigung. Einfacher gesagt: Ich konnte nicht erkennen, was der *Sinn* von dem war, was ich mit meinem Leben anfing. Mir fehlte etwas Grundlegendes. Ich mochte meine Kollegen und meine Arbeit in der Personalabteilung. Aber was war der Sinn der Arbeit? Soll das mein ganzes Leben sein?

Ich versuchte, meinen Beruf danach zu beurteilen, wem ich damit half. Natürlich half ich den Menschen, die zur Beratung zu mir kamen oder in einer schwierigen Situation am Arbeitsplatz waren. Aber wenn das der Sinn meiner Arbeit war, warum arbeitete ich dann nicht dauernd mit Menschen, die Hilfe brauchten, und nicht nur die halbe Zeit? Wenn das viele Geld keine große Bedeutung für mich hatte, warum machte ich dann nicht etwas Soziales?

In der Sonntagsmesse hörte ich das Lukasevangelium von dem reichen, jungen Mann, der zu Jesus kommt. Der Mann fragt Jesus, was er machen solle, um in das Reich Gottes zu kommen. „Du kennst die Gebote", sagt Jesus. – „An die habe ich mich seit meiner Jugend gehalten", antwortet der Mann. „Eines fehlt dir noch", sagt Jesus. „Geh und verkauf alles, was du besitzt, und verteile das Geld an die Armen. Und du wirst einen Schatz im Himmel haben. Dann komm und folge mir nach!" Aber der junge Mann geht traurig weg, weil er sehr reich ist.

Das war ich – ein reicher, junger (und deprimierter) Mann. Ich begann mir andere Möglichkeiten für mein Leben auszudenken. Zuerst ganz vorsichtig.

Bis jetzt war ich ein guter, wenn auch unauffälliger, Katholik gewesen. Ich ging immer noch jeden Sonntag zur Messe, in der nahe gelegenen Pfarrei St. Leo der Große. Die Kirche lag nur ein paar Meilen die Straße hinunter von meinem Büro entfernt. Daher war einfach für mich, dorthin zu gehen, wenn ich am Sonntag arbeitete. Es war eine der wenigen modernen Kirchen, die ich schön fand. Ein einfaches, offenes Design, mit einem Altar, der durch ein großes Oberlicht vom Sonnenlicht erhellt wurde. Die Predigten waren spannend, weil die klugen Priester dort ihre Kirchenbesucher nie belehrten oder beschimpften. Die Sonntagsmesse in St. Leo war für mich eine Oase der Klarheit inmitten einer Wüste von Verwirrung und Unentschlossenheit.

Mitten in diesem Chaos kam ich eines Abends um acht Uhr nach Hause. Ich hatte einen miesen Tag. Ich sprach zwei Stunden mit einer Angestellten, die ihren Job so hasste, dass ich sah, wie ihre Hände zitterten. Vergeblich versuchte ich, sie dazu zu bringen, mit unserem Betriebs-Psychologen zu sprechen. Aber das war ihr peinlich. Sie sagte, dass sie lieber kündige. Ich fühlte mich auch nicht besonders. Denn am nächsten Tag wartete auf mich ein Gespräch mit ihrem schwierigen und bösartigen Vorgesetzten, der glaubte, dass seine Angestellte nur simuliere. Außerdem sah es so aus, als würde ich wieder einmal am Wochenende

arbeiten müssen. Ich war hundemüde, viel zu müde, um mir
ein Abendessen zu machen. Da schaltete ich den Fernseher
ein.

In einem Sender lief eine Reportage: „Merton: Eine Biografie." Der Film handelte von einem gewissen Thomas
Merton, von dem ich noch nie gehört hatte. Lauter berühmte
Leute wurden interviewt. Sie erklärten, dass dieser Mann
einen bleibenden Eindruck in ihrem Leben hinterlassen
habe. Ich hatte keine Ahnung, wer Thomas Merton war,
aber er hatte ganz sicher diese berühmten Leute tief beeindruckt. Nach ein paar Minuten kapierte ich endlich, dass
sie von einem Trappistenmönch sprachen, der irgendwo in
den Bergen von Kentucky gelebt hatte (oder immer noch
lebte). Seine Autobiografie hieß „Der Berg der sieben
Stufen". Als sie 1948 herauskam, war sie ein Überraschungs-
Bestseller. Zu meiner Schande muss ich sagen, dass ich
weder Merton noch das Buch kannte. Ich hatte nur den
letzten Teil der Reportage gesehen. Aber das war so interessant, dass ich am nächsten Tag in den Buchhandlungen
nach dem Buch suchte. In Stamford das Buch zu finden war
nicht leicht, aber schließlich habe ich es bekommen.

„Der Berg der sieben Stufen" ist eine wunderschöne Erzählung. Thomas Merton wurde in Frankreich geboren.
Seine Mutter starb früh. Thomas wuchs bei seinem Vater
auf, einem Maler, der ständig von einem Ort zum anderen
zog. In seiner Jugend wurde Thomas nach England auf das
Gymnasium in Oakham geschickt. Ihm gefiel die Schule
überhaupt nicht. Nach dem Tod seines Vaters ging er an
die Universität von Cambridge. Dort führte er ein ziemlich
lockeres Leben und zeugte ein Kind (die Autobiografie lässt
dies allerdings aus). Als Folge dieses Verhaltens wurde

Thomas in die USA geschickt. Dort lebte er in den 30er Jahren bei den Verwandten seiner Mutter auf Long Island und ging an die Universität von Columbia.

Als junger Mann ist Thomas Merton mit allem und jedem unzufrieden – auch mit sich selbst. Aber schrittweise wird er ein Katholik. Er lässt sich taufen. Seine Freunde können es nicht glauben, als er danach ankündigt, dass er bei den Franziskanern eintreten will. Er bekommt Skrupel und erzählt den Franziskanern von seiner bewegten Vergangenheit – und von dem unehelichen Kind. 1940 ist es wohl kaum überraschend, dass ihn die Franziskaner daraufhin nicht aufnehmen wollen. Thomas beichtet einem Mönch in New York all seine Sünden. Der Mönch sagt Thomas darauf ins Gesicht, dass er vollkommen ungeeignet dafür sei, Priester zu werden. Thomas ist untröstlich. Als er sich überlegt, wie er jetzt weitermachen soll, stößt er auf das Trappistenkloster „Unsere Liebe Frau von Gethsemani" in Kentucky.

Er kommt spät nachts am Kloster an. „Bist du gekommen, um hier zu bleiben?", fragt ihn der Bruder an der Tür. Merton erzählt von seiner Reaktion:

Die Frage machte mir Angst. Sie klang nach der Stimme meines Gewissens.

„Nein!", sagte ich, „bestimmt nicht." Ich hörte, wie mein Flüstern in dem großen Atrium verhallte und in der unendlichen und geheimnisvollen Weite des dunklen Treppenhauses verging. Dieser Ort roch so rein, dass es mir Angst machte. Es roch alt und sauber, nach einem uralten Haus, das Jahr für Jahr gewischt, gefegt und gemalt worden war.

„Was ist los? Warum kannst du nicht bei uns bleiben? Bist du verheiratet, oder was?", fragte der Bruder.

„Nein", sagte ich leise, „ich habe einen Beruf …"

Merton ringt einige Monate mit sich. Dann entscheidet er sich, Mönch zu werden. Er tritt 1941 in das Kloster ein. Wow. Mir wurde schlagartig klar, dass ich das auch tun konnte. Vielleicht nicht gleich in ein Kloster eintreten, aber ich konnte mich wenigstens diesem Leben annähern. Es klang alles so schön – so friedlich, so romantisch. Mertons Geschichte beschäftigte mich und ich las sein Buch dreimal.

„Der Berg der sieben Stufen" wurde von Merton wenige Jahre, nachdem er in das Kloster eingetreten war, in der „ersten Begeisterung" seiner Berufung geschrieben. Jahre später nannte er das Buch allzu frömmelnd und zu kritisch in der Sicht der „Welt". Trotzdem zog mich das religiöse Leben, das er beschrieb, geradezu romantisch an. Sein Buch sprach eine tiefe Sehnsucht in mir an. Thomas Merton hatte anscheinend mit denselben Problemen gekämpft, mit denen ich rang: Arroganz, krankhafter Ehrgeiz und reines Karrieredenken. Je mehr er sich seine Fehler eingestand, desto mehr wollte ich das hören, was er zu sagen hatte, und umso mehr fühlte ich mich direkt angesprochen.

Ich suchte nach anderen Büchern von Thomas Merton. Damals hatte ich keine Ahnung, ob er „berühmt" war oder nicht. Ich erzählte ein paar Freunden von ihm, aber sie hatten noch nie von ihm gehört. Vielleicht war er in der Kirche eine Art „Kultfigur", die in Verruf geraten war. Ich wusste es einfach nicht. Ich hoffte, es gebe eine Fortsetzung zu „Der Berg der sieben Stufen" (die Erzählung endet kurz, nachdem er ins Kloster eingetreten ist). Stattdessen fand ich ein Buch mit Meditationen, das „Kein Mensch ist eine Insel" hieß. Ich blätterte es durch und fand diesen Absatz:

Warum verbringen wir unser Leben damit, etwas zu erreichen, das wir nie sein wollen? Warum denken wir nicht einmal nach, was wir wirklich wollen? Warum vergeuden wir unsere Zeit mit Dingen, die doch, wenn wir nur einmal darüber nachdenken würden, genau das Gegenteil von dem sind, wofür wir geschaffen wurden?

Das war ich! Mir war alles klar. Ich kam mir vor, als ob ich überhaupt nicht für das Leben *geschaffen* worden war, das ich jetzt lebte. Zwar hatte ich immer noch keine Ahnung, *wofür* ich geschaffen worden war, aber der Weg, den Thomas Merton gegangen war, schien mir näher als der Weg, den ich mit den Konzernen ging.

Ich las noch andere „religiöse" Bücher: „Von Freude überwältigt" von C. S. Lewis – die Erinnerung eines Oxford-Professors an seine Bekehrung; „Tagebuch eines Landpfarrers" von George Bernano – die Geschichte eines einfachen Landpfarrers in Frankreich. Lesen war die einzige Möglichkeit, herauszufinden, was in mir vorging, ohne anderen davon erzählen zu müssen. Dass ich so viel über Religion nachdachte, war mir sehr peinlich. Noch viel peinlicher war es, dass ich sogar daran dachte, meine religiösen Gedanken in die Tat umzusetzen. Ich war fasziniert, aber zugleich, kam mir auch alles sehr verwirrend vor.

Ich grübelte darüber nach, dass ich ein Priester, ein Mönch, ein Bruder oder ... irgendetwas in der Art sein wollte. Irgendetwas, das den Gefühlen gerecht wurde, die ich in mir spürte. Im Nachhinein erlebte ich das, was manche Menschen als ihre „Berufung" bezeichnen – die begeisterte Unfähigkeit, auch nur irgendetwas anderes zu machen. Aber das wurde mir erst später klar. Damals hielt ich es für eine mittelgroße Obsession.

Ich stieß auf einige Probleme, die unüberwindbar erschienen. Was machte ein Priester eigentlich, wenn er keine Messe las? Was genau war ein Franziskaner? Ein Benediktiner? Ein Jesuit? In den Pfarrbriefen von St. Leo sah ich, dass einige Priester hinter ihren Namen eine Buchstaben-kombination schrieben: OSB, OFM, SJ. Waren das akademische Grade? Standen sie für die Schulen, die sie besucht hatten? Ich hatte keine Ahnung.

Ich hatte noch nie Zeit mit einem Priester verbracht, außer man zählt die Beichte und die jährlichen Besuche des Pfarrers bei unserer Familie mit. Weil ich keine katholische Schule besucht hatte, kannte ich noch nicht die typischen Vorurteile über Priester: der autoritäre Priester; der kalte, asketische Priester; oder der leutselige Priester vom Typ Bing Crosby. Ich kannte *überhaupt* keine Priester, also hatte ich keine Vorurteile.

Auf jeden Fall brachte ich die Idee vom Priestertum nicht mehr aus meinem Kopf. Manchmal versuchte ich mir klar zu machen, wie dumm ich war, dass ich nur daran *dachte*. Ich hatte hart gearbeitet, um auf die Wharton School an der Penn zu kommen. Ich hatte jahrelang Wirtschaft studiert und jetzt kletterte ich die Karriereleiter nach oben. Wenn ich jetzt aufhörte, wäre alles umsonst gewesen. Die ganzen Jahre den Bach runter. Außerdem war klar, dass ich vor meinen großen Problemen weglief – vor dem Problem mit meinen Eltern, vor dem Stress im Beruf, vor den Magenschmerzen. Aber warum war die Vorstellung, Priester zu sein, immer noch so faszinierend?

Ich wusste nicht, mit wem ich darüber sprechen konnte. Gab es in der Diözese eine Beratungsstelle für solche Fragen? Oder musste ich bei einer landesweiten Telefonberatung anrufen? Schließlich ging ich nach der Sonntagsmesse auf den Pfarrer zu und platzte damit heraus: „Ich glaube, ich will Priester werden."

Ich wäre am liebsten davongelaufen, als ich das sagte. Hoffentlich lachte der Pfarrer nicht!

„Sie sollten sich am besten mit der hiesigen Stelle für Spätberufene in Verbindung setzen", sagte er und lachte gar nicht. „Außerdem könnten Sie mit den Jesuiten oben in Fairfield reden."

Die Informationsstelle für Spätberufene war eine gute Idee. Aber ich hatte keine Ahnung, wer die Jesuiten waren und was sie eigentlich machten. Ich erinnerte mich schwach daran, dass sie einige Colleges leiteten: Fordham, Georgetown, Boston College (vielleicht auch Notre Dame – gehörte das den Jesuiten?). Ich wusste, dass ihr Gründer Ignatius von Loyola war. Aber ich fragte mich, warum so viele Colleges Loyola hießen. War es dasselbe College, das nur verschiedene Niederlassungen hatte?

Auf der Suche nach einer Fortsetzung von Thomas Mertons Erzählung stöberte ich weiter in den Buchhandlungen von Stamford herum. Ich wollte wissen, wie es mit Merton weiter gegangen war. Hatte er das Kloster verlassen? Oder war er dort glücklich? Auf der Umschlaginnenseite seiner Autobiografie war eine Titelliste. Vielleicht war eines davon die Fortsetzung? Da fand ich ein Buch mit dem Titel „Die Jesuiten: Die Gesellschaft Jesu und der Verrat an der römisch-katholischen Kirche". Ein unzufriedener Ex-Jesuit hatte es geschrieben. Das Buch war sehr negativ, aber wenigstens erfuhr ich ein paar Dinge über den Orden.

Aus diesem Buch ging hervor, dass die Jesuiten (deren offizieller Name „Gesellschaft Jesu" war) ein Orden sind und als solcher ein Gemeinschaftsleben nach den Prinzipien Armut, Keuschheit und Gehorsam leben. Es gibt zum Priester geweihte Jesuiten und solche, die es nicht sind (Brüder).

Weil die Jesuiten keiner Diözese angehören, können sie überall arbeiten. Ein Diözesanpriester dagegen, der im Priesterseminar ausgebildet wird, bleibt normalerweise in seiner Diözese und wird dort Pfarrer. Die Jesuiten, die einen Generalsuperior in Rom hatten, können überall hingeschickt werden. Sie können fast jede Tätigkeit übernehmen.

Das gefiel mir sofort. Anders als ein Mönch konnte ein Jesuit auch außerhalb seiner Gemeinschaft arbeiten. „Kontemplativ in der Aktion" war die Bezeichnung dafür. Die meisten kennen Jesuiten als Lehrer – aber es gibt auch Jesuiten als Ärzte, Rechtsanwälte, Architekten, Künstler, Schauspieler, Gemeindepfarrer, Gefängnisseelsorger, Sozialarbeiter und Schriftsteller. Und ich erfuhr, dass sie der größte Missionsorden in der Kirche sind. Das gefiel mir erst gar nicht (ich konnte mir nicht vorstellen, dass ich *Missionar* sein würde). Der hl. Franz Xaver, einer der berühmtesten katholischen Missionare, war ein Jesuit. Gemäß diesem besonders kritischen Buch waren die Jesuiten sehr streitlustig und hatten sich erst vor kurzem mit Papst Johannes Paul II. angelegt.

Die Jesuiten sprachen mich sofort mehr an als die Diözesanpriester. Also fing ich mit ihnen an. Ich hatte alle Bücher über Priester gelesen, die es in Süd-Connecticut zu kaufen gab. Jetzt war der Punkt erreicht, wo ich mit jemandem über meinen Wunsch sprechen musste. Es war mir sehr peinlich, aber ich rief die Jesuiten an der Fairfield University an und bat um Informationen. Ich schloss die Tür zu meinem Büro, rief in Fairfield an und fragte, ob ich einen der Jesuiten sprechen könnte.

„Gemeinschaft der Jesuiten!", antwortete mir jemand fröhlich.

„Äh, ja, glauben Sie, ich könnte Informationen darüber bekommen, … ähm, wie man Jesuit wird?" Wieder wäre ich am liebsten im Boden versunken, als ich mich das sagen hörte. Der Priester am Telefon schlug vor, ich solle doch einfach am nächsten Tag vorbeikommen und mir die Informationen abholen. Ich legte auf und öffnete ganz leise meine Bürotür. Anscheinend hatte mich niemand gehört.

Am nächsten Tag fuhr ich in der Mittagspause die wenigen Meilen zur Fairfield Universität. Sie hatte einen kleinen Campus mit einem großen grünen Rasen – und frisch gewaschene, junge, weiße, und (ganz offensichtlich) katholische Studenten. Das Gebäude der Jesuiten sah aus wie eine Mischung aus einer großen Schule und einem Hotel. Neben dem Haupteingang stand eine weiße Statue mit einem Heiligen, der ein Buch in der Hand hielt. Ein älterer Mann begrüßte mich an der Tür. Ich sagte ihm, das ich hier sei, um ein paar Informationen über die Jesuiten zu bekommen.

„Sie wollen also Jesuit werden?"

„Äh, ich habe noch einen Beruf. Ich … ähm … sammle nur erst mal Informationen."

„Hier habe ich ein paar Informationen für Sie", sagte der ältere Mann und hielt einige Broschüren hoch. „Wollen Sie vielleicht darüber reden?"

„Ich habe es wirklich eilig", sagte ich schnell. „Ich muss weg! Ich arbeite in Stamford. Vielen Dank auf jeden Fall!"

Er gab mir die Broschüren. Ich bedankte mich und ging zu meinem Auto. Ich blätterte die Unterlagen durch. Einiges war ganz interessant, vor allem ein kleines Buch mit dem Titel „Die Fünfte Woche". Ein Jesuit schrieb darin über das Gelübde von Armut, Keuschheit und Gehorsam, über das Leben in der Gemeinschaft und über die „formatio", die Ausbildungszeit, die – ich konnte das kaum glauben – zehn Jahre lang dauerte. Zehn Jahre! In der Zeit könnte ich noch Gehirnchirurg werden.

In einer der Unterlagen wurde das „Formungs-Programm" genauer erklärt. Es sei dem ursprünglichen Programm, wie Ignatius von Loyola es entwickelt hatte, sehr ähnlich. Die ersten zwei Jahre verbringt man im Noviziat. Ein Novize der Jesuiten lernt die Spiritualität und das Gemeinschaftsleben kennen. Außerdem arbeitet er bei verschiedenen Projekten mit. Meistens arbeitet er bei den Ärmsten in einem Entwicklungsland. Die Novizen unterziehen sich auch einer 30 Tage dauernden Einkehrzeit, die nach den Regeln der „Geistlichen Übungen" von Ignatius von Loyola abläuft – was auch immer das schon wieder sein sollte. 30 Tage Schweigen. Das kam mir übertrieben vor.

Nach zwei Jahren, wenn es ihm bei den Jesuiten gefällt, legt ein Novize sein Gelübde zu Armut, Keuschheit und Gehorsam ab. Nun kommen zwei Jahre Philosophiestudium an einer der jesuitischen Universitäten in den USA. Nach dem Studium arbeitet man zwei Jahre lang. Diese Phase heißt „Magisterium". Viele Jesuiten, so stand es in den Unterlagen, unterrichten in dieser Zeit an der High School. Manche arbeiten in Übersee, andere arbeiten in dem Bereich, in dem sie vor ihrem Ordenseintritt tätig waren. Ein Architekt zum Beispiel könnte diese Zeit dafür benutzen, billige Häuser für die Menschen in einem Entwicklungsland zu bauen. Nach dem Magisterium kommen vier Jahre Theologiestudium für die, die zum Priester geweiht werden wollen. Den Abschluss bildet die Priesterweihe. Am Ende der gesamten „formatio", so heißt die Ausbildung, kommt das „Terziat". Diese Phase heißt so, weil sie als das „dritte Jahr" der Ausbildung eines Novizen gilt. Ein Jesuit tritt dabei wieder eine 30-tägige Einkehrzeit an.

Als ich das Buch und die anderen Broschüren durchgesehen hatte, dachte ich mir: „Das mache ich mit Sicherheit nicht." Das ganze Verfahren kam mir absurd vor. Einiges gefiel mir schon: Arbeit bei den Ärmsten, Leben in der Gemeinschaft, Priestertum. Aber 30-tägige Einkehrzeiten, Arbeit in Übersee, und die „Gelübde" kamen mir seltsam vor. Gelübde waren vielleicht noch etwas für Thomas Merton in den 40er Jahren, aber bestimmt nichts für einen Menschen von heute wie mich.

Ich fand es außerordentlich peinlich, dass ich nach Fairfield gefahren war. Gott sei Dank hatte ich mich nicht darauf eingelassen, mit jemand zu sprechen! Ich hoffte nur, dass mich niemand dort gesehen hatte.

In den nächsten zwei Jahren versuchte ich, all das zu vergessen. Aber ich bekam regelmäßig Briefe von Jesuiten der Provinz New England. Darin schrieben sie mir, wann das nächste Treffen ihrer „Kandidaten" sein würde. So nannten sie die Menschen, die Interesse an den Jesuiten gezeigt hatten – „Kandidaten". Zwei Jahre lang tauchten in absoluter Regelmäßigkeit cremefarbene Briefe in meinem Briefkasten auf. Darin wurde ein Event, eine Gesprächsmöglichkeit, ein Treffen oder ein Gottesdienst angekündigt. Am Anfang war ich höflich. Ich kreuzte das Kästchen „Ich kann leider nicht kommen." an und schickte den Brief zurück.

Später zerriss ich die Briefe schon am Briefkasten. Denn ich hatte Angst, dass meine WG-Genossen sie sehen und mich danach fragen würden. Ich gab mein Bestes, die Jesuiten zu vergessen.

KOMMT UND SEHT!

Jesus aber wandte sich um, und als er sah,
dass sie ihm folgten, fragte er sie: Was wollt ihr?
Sie sagten zu ihm: Rabbi, wo wohnst du?
Er antwortete ihnen: Kommt und seht!

Johannes 1,38-39

WIE EIN GEKNICKTES SCHILFROHR

*Er schreit nicht und lärmt nicht und lässt seine
Stimme nicht auf der Straße erschallen.*

*Das geknickte Rohr zerbricht er nicht und den
glimmenden Docht löscht er nicht aus; ja, er bringt
wirklich das Recht.*

Jesaja 42,2-3

MIR GING ES immer schlechter: der Stress in der Arbeit,
die Sorgen um meine Eltern und die Belastung, einen
chronisch kranken Magen zu haben. Alles regte mich auf.
Ich merkte, wie ich unaufhaltsam zu einem anderen Menschen wurde – ganz leicht zu entmutigen, launisch und zynisch.

Ich jammerte meinen Freunden etwas vor. Sie sagten alle
mehr oder weniger das Gleiche. Erstens: Kündige deine Arbeit! Das wäre schön gewesen, war aber unrealistisch. Zweitens: Ignoriere die Probleme deiner Eltern! Das war ein guter Rat. Aber ich schaffte es nicht, ihn umzusetzen. Meine
Eltern lagen mir zu sehr am Herzen. Drittens: Unternimm

einen langen Urlaub! Das war auch gut gemeint, half mir aber langfristig nicht.

Einer meiner WG-Genossen fragte mich: „Warum gehst du nicht zur PBA?" In der Psychologischen Beratungsstelle für Angestellte arbeitete eine Psychologin, die von der Firma angestellt war. Sie war in ihrer bisherigen Arbeit mit gestressten Mitarbeitern von GE sehr erfolgreich. Ich überwies selbst regelmäßig Angestellte dorthin – wie zum Beispiel die Frau mit den zitternden Händen. „Aber ich", sagte ich meinem WG-Kollegen, „ich brauche bestimmt keinen Psychologen." – „Ach komm schon!", sagte er. „Da ist doch nichts dabei. Du schickst doch selbst dauernd Leute dorthin."

Am nächsten Tag bekam ich die erste Migräne meines Lebens. Ich hatte große Kofpschmerzen und konnte teilweise nicht mehr richtig sehen. Während des Anfalls konnte ich nicht lesen. Ich fand das beunruhigend, um es einmal zurückhaltend auszudrücken. Ich sagte meiner Sekretärin, was los war, kroch aus meinem Büro und stolperte nach unten zur Krankenschwester. Sie sagte mir, dass es nur ein vorübergehender Anfall sei. Ich ging zurück in mein Büro, konnte aber immer noch nicht klar sehen. – „Werden Sie jetzt blind?", fragte meine Sekretärin trocken. „Dann schreibe ich eben meine Telefonnotizen größer." Mehr brauchte ich nicht mehr, um mich zu überzeugen, dass ich doch lieber zu der Psychologin gehen sollte.

Am nächsten Morgen ging ich in ihr Büro und erzählte ihr all meine Probleme. Sie war sehr kompetent, aber man musste auch kein Genie sein, um zu erkennen, dass meine physischen Probleme vom Stress herkamen. Sie hörte mir eine Stunde lang zu. Dann schlug sie mir vor, eine „Bio-feedback-Spezialistin" aufzusuchen. Ich verdrehte meine

Augen. – „Sie ist *wirklich* gut", sagte sie, „und Sie sollten unbedingt auch mit ihrem Partner reden." Warum nicht? GE, die Generöse Electric, zahlte alles.

Die Biofeedback-Frau hieß Anne und hatte ihre Praxis in Westport, einem der schöneren Städtchen in Fairfield County. In ihrer ruhigen Praxis roch es nach Potpourri. Überall standen Körbchen mit getrockneten Blumen und auf den Tischen lagen Country-Life-Zeitschriften. Gleich beim ersten Besuch bat sie mich, auf einem bequemen Ledersessel Platz zu nehmen. Sie befestigte Sensoren, die mit einem Computer verbunden waren, an meinen Fingern. Ich fragte mich, ob das hier wie ein Lügendetektor funktionierte. Ich erzählte ihr, wie skeptisch ich der ganzen Apparatur gegenüber war: „Wie soll man denn seinen Körper kontrollieren können?" Anne lächelte gelassen: „Entspannen Sie sich einfach und konzentrieren Sie sich auf den Bildschirm." – „Entspannen wird nicht so einfach sein", sagte ich, „aber auf den Bildschirm zu sehen, das habe ich in den letzten sechs Jahren perfektioniert."

Auf dem Bildschirm waren fünf verschiedenfarbige Balken zu sehen, die auf und ab fuhren und dabei harmonisch piepten. Hohe Töne, wenn die Balken hinaufgingen, niedrige Töne, wenn sie hinuntergingen. „Okay", sagte Anne, „Schauen Sie mal, ob Sie die Piepser nach unten bringen." Das klang ziemlich bescheuert, aber ich versuchte es. Nach ein paar Minuten hatte ich es geschafft und ich war verblüfft darüber. „Also", erklärte Anne und deutete auf die verschiedenen Balken, „das da ist Ihr Puls, das ist Ihre Körpertemperatur, und das sind elektrische Impulse auf Ihrer Haut. Da sehen Sie, Ihre Temperatur ist schon ein Grad nach unten gegangen."

Ich war restlos überzeugt. Es funktionierte wirklich. Ich musste mich nur auf das Piepsen konzentrieren und schon konnte ich mich beruhigen. Am Ende der Sitzung machten wir einen wöchentlichen Termin aus. Anne gab mir eine Kassette, die ich zu Hause auf meinem Walkman anhören konnte. Im Auto schob ich sie sofort in den Kassetten-Recorder. „An jedem Morgen verliere ich Kummer und Sorgen, an jedem Morgen weiß ich dann, es geht voran", sagte eine beruhigende Stimme auf dem Band. O Mann, ich musste ganz schön am Ende sein, wenn Anne mir so etwas mitgab. Aber ich habe das Band benutzt.

In der nächsten Sitzung konnte ich die Balken auf dem Schirm noch weiter nach unten drücken. Anne begann mir Fragen zu stellen, während ich an den Computer angeschlossen war.

„Also", sagte sie beruhigend, „sprechen wir über Ihre Arbeit ..."

„PiiiilIIIIIIEEEEEEEEEEEEEEEEEP", tönte es aus dem Computer, als die Balken fast den Monitor durchschlugen.

„Okay", sagte Anne, „dann sprechen wir eben später darüber. Was macht Ihre Familie?"

„PiiIIIEEEEEP", machte der Computer.

Anne wollte wohl ihren Computer nicht zum Absturz bringen. Denn jetzt sprachen wir über andere Themen und wir machten eine „Fantasiereise". Dabei sollte ich mir vorstellen, ich sei auf einer einsamen Insel. Ich war noch nie auf einer einsamen Insel. Es fiel mir ziemlich schwer, dieses Bild vor mir zu sehen. Stattdessen stellte ich mir vor, ich sei an der Küste von Jersey. Das schien genauso zu funktionieren. Danach erwähnte Anne, ganz beiläufig, dass all ihre Patienten auch bei ihrem Partner Dr. Tchachke, einem Psy-

chologen, in die Sprechstunde gehen würden. „Klasse",
sagte ich sofort, „wann bekomme ich einen Termin?" Mittlerweile fand ich meine Therapie so gut, dass ich sofort
einen Termin für die nächste Woche ausmachte.

Dr. Tchachke hatte eine dunkle Praxis, die mit großen
Weidenkörben – echten „Tchachkes" – ausstaffiert war. An
der Wand hing sein Diplom von der Universität Pennsylvania. Von nun an traf ich abwechselnd Anne und Dr.
Tchachke.

Dr. Tchachke konnte sehr gut zuhören. Ich sprach mit
ihm über all meine Probleme: über den Stress, den ich in
der Arbeit hatte; über meine Familie; und darüber, dass ich
das Gefühl hatte, ich säße in der Falle. Wir sprachen über
meine Ängste, meine Wünsche, meine Fantasien, und –
trotz einiger Bedenken von meiner Seite – auch über meine
Träume und meine sexuellen Fantasien. In den Sitzungen
wurde mir vieles klar. Ich war erschrocken darüber, dass
mein Leben keine Ordnung hatte, dass es kein Ziel hatte,
und dass ich darin keinen tieferen Sinn fand. Ich war in
einer extrem langweiligen Tretmühle, fast so wie auf dem
Stepper in dem firmeneigenen Fitness-Studio, in das ich
jeden Tag ging.

Die Logik meines Lebens war ein deprimierender Zirkel-
schluss: Ich arbeite, damit ich mir Essen, Miete und Kleidung
leisten kann. Davon kann ich leben. Ich lebe nur, damit
ich arbeiten kann. Ich arbeite, damit ich leben kann etc.
Am Ende schien gar nichts dabei herauszukommen. Es hatte
überhaupt keinen Sinn.

Ich machte die Therapie die nächsten Monate weiter. Es
war komisch. Ich wusste, dass sich an meinem Leben nichts
änderte. Aber ich sah alles klarer. Meinem Magen ging es

überhaupt nicht besser und ich fühlte mich immer noch ausgebrannt. Aber wenigstens verstand ich jetzt, warum es mir so ging.

An einem kalten Tag im Mai schien es, als ob wir alles aus meinem Leben besprochen hätten. Da fragte mich Dr. Tchachke ganz plötzlich: „Was würden Sie machen, wenn Sie alles machen könnten, was Sie wollen?"

„Das ist einfach", platzte ich heraus. „Ich würde Priester werden."

„Und warum machen Sie das dann nicht?", fragte Dr. Tchachke.

Ja genau, dachte ich mir, warum eigentlich *nicht*?

Plötzlich war mir alles klar! Ich hatte ein Gefühl von strahlender Klarheit, das mir, zurückhaltend formuliert, ganz neu war. Ich *wollte* Priester werden. Ich kannte nicht alle Gründe dafür, und vielleicht waren die Gründe, die ich kannte, nicht gerade die besten: Vielleicht wollte ich aussteigen, vielleicht wollte ich, dass die anderen mich respektierten und vielleicht wollte ich Märtyrer spielen. Aber daneben gab es noch andere Gründe, die viel tiefer reichten. Ich wollte Gott und meinen Mitmenschen dienen. Ich wollte das Leben leben, das Thomas Merton lebte – auch wenn ich es nicht ganz verstand. Ich wollte die Ruhe spüren, die er verspürt hatte, als er das Kloster betrat. Ich war gern in der Kirche. Ich fühlte mich dort zu Hause. Ich fühlte den echten Wunsch, Priester zu werden. Und ich spürte die Stimmigkeit dieses Wunsches. Ich merkte, dass das Einzige, was mich bisher davon zurückgehalten hatte, die Frage war, was die anderen denken würden, oder dass ich vielleicht doch aus den falschen Gründen Priester werden wollte. In der Woche zuvor hatte ich folgenden Text des Romanautors Louis Auchincloss gelesen:

*Wie offensichtlich diese Schlussfolgerungen erscheinen! Trotz-
dem kann ein Mensch sein ganzes Leben vergeuden, ohne diese
einfache Lektion zu lernen: Er hat nur ein Leben und niemand
kümmert es, wenn er nicht das macht, was er damit machen will.*

An diesem Tag im Mai 1988 fuhr ich nach Hause und
wühlte auf meinem Schreibtisch die Sachen heraus, die mir
die Jesuiten vor zwei Jahren geschickt hatten. Wie konnte
ich nur so blind sein? Ich wollte das machen wie sonst nichts
auf der Welt. Und ich wollte es *jetzt*.

Ich sah die wenigen cremefarbenen Briefe durch, die ich
behalten hatte. In den meisten standen Sätze wie: „Wir ver-
anstalten wieder ein Treffen für Männer, die an den Jesuiten
interessiert sind. Wollen Sie nicht auch kommen?" Oder:
„Wir haben in letzter Zeit nichts von Ihnen gehört." (Das
war ziemlich höflich, dachte ich mir. Denn ich hatte ja die
meisten Briefe zerrissen.) Und: „Lassen Sie uns wissen, ob
Sie immer noch in unserem Verteiler bleiben wollen." Dann
hatten die Briefe aufgehört.

Am nächsten Tag in der Arbeit schloss ich meine Tür und
rief den Jesuiten an, der für die Anwerbung oder die
„Berufung" zuständig war. Mittlerweile war ein anderer Jesuit
am Telefon. Er hießt Pater Jim Kane. Er rief mich am nächsten Tag im Büro zurück. Im Nachhinein war es wirklich ein
denkwürdiger Augenblick, mit den Jesuiten zu sprechen.

K URZE ZEIT VORHER hatte Karen mir eine kurze Liste mit
GE-Angestellten gegeben, die sie von ihrem Chef bekommen hatte. Sie sagte mir, dass ich die Leute auf der
Liste anrufen und fragen sollte, ob sie an einer Tätigkeit in
unserem GE-Geschäftszweig Interesse hätten. Karen wollte
auch, dass ich das OK von deren Vorgesetzten einhole, ob

sie überhaupt für einen anderen Job verfügbar wären. Am Ende stellte sich heraus, dass keiner der Angestellten einen neuen Job wollte. Nachdem ich damit fertig war, die Angestellten und deren Chefs anzurufen, war meine Liste voll mit hingekritzelten Telefonnummern, Bemerkungen, Unterstreichungen und Häkchen.

Ein paar Tage danach rief mich einer der Vorgesetzten an: „Hier ist Mike Smith" (Auch hier ist der Name aus Mitleid geändert.) Das war das Einzige, was er sagte, außer dass er der Vorgesetzte von einem der Angestellten auf der Liste sei. Warum ich ihn nicht direkt angerufen hätte, wollte er wissen. Ich suchte meine Unterlagen heraus, fand die Liste und sah in meinen Aufzeichnungen nach. Neben dem Namen seines Angestellten hatte ich „Bob" geschrieben und ein Häkchen gemacht. „Es sieht so aus, dass ich mit jemandem gesprochen habe, der ... Bob heißt", sagte ich. „Aber der Angestellte hatte sowieso kein Interesse an einem neuen Job. Zumindest steht das hier. Gibt es ein Problem? Habe ich mit der falschen Person gesprochen?" – „Das nächste Mal rufen Sie mich einfach direkt an", sagte Mike ziemlich eisig. „Okay?" – „Okay", sagte ich und dachte mir, das war's. War es aber nicht.

Am nächsten Tag, ich hatte gerade die Liste zu meinen Akten geheftet, rief mich meine Chefin an. „Kommen Sie sofort zu mir!", sagte Karen. Sie klang wütend. Aber sie klang ja fast immer wütend.

Sie stand mit rotem Gesicht hinter ihrem Schreibtisch. Bevor ich etwas sagen konnte, schrie sie schon: „Haben Sie mit Mister Smith gesprochen? Er hat mich gerade angerufen!" Ich war froh, dass ich schon mit Mike gesprochen hatte und dass ich alles geklärt hatte. Ich hatte schon die Antwort auf die Frage meiner Vorgesetzten – das war, wie man uns erklärt hatte, das Markenzeichen eines guten An-gestellten.

Also sagte ich stolz: „Mike wollte wissen, ob ich mit der richtigen Person gesprochen hatte, um das OK für einen Angestellten zu bekommen. Ich habe auf meiner Liste nach-gesehen und ihm den Namen des Vorgesetzten gesagt, mit dem ich gesprochen habe. Und ich habe Mike gesagt, dass ich in Zukunft direkt mit ihm reden würde, falls wir einen seiner Leute bräuchten." Ich dachte, ich hätte Karen's Frage damit perfekt beantwortet – vor allem, als ich sagte, dass ich Mike in Zukunft direkt anrufen würde. Ich wartete auf mein Lob.

Karen schlug mit der Hand auf den Tisch: „Er sagt, Sie sind ein Lügner."

Sie informierte mich darüber, dass besagter Bob leugnete, jemals mit mir gesprochen zu haben. Entweder waren meine Aufzeichnungen falsch, oder Bob versuchte, seinen Hin-tern zu retten, weil er vergessen hatte, mit Mike, seinem Chef, zu sprechen. In jedem Fall musste Mike mich nur zu-rückrufen und mir das ganze Schlamassel erklären. Aber weil wir hier bei GE waren, rief Mike nicht zurück. Statt-dessen rief er meinen Vorgesetzten an und nannte mich einen Lügner. Zu allem Überfluss stellte sich auch noch heraus, dass Mike Präsident von einem der größten Ge-schäftszweige bei GE war, und deshalb einer der mächtigsten Männer im ganzen Konzern. (Er hatte nicht seinen Titel am Telefon gesagt.)

„Er ist zu meinem Boss gegangen und hat gefordert, dass Sie wegen Lügens gefeuert werden!", sagte meine Vorgesetzte Karen. „Wegen Lügens!", schrie ich und wurde wütend. „Mein

Gott, ich habe geglaubt, ich hätte alles mit dem Richtigen geklärt. Das glaube ich ja immer noch! Und ich habe ihm gesagt, dass ich ihn in Zukunft direkt anrufen würde!"

„Sie sind ein Lügner!", sagte Karen.

„Aber es gibt ja wohl einen Unterschied, ob man einen Fehler macht oder jemanden direkt täuscht!"

„Sie sind ein *Lügner!*"

Ich spürte, wie mein Gesicht heiß wurde.

„Dann lassen Sie mich ihn wenigstens anrufen und ..."

„Nein. Das lasse ich Sie nicht!", schrie sie. „Sie haben schon *genug* Schaden angerichtet. Ich dulde keine *Lügner* unter meinen Mitarbeitern."

Es wurde immer schlimmer. Karen wollte mir nicht zuhören. Ihr Chef dachte auch, dass ich lügen würde. Hatten Präsidenten nichts Besseres zu tun, als mich aus meinem Job zu vertreiben? Scheinbar nicht!

Ich blieb bei meiner Geschichte: Selbst wenn ich einen Fehler gemacht hatte, war es ein normaler Fehler und ich hatte niemanden täuschen wollen. Und warum hätte ich mir so etwas ausdenken sollen? (Ich deutete nie an, dass vielleicht Bob lügen könnte, um seinen Hals aus der Schlinge zu ziehen.) Es blieb eine große Aufregung und ich war nah dran, zu weinen, als ich das Büro verließ. Im Nachhinein zeigt mir dieser Vorfall wie in einem Brennglas, wie das Leben bei GE war.

NICHT NUR DAS, sondern auch meine Gedanken an Berufung, schwirrten mir im Kopf herum, als mich Pater Kane zurückrief. Ich schloss die Tür zu meinem Büro.

„Hallo. Danke, dass Sie zurückrufen", sagte ich, „ich würde gerne bei den Jesuiten eintreten."

„Das ist ja wunderbar!", sagte Pater Kane.

Bedeutete das schon, dass ich dabei war?

„Wir schicken Ihnen Informationen. Dann können Sie anfangen, unsere Kandidatentreffen zu besuchen. Für dieses Jahr ist es zu spät, aber wir können es dann nächstes Jahr mit Ihrer Bewerbung versuchen. Der Lehrgang für dieses Jahr beginnt im August und ist schon voll."

Nächstes Jahr? Ich wollte auf keinen Fall noch ein Jahr warten. Jetzt war ich dazu bereit. Da ich noch keine Erfahrung mit den Jesuiten oder einem anderen Orden gemacht hatte, ging ich an den späten Termin genauso heran wie in meinem bisherigen Berufsleben: Das war ein Hindernis, das mit reiner Willenskraft überwunden werden konnte.

„Auf keinen Fall", sagte ich, „ich will in *diesem* Jahr eintreten. Da bin ich mir ganz sicher. Nächstes Jahr ist viel zu spät. Wir versuchen es mit dem kommenden August, okay?"

Ich merkte, dass er über meine Antwort ein bisschen überrascht war, aber er überspielte es ganz locker. „Ich bin nächste Woche wegen einer Hochzeit in Fairfield", sagte er, „Dann reden wir über alles."

Super. In mir machte etwas Klick und ich schaltete einen Gang höher. Ich vereinbarte gleich einen Termin mit dem Direktor des Priesterseminars in Philadelphia. Ich dachte mir, wenn ich das schon mache, dann kann ich mir gleich alle Möglichkeiten ansehen.

Ich hatte immer noch niemandem von meinen Plänen erzählt. Ich freute mich, dass ich bei den Jesuiten eintreten würde, aber es war mir immer noch peinlich. Der erste, dem ich es erzählte, war mein Freund Bruce. Ich sah ihn so oft, dass ich es ihm gegenüber sowieso nicht verheimlichen konnte. An einem Samstag fuhren wir in der Gegend herum und kamen schließlich zu einem Freilichtmuseum in Orange County, nördlich von New York. Das Skulpturenmuseum hieß „König der Stürme". Passenderweise sah es nach einem Gewitter aus. Da dachte ich, dass jetzt ein guter Augenblick wäre, es ihm zu sagen.

Ich war völlig überrascht, als er sagte: „Das klingt nach einer guten Idee." Bruce war bei den Jesuiten an der High School gewesen und wusste mehr über die Jesuiten als ich. Deshalb konnte er mir ein paar ganz gute Fragen stellen.

„Werden Sie dich nach Übersee schicken?" – „Nein, glaube ich nicht."

„Wie lange dauert es, bis du zum Priester geweiht wirst?" – „Zehn Jahre."

„Deine Eltern werden in Ohnmacht fallen." – „Wahrscheinlich."

„Wann wirst du bei GE aufhören?" – „Vermutlich in ein paar Monaten."

Er dachte ein paar Sekunden nach. Dann sagte er: „Gut. Du hast da sowieso nie hingehört." Dann erinnerte er sich an die Predigten, die wir in Collegezeiten gehört hatten, und sagte mit einem Lächeln: „Also, Jim, als einen guten Katholiken muss ich dich fragen: Was ist da für *mich* drin? Was habe *ich* davon, dass du zu den Jesuiten gehst?"

Ein paar Wochen später kratzte ich meinen Mut zusammen und erzählte es meiner Familie. Ich hatte keine Ahnung, wie sie reagieren würde. Meine Eltern lebten immer noch getrennt. Da konnte ich mir ausrechnen, dass jede wichtige Neuigkeit eine starke Reaktion hervorrufen würde. In meiner Familie war niemand besonders „fromm", wenigstens nicht im dem Sinn, dass sie eifrige Kirchgänger waren.

Trotzdem hoffte ich ein bisschen, dass sie mit meiner Entscheidung etwas anfangen konnten.

Ich erzählte es zuerst meiner Schwester Carolyn, damit sie meine Mutter in der anstehenden Tragödie trösten konnte.

„Bei den Jesuiten?", rief Carolyn. „Als Priester?"

Natürlich war sie vollkommen überrascht. Ich hatte mehrere Jahre, um mich an die Idee zu gewöhnen. Sie bekam nur ein paar Sekunden. Carolyn weinte. Sie fragte mich, ob ich eine Familie haben könnte, ob ich umziehen müsste, ob sie mich weiterhin treffen könnte. Sie sagte, dass Priester ständig überarbeitet und einsam sind. Sie weinte noch mehr. Aber dann erholte sie sich und stellte mir ganz andere Fragen, die mich froh darüber machten, dass ich es ihr zuerst erzählt hatte.

„Schwarz hat dir immer gut gestanden", sagte sie zum Schluss.

Es war unglückliches Timing, dass ich es meiner Mutter ausgerechnet am Muttertag erzählte. Wie meine Schwester hatte sie keine Ahnung, dass ich mein Leben so radikal ändern wollte. Sie war, höflich ausgedrückt, sehr aufgebracht und weinte heftig. Besonders traurig war sie darüber, dass ich keine Kinder haben würde. Sie machte sich Sorgen, dass ich sie nie wieder sehen würde. Natürlich konnte ich ihre Betroffenheit verstehen. Aber ihre heftige Reaktion ließ mich nicht mehr so vertrauensvoll und sicher in dem sein, was ich vorhatte. Zum Glück war meine Schwester da und konnte ihr helfen, sich mit den Neuigkeiten abzufinden.

Ich war zwar überzeugt, dass ich bei den Jesuiten eintreten wollte, aber es schien mir sinnvoll, sozusagen auch die Konkurrenz – den Diözesanklerus – kennen zu lernen. Für den Diözesanpriester sprach vieles. Erstens war die Ausbildung nicht so lange (fünf Jahre im Gegensatz zu den zehn Jahren bei den Jesuiten). Zweitens würde ich nicht wie bei den Jesuiten von Ort zu Ort wandern. Ich wäre in einer Diözese verwurzelt, in meinem Fall in Philadelphia. Vielleicht würde das meine Familie glücklicher machen. Ich rief im St. Charles Borromäus-Priesterseminar an, um einen Termin zu bekommen. Berufungen gab es damals nicht gerade viel. Daher waren sie mehr als froh, ein Gespräch zu vereinbaren.

Am Freitag vor dem Gespräch in St. Charles kam ich nach New York und besuchte meine Schwester, die an der Upper East Side wohnte. Sie hatte gerade ihren Abschluss gemacht. Bevor ich zu ihr ging, besuchte ich eine religiöse Buchhandlung in der Nähe ihrer Wohnung. Ich dachte mir, dass es dort vielleicht Bücher gäbe wie „Jesuit werden leicht gemacht" oder vielleicht sogar ein Buch wie „Hilfe – mein Sohn will Jesuit werden!". Die Informationen, die ich von den Jesuiten bekommen hatte, waren ganz nützlich, aber jetzt wollte ich mehr wissen. In dem Laden hatten sie zwar nicht die gesuchten Bücher, aber dafür einige andere über das Priestertum, die mir sinnvoll vorkamen.

Als Carolyn und ich aus ihrer Wohnung kamen, sahen wir, dass aus dem Kofferraum meines Wagens alles gestohlen worden war: ein neuer grauer Anzug; ein teures Paar neuer Schuhe; und alle gerade gekauften Bücher über das Priestertum. Dieser Diebstahl musste doch etwas bedeuten. Vielleicht war es ein Zeichen … aber wofür? Sollte ich das für ein Zeichen halten, jeglichen materiellen Besitz aufzugeben und bei den Jesuiten ein Leben in Armut zu führen? Oder sollte das heißen, dass ich nicht über eine Berufung nachdenken und nachlesen sollte, sondern einfach darum beten sollte? Vielleicht wurden deswegen die Bücher gestohlen. Oder war das vielleicht ein Zeichen dafür, dass der Besuch im Priesterseminar keine gute Idee war? Oder war meine ganze Vorstellung vom Priestertum falsch? Ich grübelte über diesem großen Geheimnis.

„Ich glaube ja auch, dass es ein Zeichen ist", sagte Carolyn. „Es ist ein Zeichen dafür, dass du dir ein sichereres Schloss für deinen Kofferraum kaufen solltest."

Das Priesterseminar St. Charles Borromäus in Philadelphia liegt an einem großen, grünen Grundstück gegenüber der Residenz des Erzbischofs an der City Line Avenue. Das gewaltige Hauptgebäude hat breite Steinsäulen, die einen Säulengang vor dem Eingang bilden; innen findet man glänzende Marmorböden und große, hallende Gänge: ecclesia triumphans – die mächtige Kirche. Ich wette, dass sich hier beim Vaterunser niemand an den Händen genommen hat.

Der Seminardirektor hieß Flanagan. Am Freitag zuvor hatte mir meine Sekretärin eine Nachricht gegeben, auf der groß stand: „Father Flanagan hat angerufen." Darunter hatte sie geschrieben: „Will Boys' Town Sie zurück?"* Da erklärte ich ihr den Grund für den Anruf. Sie nahm die Neuigkeit gelassen hin, und sagte nur, dass alles besser wäre als bei GE zu arbeiten.

Flanagan war ein freundlicher Zeitgenosse. Seine einizige Eigenheit war es, dass er die Art von Lacklederschuhen trug, die vor allem die U.S. Marines und die Polizei hatten, die Art von Schuhen, die mit Schuhcreme auf Hochglanz gebracht werden konnten. „Werde ich auch solche Schuhe

* Edward Joseph Flanagan (1886-1948) katholischer Priester, Menschenfreund und Erzieher, ist in den USA bekannt als Gründer von Boy's Town, einem Heim für vernachlässigte Kinder und Jugendliche (Anm. d. Übers.).

tragen müssen?", fragte ich mich. Ich sah sofort, dass die Seminaristen eine Soutane trugen. Cool. Ich stellte mir vor, wie ich in einer Soutane unter den großen Ahornbäumen von St. Charles wandelte, die Hände hinter dem Rücken verschränkt und tief in Gedanken über gewichtige theologische Fragen. Das war sicher cooler, als von meinen Vorgesetzten bei GE Lügner genannt zu werden.

Flanagan und ich plauderten eine Stunde über den Bewerbungsprozess (der mir sehr einfach vorkam) und über die fünf Jahre des Theologiestudiums. Ich war überrascht, als ich hörte, dass die Seminaristen in den Semesterferien im Sommer arbeiten sollten. Das machte meine Fantasievorstellung, mich selbst nach außen abzuschotten, während die Welt in stiller Verehrung zusah, ziemlich kaputt. (Irgendwie kam mir die Idee, dass ein Seminarist in den Semesterferien arbeiten sollte, unangebracht vor. So sah damals meine ach so fundierte Vorstellung vom Priestertum aus.)

Ich fuhr zurück zum Haus meiner Eltern und legte mich im Garten auf einen Liegestuhl, um noch ein Buch von Thomas Merton zu lesen. Meine Mutter kam zu mir heraus und fragte mich, wie es lief. „Gut!", sagte ich. Ich konnte mir wirklich vorstellen, dass ich in St. Charles glücklich sein würde. Meine Eltern begeisterten sich natürlich auch stärker für die Ausbildung im Diözesanseminar, als sie hörten, dass sie kürzer war als bei den Jesuiten. Außerdem wäre ich nicht so weit weg von zu Hause. Meine Eltern mochten meinen Wunsch, Priester zu sein, nicht besonders. Aber wenn ich schon Priester sein musste, dann könnte ich wenigstens in ihrer Nähe bleiben.

Am Montag ging ich mit einiger Skepsis in das Bewerbungsgespräch mit den Jesuiten an der Fairfield University.

Falls jemand in meinen Terminkalender im Büro nachsehen sollte, hatte ich dort einen „Arzttermin" eingetragen. Die Angestellten bei GE waren nicht besonders neugierig, aber ich wollte auf Nummer Sicher gehen, dass niemand schon jetzt herausfand, was ich vorhatte, vor allem für den Fall, dass es nicht klappen würde.

Ich traf Jim Kane, den für Berufungen zuständigen Jesuiten, um zwei Uhr nachmittags. Er war gerade von einer Hochzeit gekommen. Seinen römischen Kragen trug er unter seinem Pullover und einem Anorak. Er hatte keine Lacklederschuhe an. Jim war um die 40. Er sah jung aus und hatte eine unkomplizierte Art. Wir trafen uns in einem muffigen, alten Raum im Gebäude der Jesuiten. Das Zimmer hatte genau die alten Teppiche und die ungemütlichen Möbel, die ich später als das Markenzeichen jesuitischer Inneneinrichtung kennen lernen sollte.

Er sagte mir gleich, dass ich meine Bewerbung auf nächstes Jahr verschieben müsse. Also war es meine Aufgabe, ihn in der nächsten Stunde vom Gegenteil zu überzeugen. Ich war mir sicher, dass ich dafür während der letzten Jahre als Fragender und als Bewerber in Vorstellungsgesprächen genug Erfahrung gesammelt hatte. Doch das hier sollte kein normales Vorstellungsgespräch werden.

Nach dem üblichen small talk fragte mich Jim Kane: „Wer ist Gott für Sie?"

Ja, das war eine Frage, die ich in keinem der Vorstellungsgespräche an der Wharton School gehört hatte. (Außer natürlich, die Antwort sollte „Die Investmentfirma der Salomon Brothers" lauten.)

„Mal sehen ... Gott?" Ich versuchte mich an den Sonntagsunterricht zu erinnern.

„Gott", sagte ich schließlich, „ist der Schöpfer der Welt."

„Okay. Gut." Ich sah Jim Kane an, dass ihn das nicht beeindruckt hatte. „Können Sie mir etwas über Jesus sagen? Wer ist Jesus für Sie?"

Ha! Eine Fangfrage! „Gott und Jesus sind dasselbe, stimmt's?"

„Okay", sagte Jim und rutschte auf seinem Stuhl herum. „Sprechen wir über Ihre Arbeit."

Ein paar Minuten sprachen wir darüber, aber dann über meine Familie, meine Hoffnungen, meine Träume, meine Ängste. Unser Gespräch wurde immer lockerer, weil ich ihn nicht mehr beeindrucken wollte. Schließlich öffnete ich mich. Ich sprach über meinen Ärger in der Arbeit, über meine Unzufriedenheit darüber, was ich mit meinem Leben anfing, und über den wichtigsten Bestandteil meines Lebens: Dass ich den Wunsch, Jesuit zu werden, nicht aufgeben konnte. „Ich will das mehr als alles andere auf der Welt. Können Sie das verstehen?" – Er sagte, dass er das könne.

Mitten im Gespräch sagte er: „Wenn es nicht zu persönlich für Sie ist, Jim, würde ich gern über Ihr Sexleben sprechen." (Wie persönlich kann man sonst noch werden?) Und es wurde persönlich. Es war mir unangenehm darüber zu sprechen. Also suchte ich nach einem Ausweg und erzählte ihm das, was er meiner Meinung nach von mir hören wollte. Das heißt, ich log ihm etwas vor. Dass ich keine Jungfrau mehr war (damals war ich aber eine). Und dass ich kein Problem mit der Keuschheit hatte (was ich aber natürlich hatte).

Dann fragte er mich: „Masturbieren Sie oft?"

Das war wirklich eine ganz neue Frage in einem Vorstellungsgespräch! Ich war geschockt. Später wurde mir klar, dass die Jesuiten wenigstens ehrlich mit der menschlichen

Sexualität umgingen. (Nach dem Gespräch schlug ein Freund bei GE mit einem Lachen folgende Antwort auf diese Frage vor: „Das kommt darauf an. Wie oft am Tag ist für Sie „oft"?")

Dann war ich dran. Ich fragte alles, was sich seit zwei Jahren in meinem Kopf angesammelt hatte: Wie war das Leben als Jesuit? Wie konnte man sicher sein, dass man eine „Berufung" erfahren hatte? Wie würde mein zukünftiges Leben bei den Jesuiten aussehen? Dann die kleineren, aber nicht weniger drängenden Fragen: Würde ich meine Freunde und meine Familie weiter sehen können? (Natürlich, sagte er.) Könnte ich mit entscheiden, was ich nach der Priesterweihe machen wolle. (Ja, und auch schon vor der Weihe.) Musste ich wirklich während des Noviziats in die Dritte Welt gehen? (Ja.)

Und dann: „Muss ich wirklich noch ein Jahr warten?"

Er überlegte bestimmt eine Minute lang. Dann sagte er: „Mal sehen, was ich machen kann."

Wenigstens hatte ich eine Chance auf die Aufnahme in diesem Jahr.

Nach dem Gespräch war ich sicher, dass die Jesuiten eine bessere Wahl als St. Charles Borromäus waren. Ich wäre sicher ein guter Gemeindepfarrer geworden, aber es ging mir nicht aus dem Kopf, dass ein Jesuit fast alles in seinem Leben machen konnte. Ein Jesuit konnte Lehrer sein, Künstler, Architekt, Missionar. (Pater Kane hatte mir gut gelaunt erzählt, dass es sogar Jesuiten gab, die Buchhalter waren und im Orden die Bücher führten. Ich hoffte, dass ich das nicht tun müsse.)

Ich konnte mir kaum ein besseres Leben ausmalen. Es kam mir ideal vor. Diese Stimmung war, wie mir später erklärt wurde, ein Gefühl, das Priester und Ordensfrauen die

„erste Begeisterung" nennen, das heißt, das Gefühl, dass ein Leben im Orden fast perfekt ist. Natürlich ist es ein naives Gefühl. Aber es ist schön, solange man es erlebt.

Als ich in die Arbeit zurückkam, sagte ich meiner Sekretärin, dass ich ein paar tolle neue Fragen für Bewerbungsgespräche gelernt hatte.

Ein paar Wochen später rief Pater Kane an. Er sagte, dass die Gesellschaft Jesu meine Aufnahme noch für das laufende Jahr „in Erwägung ziehen" würde. Das sei sehr ungewöhnlich. Für mich würde dies viel Arbeit bedeuten. Ich müsste einen ausführlichen Fragebogen ausfüllen, eine Autobiografie schreiben, sieben Empfehlungsschreiben besorgen, mich einer Reihe von psychologischen Tests in Boston unterziehen, und mich sechs oder sieben Jesuiten aus New England vorstellen. Zum Abschluss müsste ich achttägige Exerzitien mit einem Jesuiten machen.

Der Fragebogen war ziemlich kurz. Zehn Seiten detaillierter Fragen über den eigenen Werdegang, die Eltern, die Ausbildung, und einige leichte Fragen darüber, warum man in die Gesellschaft Jesu eintreten wolle. Das passte alles auf zehn Seiten blassen grünen Papiers. Die Autobiografie sollte ausführlicher sein. In ein paar Tagen hatte ich sie und den Fragebogen fertig. Ich schickte beides, wie es jeder gute Angestellte tut, mit dem Kurier nach Boston. Dann verteilte ich die Formulare für die Empfehlungsschreiben an sechs Freunde, drei aus der Arbeit und drei aus der Schule. Eines gab ich meiner Mutter, die trotz ihres anfänglichen Widerwillens den Jesuiten (so wie sie es bei jedem tut) erzählte, was für ein wunderbarer Mensch ich war. Manche Muttergefühle sind eben stärker als andere. Dann kamen die Vorstellungsgespräche.

Pater Higgins, einer der stellvertetenden Präsidenten der Fairfield University war mein erstes Gegenüber. Ich wartete auf ihn im Verwaltungsgebäude, der Bellarmin Hall, einem weit verzweigten Herrenhaus im Tudor-Stil, das einmal als Kloster für die jesuitische Gemeinschaft gedient hatte. Pater Higgins hat, glaube ich, schnell begriffen, dass ich mich mit den Jesuiten noch nicht so gut auskannte, oder man hatte es ihm zuvor angedeutet. Auf jeden Fall war das Gespräch sehr locker und zwanglos. Er fragte mich zuerst, was mein Interesse am Leben in einer religiösen Gemeinschaft geweckt hatte.

Da ich immer noch nicht wusste, ob Thomas Merton ein bekannter Autor war, sagte ich vorsichtig: „Ich habe da ein Buch gelesen. Es heißt „Der Berg der sieben Stufen" … Thomas Merton heißt der Autor." Pater Higgins lächelte.

„Kennen Sie das Buch?", fragte ich höflich.

„Ja. Ich mag alle Bücher von Thomas Merton." Dann sagte er, ohne arrogant zu sein und ohne anzugeben: „Ich habe ein Buch über ihn geschrieben, über seine Vorstellung vom Gebet." Pater Higgins griff hinter sich und zog es aus dem Regal.

„Wow, cool!", dachte ich und sagte ich dann auch.

Wir sprachen lange über Thomas Merton: über sein Leben, über seine Bücher und über seine Spiritualität. Und ich hörte viele interessante Dinge über ihn, die man nicht wissen konnte, wenn man nur seine Autobiografie kannte. Der Jesuit, der da vor mir saß, machte einen großen Eindruck auf mich. Noch nie hatte ich jemanden getroffen, der ein Buch geschrieben hatte. Mir kam das als der Gipfelpunkt von Kultur und Bildung vor. Aber, was mich noch mehr ansprach, war die Art, wie dieser ungemein gebildete

Mann sprach: ganz natürlich. Ich hatte nie das Gefühl, dass ich von ihm belehrt würde.

Die Jesuiten, die ich während der Vorstellungsgespräche traf, waren alle schrecklich gebildet. Sie hatten alle einen akademischen Grad, was sie nur beiläufig oder überhaupt nicht erwähnten. Sie lehrten Theologie, Psychiatrie, Philosophie und Mathematik; sie hatten Artikel und Bücher geschrieben; gearbeitet hatten sie in Brasilien, im Sudan, in Jamaika und im Irak. Sie hatten Schulen gegründet, Einkehrhäuser aufgebaut und Gemeinden betreut. Keiner von ihnen war auch nur im Geringsten arrogant oder machtbewusst. Der Provinzial war sogar der netteste von allen. Hier erfuhr ich das Gegenteil der „Blödmann-Theorie", die ich bei GE erlebt hatte. Je „höher" ich mit der Hierarchie der Jesuiten in Kontakt kam, desto netter schien sie zu werden.

Ziemlich spät fiel mir ein, dass ich mich lieber auch noch über andere Orden informieren sollte. Die einfachste Möglichkeit dafür war es, per Postversand einen Katalog zu bestellen, in dem eine riesige Bandbreite von Orden vorgestellt war. Jeder Orden hatte darin eine Anzeige und eine Karte, die man herausnehmen und abschicken konnte. An dem Nachmittag, an dem der Katalog ankam, rief ich Bruce an und fragte ihn, was er über die Orden in dem Buch wusste. Weil er auf eine Schule der Jesuiten gegangen war, war er der Experte.

Ich klemmte den Telefonhörer zwischen Ohr und Schulter und blätterte in dem Katalog.

„Da ist einer", sagte ich, „der Orden des hl. Joseph."

„Was machen die?", fragte Bruce.

„Die arbeiten in Afrika."

„Ach, *vergiss* es", sagte er.

„Okay, wart mal, … der Orden vom Paraklet."

„Vergiss den auch! Was machen die in dem Orden überhaupt?"

„Äh", sagte ich, während ich die Beschreibung las. „Sie kümmern sich um Priester."

„Das ist doch interessant", sagte Bruce. „Du musst nur den Priesterorden finden, um den sie sich kümmern, und dann dort eintreten."

In der Arbeit bekam ich jetzt viele Anrufe von den Jesuiten. Ich fühlte mich schuldig, dass ich für GE arbeitete und gleichzeitig bei der Gesellschaft Jesu eintreten wollte. Aber da konnte ich nichts machen. Ich konnte mich nicht einfach hinstellen und sagen, dass ich bei GE aufhören würde, wenn ich noch gar nicht wusste, ob die Jesuiten mich aufnehmen würden. Sollten sie bei GE doch einfach weiterrätseln.

Mitte Juni fuhr ich für die psychologischen Tests nach Boston. Die Tests fanden in einem großen, bunkerähnlichen Betongebäude nahe dem alten Boston Garden statt. Ein Psychiater, der von den Jesuiten dafür beauftragt wurde, führte sie durch.

Die erste Hürde war ein Rorschachtest von der Art, wie Bruce und ich sie an der Penn gemacht hatten. Leider sahen für mich alle Bilder nach Vaginas oder Fledermäusen aus. Auf die Ähnlichkeit mit einer Vagina wollte ich nur ungern hinweisen. Daher sagte ich dauernd: „Das ist eine Fledermaus." – „Noch eine Fledermaus." – „Eine Fledermaus." – „Äh, eine Fledermaus." – Mir war klar, dass das morbid klang. Ich kam mir vor wie ein Mitglied der „Addams Family". Ich glaubte nicht, dass die Jesuiten jemanden aufnehmen würden, der auf jedem Bild nur Fledermäuse sah. Daher ver-

suchte ich es mit etwas Fröhlicherem: „Ein Schmetterling."
– „Oh, noch ein Schmetterling!" – und so weiter bis zum
Ende des Tests.

Die nächste Aufgabe war es, ein Bild zu beschreiben. Der
Psychiater zeigte mir eine Zeichnung mit einem Mädchen,
das an einem Baum lehnte. Sie hielt Bücher im Arm und
blickte einsam in die Ferne. Hinter ihr arbeiteten zwei ältere
Menschen gebückt in einer Art Garten. „Können Sie sich
eine Geschichte ausdenken, die zu dem Bild passt?", fragte
der Psychiater.

„Das Mädchen will weg von zu Hause", sagte ich. „Sie
spürt, dass es an der Zeit ist, zu gehen. Aber sie ist auf-
gewühlt, weil sie glaubt, dass sie da bleiben muss, um ihren
Eltern zu helfen, die auf ihrem Bauernhof hart arbeiten
müssen. Die Eltern wünschen sich, dass sie nicht weggeht
und dass …"

Entsetzt brach ich ab. Ich erzählte *meine* Geschichte,
nicht die des Mädchens. Das war vermutlich die ganze Zeit
das Ziel dieses hinterhältigen Tests gewesen. Ich sah den
Psychiater an. „Ja?", sagte er und lächelte. „Machen Sie
weiter."

Das war furchtbar. Ich musste mir schnell etwas einfallen
lassen oder die Jesuiten würden mich *nie* reinlassen. Das
klang alles zu depressiv.

„Schließlich sagen ihre Eltern, es ist in Ordnung, wenn sie
geht. Das Mädchen zieht in eine andere Stadt und ist sehr
glücklich." Ich lächelte. Der Psychiater sah verärgert aus.

Als nächstes kam der Teil mit der „Allgemeinbildung".
„Wann wurde Goethe geboren?", fragte er. „Wie weit ist
L.A. von New York entfernt?" – Das waren genau die Fragen,
die Bruce und ich für die psychologischen Tests an der Penn

gelernt hatten! Ich beantwortete alle Fragen, froh darüber, dass sich meine College-Ausbildung bezahlt machte. Es konnte nichts schaden, dachte ich mir, wenn die Jesuiten glaubten, ich sei eine Art Superhirn. Und der Psychiater muss ganz schön überrascht gewesen sein, dass es jemanden gab, der das Geburtsdatum von Goethe im Kopf hatte.

Zum Abschluss machte ich den Minnesota Multiphasic Personality-Test. Er dauerte drei Stunden. Ich musste Fragen beantworten wie zum Beispiel die:

Ich bin jede Woche auf dem Titelblatt einer großen Zeitschrift zu sehen. Wahr/Falsch.

Ich fühle ein enges Band um meinen Kopf. Wahr/Falsch.

Hunde lachen mich aus. Wahr/Falsch.

(Später fragte mich meine Schwester, was passieren würde, wenn ich tatsächlich auf dem Titelblatt von einigen Zeitschriften gewesen wäre und daher mit „Ja" geantwortet hätte. Anscheinend ist es für Berühmtheiten sehr schwierig, bei den Jesuiten einzutreten.)

Diese ganze Tortur dauerte vier oder fünf Stunden und laugte mich aus. Danach fuhr mich Jim Kane zum Novizenhaus der Jesuiten in Boston, wo ich übernachten konnte. Das Novizenhaus hieß Arrupe-Haus.

Wie eine ganze Reihe von amerikanischen Novizenhäusern war auch das Arrupe-Haus früher ein Kloster. Die Novizen wohnten mitten im Bostoner Stadtviertel „Jamaica Plain". Ihr Kloster lag zwischen den Sozialwohnungen, die hauptsächlich von Afro-Amerikanern bewohnt wurden und dem überwiegend hispanischen Teil des Viertels. Erst vor ein paar Monaten hatten die Jesuiten von New England beschlossen, ihr Novizenhaus aus der Newbury Street in der Innenstadt von Boston zu verlegen. Die Newbury Street

war so protzig geworden, dass man nicht mehr sagen konnte, die Novizen lebten unter oder nahe bei den „Armen".
In dem neuen Arrupe-Haus konnte man am Freitag- oder
Samstagabend aus den vorbeifahrenden Autos *salsa*-Musik
hören, gelegentlich von einem Schrei oder einem Schuss
unterbrochen. Das Kloster hatte ein paar Jahre leer gestanden, nachdem die Schwestern ausgezogen waren. Die
Pfarrgemeinde hatte zu wenig Geld, um den Komplex zu
erhalten. Daher war das Kloster ziemlich baufällig, als die
Jesuiten fragten, ob sie es mieten und renovieren könnten.

Das Novizenhaus war ein beeindruckendes vierstöckiges
Ziegelhaus. Es gab ein großes Wohnzimmer, eine riesige
Küche, einen hellen, freundlichen Speisesaal, einen Fernsehraum, einen Waschkeller, ungefähr 25 winzige Schlafzimmer (die Nonnen brauchten wohl nicht viel Platz) und
eine hohe Zahl von Toiletten (die Anzahl kam mir noch
höher vor, als ich die Toiletten in meiner Novizenzeit putzen
musste). Im zweiten Stock war die Bibliothek. Die Regale
reichten bis an die Decke und in der Mitte stand ein großer
Eichentisch, der aus der Newbury Street stammte. Im dritten
Stock lagen die kleinen Schlafzimmer der Novizen und eine
einfache Kapelle mit hohen Wänden; ihre rauhen Wände
waren mit einem blassen Grün bemalt; ein großes Holz-
kreuz hing hinter einem einfachen Altar aus Eichenholz.
Im vierten Stock waren die übrigen Schlafräume und ein
paar Zimmer für Gäste.

Der Novizendirektor Jerry und sein Assistent David, die
beide erstaunlich normal und extrem freundlich wirkten,
begrüßten mich. Die Novizen, die ich an diesem Abend
traf, waren sehr umgänglich und freundlich – überhaupt
nicht das, was ich erwartet hatte. Ich hatte ja schon ein

paar Jesuiten getroffen, aber trotzdem erwartete ich asketisch wirkende junge Männer, die ihre Hände hinter dem Rücken verschränkt hielten. Ich dachte, dass sie bei der Begrüßung ungefähr so etwas sagen würden: „Wir sind erfreut, dass Gott dich berufen hat. Wollen wir gemeinsam beten?"

Stattdesssen fragten mich die Novizen, wie meine Bewerbung vorankam. Sie gaben mir auch eine kleine, aber treffende Beschreibung von jedem der Jesuiten, bei denen ich mich noch vorstellen musste. Wir sprachen über die psychologischen Tests, die ich gerade hinter mir hatte. „Haben sie dir die Bilder von den Vaginas gezeigt?"

In einer Soutane in dem Wäldchen von St. Charles Borromäus zu wandeln, hatte mir schon gut gefallen. Aber das Arrupe-Haus gefiel mir noch mehr. Wenn es auch weniger romantisch war (keine Soutane, keine Marmorhalle, eigentlich nirgends Marmor), so schien es doch gemütlicher. Allerdings fragte ich mich, ob die Jungs hier viel beteten. Nicht, dass *ich* viel betete, aber ich hatte so viel über das Gebet gehört, dass ich langsam eine Vorstellung davon bekam, wie wichtig es war.

Meine Exerzitien waren drei Wochen später angesetzt, für Anfang Juni. Sie fanden im Campion Center, einem Einkehrhaus der Jesuiten, statt. Ich musste dafür acht wertvolle Urlaubstage bei GE eintragen. (Mein erstes wirkliches Opfer: Urlaubstage.) Dann sollten es auch noch Schweigeexerzitien sein. Das amüsierte meine Sekretärin, die mich fragte, ob ich überhaupt acht Minuten lang meinen Mund halten könnte, geschweige denn acht Tage.

Ich rief Jim Kane an und fragte ihn nach der „Tagesordnung". Vielleicht könnte er sie mir zufaxen.

„Es gibt keine Tagesordnung bei den Exerzitien", sagte er. „Wir lassen einfach Gott die Arbeit machen."

„Na super", dachte ich mir, „die haben überhaupt keinen Plan."

Das Campion Center liegt in Weston, einem Vorort von Boston. Ursprünglich beherbergte es die alte Theologieschule der Jesuiten, auf jesuitisch die „Theologie" und die „Philosophie". Sie wurde in den 20er Jahren gebaut, als die Jesuiten nicht nur auf Novizen hofften, sondern regelmäßig Jahrgänge mit 40 oder 50 Novizen hatten. Das Hauptgebäude ist ein weitläufiger Ziegelbau. Lange, breite Gänge mit unzähligen Räumen für die Scholastiker (also die jesuitischen Studenten), Brüder und Patres, die das Gebäude einmal bevölkerten. In der Mitte des Gebäudes liegt ein dreistöckiger Rundsaal mit einem glänzenden Marmorfußboden und einer großen grünen Kuppel als Abschluss. Im ersten Stock stehen vier überlebensgroße Statuen des hl. Ignatius von Loyola, der Jungfrau Maria, von Jesus und dem hl. Joseph. Das ganze Gebäude riecht so wie jedes Einkehrhaus, in dem ich seither gewesen bin – nach Bohnerwachs, Seife, alten Teppichen, Kerzenwachs, Weihrauch und Essen.

Das Einkehrhaus dient auch als Alten- und Pflegeheim der Provinz New England. Hier leben die älteren und bettlägrigen Jesuiten und warten auf ihren Tod. Das verleiht dem Haus eine etwas ernstere Atmosphäre.

Hinter dem Hauptgebäude führt ein Kiesweg über eine Lichtung immergrüner Bäume zum Friedhof der Jesuiten. Reihe für Reihe liegen hier die Jesuiten. Jedes Grab hat einen einfachen Grabstein aus Granit. Der Name des Jesuiten ist auf Latein über drei Daten eingemeißelt: *Natus,* der Geburtstag; *Ingressus*, der Tag des Eintritts in die Gesellschaft Jesu; und *Obiit*, der Todestag. In einer Nacht im Jahr 1956, als alles schlief, brach in dem ursprünglichen Novizenhaus der Jesuiten von New England in den Berkshire Mountains ein Feuer aus. Das Haus brannte bis auf die Grundmauern nieder. Die vier Jesuiten, die in diesem Feuer umkamen, liegen zusammen hier auf dem Friedhof in Weston.

Der Friedhof beeindruckt durch seine Gleichheit. Alle Jesuiten liegen unter identischen Grabsteinen, von den Studenten, die vor ihrer Weihe starben, bis zu den ältesten jesuitischen Missionarsbischöfen. Sie liegen Seite an Seite – Theologen, Direktoren der Einkehrhäuser, Collegedirektoren, Autoren, Lehrer, Pfarrer, Bischöfe, Köche, Novizenmeister, Missionare, Künstler, Buchhalter, Pförtner, Superiore, Studenten, Heilige und Sünder. Unerklärlicherweise fand ich das tief bewegend.

In der Mitte des Gebäudes lag eine große Kapelle mit einem gewölbten steinernen Kirchenschiff, einem großen weißen Marmoraltar und einem schwarz-weißen Marmorboden. An beiden Seiten waren kleinere Ältäre, an denen die Priester, die im Philosophicum und im Theologicum lehrten, jeden Morgen ihre „privaten Messen" hielten. Ein Student ministrierte dabei. Jeder Seitenaltar hatte einen anderen Namen, der an seiner Vorderseite eingraviert war: „Heiligstes Herz", „heiliger Stanislaus", „heiliger Ignatius". Auf jedem der kunstvollen farbigen Glasfenster umrankten gemalte Blumen und Cherubim ein lateinisches Wort, das eine der Früchte des Heiligen Geistes darstellte: Liebe, Freude, Geduld, Sanftmut …

In die Wände des Treppenhauses des Campion Centers waren winzige Kapellen eingelassen – eher kleine Kammern.

Jede von ihnen hatte ihren eigenen Altar. In den kräftigen Holztüren waren kleine Gucklöcher. Später fand ich heraus, dass gerade geweihte Priester die Gucklöcher benutzten, um ihre „Rubriken" zu üben. Das heißt, sie wollten sehen, ob sie im Ablauf der Messe alles „richtig" machten. Wenn ein älterer Priester nachsehen wollte, ob die Kapelle besetzt war oder ob ein junger Priester die Messe korrekt feierte, konnte er durch das Guckloch spähen und hineinsehen.

Der große Speisesaal wurde durch große Marmorsäulen, die sechs Meter hoch bis zur Decke hinaufreichten, in drei Bereiche geteilt. In der Vergangenheit hatten Philosophiestudenten, Theologiestudenten, Priester und Brüder getrennt voneinander gesessen, jeder nach seinem „akademischen Grad". Priester mit Priestern, Brüder mit Brüdern, Studenten mit Studenten.

Ich bekam einen kleinen Raum im dritten Stock. Er war im klassischen Einkehrhaus-Stil eingerichtet: ein Bett (ein Einzelbett natürlich), ein einfacher Holzschreibtisch, ein Waschbecken, ein Metallstuhl und ein Kruzifix an der Wand. Von meinem Fenster aus sah ich eine große grüne Wiese und dahinter nur Bäume, soweit das Auge reichte. Direkt unter meinem Fenster stand eine weiße, verwitterte Statue des hl. Ignatius. Seine linke Hand deutete zum Himmel, seine rechte Hand zeigte auf etwas, das von meinem Fenster aus wie ein Klemmbrett aussah. (Als ich nachsah, stellte es sich als ein Buch heraus.) Am anderen Gebäudeflügel stand eine Statue des hl. Franz Xaver, des berühmten jesuitischen Missionars. Auch er zeigte mit seiner Hand zum Himmel, hielt in der anderen Hand aber ein Kreuz anstelle des Klemmbretts.

Nachdem ich mir das ganze Haus angesehen hatte, traf ich mich mit meinem Exerzitienleiter Ron, einem erst vor kurzem geweihten Jesuiten. Er hatte gerade seinen Abschluss in Theologie gemacht. In seiner Gegenwart fühlte ich mich schnell wohl. Er bat mich, die nächste Zeit darüber „nachzudenken", wer Gott war. Jim Kane hatte mir dieselbe Frage gestellt. Und ich fand sie immer noch doof.

Am nächsten Morgen setzte ich mich nach einem großen Frühstück (das ich schweigend verbracht hatte) in die Kapelle und machte eine Liste darüber, wer Gott war. Ganz klar war er natürlich: der Schöpfer, der Lebensspender, allmächtig und gütig. Ich fand diese Übung ziemlich langweilig. So langweilig, dass meine Gedanken ganz woanders hingingen. Ich hoffte, dass meine Liste von Gottes Eigenschaften ausreichen würde. Die ganze Zeit fragte ich mich: Ist das Beten?

Den Rest des Tages verbrachte ich damit, in Weston in der Stadt herumzuspazieren, in der Sonne zu liegen und Postkarten an meine Freunde zu schreiben.

Als ich Ron am nächsten Tag sah, zählte ich ihm pflichtbewusst alle Eigenschaften Gottes auf, die ich gefunden hatte. Ich gab zu, dass ich mich nicht gut auf die Aufgabe, die er mir gegeben hatte, konzentrieren konnte. Meine Gedanken schweiften zu schnell ab. Vielleicht sei ich zum Jesuit nicht geeignet, fragte ich vorsichtig.

„Das ist schon okay", sagte Ron. „Konzentrier dich beim nächsten Mal gar nicht. Du kannst deine Gedanken frei herumwandern lassen. Und denk ein bisschen darüber nach: *Wer ist Jesus?*"

Noch eine blöde Frage.

Ich spazierte um das Einkehrhaus herum und dachte über Jesus nach. Wer *war* Jesus? Jesus war der Sohn Gottes, der

Messias, der Richter am Ende der Tage ... all das Zeug, das ich in der Sonntagsschule gelernt hatte. Schnell machte ich in Gedanken noch eine Liste.

Dann setzte ich mich auf das warme Gras und hörte auf nachzudenken. So langsam machte mir der Tag wieder Spaß. Dann plötzlich völlig unerwartet in meinem Kopf ... *Freund.* „Jesus ist auch ein Freund", dachte ich mir. Wow. Jesus ist ein Freund. Ich fühlte mich ziemlich gut, wenn ich an Jesus als einen Freund oder einen Begleiter dachte. So hatte ich noch nie über ihn gedacht. Aber es machte mich froh, so an Jesus zu denken. Also legte ich mich auf den Rücken, sah in den wolkenlosen Himmel, und genoss einfach diesen neuen Gedanken. Es wäre klasse, mit Jesus unterwegs zu sein, sich von ihm begleiten zu lassen, mich auf ihn wie auf einen guten Freund verlassen zu können.

Am nächsten Tag ging ich zu meinem Leiter Ron und zeigte ihm meine Liste. Ich hatte sie aufgeschrieben. Jesus war der Sohn Gottes, der Messias, der Richter am Ende der Tage.

Dann, fast wie wenn ich eine neue Idee hätte, sagte ich: „Da muss ich noch etwas erzählen. Ich hatte eine ganz komische Idee. Der Begriff „Freund" war plötzlich in meinem Kopf. Und ich dachte mir, wie gut es wäre, wenn ich Jesus als einen Freund hätte, wie einen Begleiter, wie jemanden, mit dem ich sprechen könnte. Es hat mir Freude gemacht, mir auszumalen, wie das wäre."

Ron lehnte sich in seinem Stuhl zurück, lächelte und sagte: „Ich glaube, du fängst an, zu beten."

Das war ein ungeheuer befreiender Augenblick. Ron erklärte mir nicht, ob mein Erlebnis richtig oder falsch war, rational oder irrational, jesuitisch oder nicht jesuitisch. Stattdessen sagte er mir – ich hörte das zum ersten Mal in meinem Leben –, dass es gut sei, Gott zu fühlen und ihn nicht nur zu denken.

Die Struktur der Exerzitien gefiel mir gut, alles war so klar und friedlich. Vielleicht sah so das Leben in einem Kloster aus, dachte ich mir. Ich begriff, warum sich Thomas Merton so sehr dort hingezogen fühlte. Frühstück, ein Treffen mit meinem geistlichen Leiter, freie Zeit, Mittagessen, die tägliche Messe, noch mehr freie Zeit, und am Ende das Abendessen.

In der freien Zeit schlenderte ich meistens um das Einkehrhaus herum oder betete. Ron bat mich, mir Jesus in verschiedenen Szenen aus dem Neuen Testament vorzustellen. Dann sollte ich mich in diese Szenerie hineinversetzen und meine Gedanken herumwandern lassen. Im Grunde hatte Ron aus dem, was ich für eine Schwäche gehalten hatte – meine überaktive Fantasie und meine Unkonzentriertheit –, eine Hilfe gemacht. Damit konnte ich Gott auf neue Weise erfahren. Ich merkte, dass ich mir Szenen aus dem Evangelium ziemlich leicht vorstellen konnte: die Gesichter der Menschen, ihre Kleidung, ihre Stimmen, die Gerüche des jeweiligen Orts, die Geräusche, die Landschaft und die Häuser. Wenn ich mir die ganze Szene vor Augen geführt hatte und mich dort hineinversetzt hatte, war ich oft überrascht, welche Gefühle und Reaktionen ich spürte. Manchmal fühlte ich mich glücklich bei Jesus, dann wieder war ich, wie seine Jünger, von seinen Worten oder seinen Taten überrascht oder verwirrt. Wenn ich so betete, kam ich mir viel näher bei Gott vor.

Am Ende der Exerzitien kehrten wir zu meinem Bild von Jesus als Begleiter zurück. „Übrigens", sagte Ron, „wird es dich interessieren, dass der ursprüngliche Name der Gesellschaft Jesu *companía de Jesus* war – Wegbegleiter Jesu." Wow. Für einen, der wie ich nach Zeichen suchte, schien das doch ein wichtiges, wenn auch kleines Zeichen zu sein, dass ich auf dem richtigen Weg war.

Nach den Exerzitien fuhr ich mit Jim Kane zu einer Priesterweihe der Jesuiten am College of Holy Cross in Worcester, Massachusetts. Das war das erste Mal, dass ich bei einer offiziellen Feier der Jesuiten dabei war, also passte ich gut auf. Zuerst fand ein „Kandidatentreffen" statt. Wir sahen uns ein ziemlich kitschiges Video über die Jesuiten in den USA an. Die meisten Bewerber hatten ein oder zwei Jahre lang diese Treffen besucht. Für mich dagegen war das mein erstes und einziges Treffen. (Ein paar Jahre später sprach ich mit einer Gruppe von Kandidaten in Chicago. Einer der Bewerber fragte mich: „Mochten Sie damals diese Treffen?" – „Um ehrlich zu sein", sagte ich verlegen, „habe ich nicht so viele besucht." – „Klar", sagte er, „wer will schon ewig mit Leuten rumhängen, die nicht wissen, wie sie sich entscheiden sollen!")

Eine Priesterweihe ist eine der besten Shows der katholischen Kirche. Und an diesem drückend heißen Junitag in Holy Cross übertrafen sich alle selbst. Es begann mit einer langen Prozession von ungefähr hundert Jesuiten-Priestern in weißen Messgewändern. Unter lauter Orgelmusik zogen sie der Reihe nach in die geschmückte Kapelle ein. Direkt nach ihnen kamen die lächelnden Weihekandidaten, die *ordinandi*. Sie trugen eine weiße Albe und die diagonal umgelegte Stola eines Diakons. Schließlich kam der Erzbischof, der die Weihe vornehmen würde. Er trug sein kostbares Messgewand und seine Mitra. In der Hand hatte er seinen Hirtenstab und segnete die Menschen, während er langsam den Gang nach vorne schritt. Das war noch nicht alles:

Ungefähr ein Dutzend Studenten der Jesuiten waren Akoly-
ten, also Kerzenträger. Und ein junger Novize schwang das
Weihrauchfass, das einen angenehmen Geruch verströmte.
– Das waren gerade mal die ersten zehn Minuten!

Die Priesterweihe ist eine lange Feier mit sehr alten Wur-
zeln. Nach dem Evangelium rief der Bischof die Namen der
ordinandi auf. Die Weihekandidaten antworteten: „Ich bin
bereit!" Der Provinzial las darauf eine offizielle Bestätigung
vor, dass die Männer, die heute vor dem Bischof standen,
nach langen Jahren der Vorbereitung der Priesterweihe für
würdig befunden wurden. Der Bischof verkündete darauf
seine Bestätigung: „Wir bauen auf die Hilfe Gottes und
unseres Herrn Jesus Christus, unseres Retters. Wir erwählen
diese Männer, unsere Brüder, zu Priestern." Nach diesen
Worten brachen die Gottesdienstbesucher spontan in einen
langen Applaus aus. Die *ordinandi* legten sich, als Ausdruck
ihrer Demut, im Mittelgang ausgestreckt auf den Boden.
Diese Geste bewegte mich unerklärlich tief. Während die
Kandidaten auf dem Boden lagen, ließ die Orgel ihre tiefen
Klänge durch die Kirche ziehen, und der Chor fing an, ein
langes Gebet, das „Heiligenlitanei" heißt, zu singen.

„Heilige Maria, Mutter Gottes", sang der Chor.

„Bitte für uns!", sangen die Leute.

„Heiliger Michael ..."

„Bitte für uns!"

„Heiliger Joseph ..."

„Bitte für uns!"

Als die Männer im Mittelgang wieder aufstanden, hatten
viele von ihnen Tränen in den Augen.

Zur Weihe selbst legte der Bischof in einer symbolischen
Geste aus der Zeit der Apostel schweigend den Männern,

die vor ihm knieten, die Hände auf. Alle Jesuitenpriester in
der Kirche folgten dem Bischof und legten den neuen
Priestern der Reihe nach die Hände auf. Danach legten die
neu geweihten Priester die Stola des Diakons ab und zogen
das Messgewand eines Priesters an. Darauf salbte der Bischof ihre Hände mit Öl. Damit war das Ritual der Priesterweihe vollzogen, der Bischof und die neu geweihten Priester
feierten gemeinsam die Messe. Der Gottesdienst dauerte
fast zwei Stunden. Ich war von der Feier so ergriffen, dass
mir am Ende die Tränen über die Wangen liefen.

Während des Schlusslieds gingen die neuen Priester aus
der Kirche hinaus in das strahlende Sonnenlicht. Sie sahen
überglücklich aus. Ich dachte mir, welche Erfüllung dieser
Tag für sie nach so vielen Jahren der Vorbereitung sein musste. Wenn ich gekonnt hätte, wäre ich sofort bei den Jesuiten
geblieben und hätte GE auf der Stelle hingeschmissen.

Nach der Messe erklärte mir Jim Kane, dass die Gesellschaft Jesu erst am 15. August über meine Zulassung entscheiden könne. Aber der Eintritt würde schon zwei Wochen
später am 28. August sein. Ich müsste also noch zwei Monate
warten, bis über meine Bewerbung entschieden war. Außerdem hätte ich bei einem Ja nur zwei Wochen Zeit zur Vorbereitung auf den Eintritt, sagte Jim. Ich fuhr nach Stamford zurück und hoffte trotzdem stärker als je zuvor, dass ich
bei den Jesuiten eintreten könnte.

EIN ZEICHEN FÜR JONA

*Mir ging es wie dem Prophet Jona, als Gott ihm
befahl, nach Niniveh aufzubrechen. Wie Jona hatte
ich den unbezähmbaren Wunsch, in die entgegen-
gesetzte Richtung zu gehen. Gott zeigte in eine
Richtung, und all meine „Ideale" zeigten in die
andere. Als Jona, soweit er nur konnte, von Niniveh
wegreiste, wurde er auf dem Schiff nach Tharsos
über Bord geworfen. Ein großer Wal verschluckte ihn
und brachte ihn dahin, wo Gott ihn haben wollte.*

Thomas Merton: „Ein Zeichen für Jona"

MIR WURDE KLAR, dass ich nicht einfach bis zur Entscheidung der Jesuiten am 15. August warten und darauf
sofort bei GE aufhören konnte. So kurzfristig konnte ich
nicht kündigen. Ich konnte nicht einfach gehen, ohne
einen Ersatz für mich zu finden und ihn anzulernen. Daher
musste ich eine Entscheidung treffen: Sollte ich kündigen,
ohne zu wissen, ob die Jesuiten mich aufnehmen würden?

Damals erwartete ich eine dramatische und unwiderleg-
bare Antwort auf dieses Dilemma. Anders gesagt, ich wartete
auf ein Zeichen. Ich glaubte, wenn ich schon dabei war,

mein Leben Gott zu widmen, könnte er mir etwas Konkretes als Antwort auf meine Frage geben. Aber nach einer Woche frustrierender Unentschlossenheit hatte ich nichts: keine endgültige Antwort, keine Stimmen, keine Visionen, keine ergreifenden Gefühle. Natürlich wäre ich zu Tode erschrocken, wenn irgendetwas davon tatsächlich eingetreten wäre. Trotzdem fragte ich mich, ob meine Erfahrung bei den Exerzitien – dass Jesus mein Freund war und alles – nur eine Illusion gewesen war.

Am nächsten Sonntag war ich in einer anderen Kirche in Stamford, in St. Mary. Während der Messe betete ich um ein Zeichen, um etwas, das mich erkennen ließe, was ich tun sollte. Nach der Messe kniete ich mich mit meinem Frust vor die Statue von Jesus. Ich war so verzweifelt, dass ich Tränen in den Augen hatte. Ich betete und sagte so fest ich nur konnte: „Nimm mich auf!" Mit einem Mal hörte ich eine innere Stimme zu mir sagen: „Ich werde dich aufnehmen." So etwas hatte ich noch nie erlebt. Ich hatte die Worte in meinem Kopf *gespürt*. Überrascht und ein bisschen geschockt stand ich sofort auf und lief aus der Kirche. Hatte ich mir das ganze nur eingebildet? Ich war mir nicht sicher … Eigentlich nicht. Was ich mir sicher nicht einbildete, war das Gefühl der Klarheit, was ich jetzt tun sollte.

Die Antwort stand mir jetzt ganz klar vor Augen: „Ja natürlich, kündige deinen Job." Logisch gesehen war es unsinnig – wie konnte man seinen Job aufgeben, ohne etwas anderes in Aussicht zu haben? –, aber ich dachte mir, dass ich ja etwas anderes machen könne, falls ich nicht aufgenommen werden würde. Ich hatte die lächerliche vage Idee, dass ich in einer katholischen Schule unterrichten

könne, obwohl ich weniger als der durchschnittliche Sechst-
klässler über die katholische Religion wusste.

Am nächsten Tag gab ich mein Kündigungsschreiben ab.
Ich saß in Karen's Büro und erklärte ihr, dass ich wegging,
um Priester zu werden.

„Du nimmst mich auf den Arm", sagte sie.

Ich versicherte ihr, dass das kein Witz sei. Sie fragte mich,
ob ich so lange bleiben könnte, bis sie einen Ersatz gefunden
hätte. Dann dachte sie kurz nach und sagte: „Wow! Kannst
du dann Kinder taufen?" – „Ich glaube schon." – „Super.
Vielleicht kannst du dann meine taufen?" – „Klar", sagte
ich, „warum nicht?"

Nach sechs Jahren bei GE dachte ich nicht, dass ich all
das so leicht hinter mir lassen konnte. Aber der große Wunsch,
bei den Jesuiten einzutreten, machte es mir leichter, die Firma
zu verlassen. Meine Kollegen würde ich sicher vermissen,
aber ganz sicher nicht meine Arbeit. Je mehr ich darüber
nachdachte, desto mehr sehnte ich mich nach dem Noviziat.

Es machte mir großen Spaß, den Leuten die Neuigkeit zu
erzählen. Meine Sekretärin nannte mich schon „Pater
Martin". Mir gefiel der ganze Aufruhr – ich kam mir ein
bisschen fromm vor und sonnte mich im Ruf eines „Mannes,
der alles hinter sich gelassen hat". Aber hinter dieser Eitel-
keit lag ein echtes Gefühl von Erleichterung und Aufregung,
und sogar von Freude. Als ich zu den Exerzitien gefahren
war, hatte ich außer meiner Sekretärin niemand davon erzählt. Nach meiner Rückkehr aus Boston waren meine
Kollegen mehr als neugierig darüber, wohin ich ver-
schwunden war. „Wo bist du gewesen?", fragte mich meine
Kollegin Kate gleich am Montagmorgen um neun Uhr.

„Gehen wir zusammen Mittag essen und ich sag's dir",

erklärte ich ihr. „Bring Chris und Chip auch gleich mit. Ich habe interessante Neuigkeiten für euch."

Bei so einer rätselhaften Antwort würden sie sicher Punkt 12 Uhr bei mir im Büro stehen.

„Ich muss euch etwas sagen", erklärte ich, nachdem ich die Tür geschlossen hatte.

„Du gehst von GE weg!", riefen sie unisono. (Anscheinend hatte ich meine Unzufriedenheit mit meiner Arbeit nicht so gut verstecken können wie ich dachte.)

„Das war einfach zu erraten", sagte ich. „Jetzt müsst ihr raten, warum ich gehe."

„Du gehst zurück nach Philadelphia", sagte Chris.

„Nein."

„Du studierst weiter und machst deinen MBA."

„O nein!", stöhnte ich, „bloß nicht."

So ging das die nächsten Minuten weiter.

„Gebt ihr auf?", fragte ich. Sie nickten.

„Ich gehe zu den Jesuiten."

Stille. Verwirrte Blicke.

„Sind das nicht ...", sagte Kate vorsichtig. „Ich glaube, das sind so was wie Priester, oder?"

„Stimmt genau", sagte ich.

Kate sprang aus ihrem Stuhl auf. „Du machst Witze!"

Weil ich mir dachte, dass das Gerücht schnell die Runde machen würde, ging ich danach zu den anderen befreundeten Kollegen. Die meisten brachten Variationen von „Du machst Witze!". Meine Kollegin Reid machte das Ratespiel und scheiterte kläglich. Schließlich sagte ich es ihr. Sie sprang aus ihrem Stuhl und schrie: „Du machst Witze!" Die ganze Abteilung hörte das natürlich und ich musste jedem mein Geheimnis sagen.

Ich musste es unbedingt Rob, meinem ehemaligen WG-Genossen in Manhattan, sagen. Also rief ich in seinem Büro an.

„Ein Priester? Du machst Witze", sagte er. Als ich ihm erklärte, dass es kein Witz war, sagte er: „Masel tov!" Ich sagte ihm, dass es bestimmt ein Riesenspaß wäre, es unseren anderen Freunden bei einem Abendessen zu sagen.

„Versprich mir, dass ich auch kommen darf", sagte er. „Das muss ich einfach sehen!"

Also lud ich ihn und ein paar enge Freunde von der Penn in mein Lieblingsrestaurant „Le Brasserie" in Manhattan ein, um ihnen die Neuigkeit zu erzählen. Wegen der Geheimnistuerei, die ich absichtlich um den Grund des Essens gemacht hatte, waren sie ziemlich genervt. Wir setzten uns an den Tisch und ich konnte sehen, wie sie vor Aufregung herumzappelten. Schließlich sagte mein Freund Jim: „Okay, Martin, was ist los?"

Ich sagte ganz nüchtern: „Ich werde Priester." Meine drei Freunde sagten über fünf Sekunden lang gar nichts.

Da kam der Ober und fragte, ob wir schon bestellen wollten oder noch etwas Zeit bräuchten.

„Zeit", sagte Andy, „wir brauchen noch *viel* mehr Zeit."

Meine Freunde mussten mir versprechen, nichts zu sagen, bis ich es meinen anderen Freunden erzählt hatte. Ich traf mich mit einem anderen Freund von der Penn, der auch Andy hieß. Er war jetzt Rechtsanwalt. Wir gingen gemeinsam essen.

„Erzählst du mir jetzt endlich die große Neuigkeit, die mir keiner sagen will?", sagte er sofort.

„Okay. Ich werde Priester bei den Jesuiten."

„Was?", sagte Andy ungläubig.

Ich dachte, er hätte mich nicht verstanden. „Ich werde Priester."

„Was?", sagte Andy wieder.

„Ich werde Priester."

„Was?!"

„Ich werde …"

„Ich habe dich verstanden. Du wirst was? Seit wann?" Ich erklärte ihm alles, so gut ich konnte. Andy erzählte mir später, dass er an diesem Abend zu Hause im Wörterbuch die Definition von „Jesuit" nachgeschlagen hatte. Dabei hatte er diesen Eintrag gefunden:

1.) Ein Mitglied der Gesellschaft Jesu, eines römisch-katholischen Männerordens, der im Jahr 1534 von Ignatius von Loyola gegründet wurde.

2.) Ein geschickter Intrigant; ein gerissener Heuchler; ein Kasuist; eine aggressive und feindselige Bezeichnung, die von den Anti-Jesuiten benutzt wurde.

DASS DIE JESUITEN nicht so bekannt waren, wie ich gedacht hatte, bekam ich bald zu spüren. Nachdem ich einem meiner jüdischen Freunde geduldig mein Vorhaben erklärt hatte, sagte er: „Das ganze Gerede, dass du Priester werden willst, verstehe ich ja, aber ich kapiere einfach nicht, warum du aus der katholischen Kirche austreten musst, um ein Jesuit zu werden." Ich bemühte mich, ihm alles noch einmal geduldig zu erklären. Danach fragte er: „Sind deine Eltern Jesuiten?"

Viele meiner Freunde dachten, dass ich nur davon lief. Meine Standardantwort darauf lautete, dass ich zu etwas *hin lief* und nicht weg von etwas. Das war natürlich nur teilweise richtig. Meine Kollegen bei GE rieten mir, dass ich etwas langsamer an die Sache herangehen sollte. Musste ich wirklich unbedingt sofort eintreten?

Wovor lief ich eigentlich weg? Vor den Problemen mit meinen Eltern. Ich hoffte, dass Gott sich um alles kümmern würde, oder zumindest alles zum Besseren wenden würde, sobald ich erst einmal Novize war. Ganz bestimmt lief ich vor vielen Dingen weg, für die die Wirtschaftswelt mit ihren Konzernen verantwortlich war, zumindest meiner Meinung nach verantwortlich war: das Fehlen von Mitleid, die Glorifizierung von Geld und Gier, die Betonung des Wettbewerbs, der fehlende Respekt für die Menschenwürde. Aber das waren gute Gründe, wegzulaufen.

Es gibt einen Comic mit den „Peanuts", in dem Linus von zu Hause wegläuft. „Du kannst nicht immer vor deinen Problemen weglaufen", sagt Charlie Brown. – „Warum denn nicht?", fragt Linus. – „Was glaubst du, was los wäre", sagt Charlie Brown, „wenn alle vor ihren Problemen weglaufen würden? Wo soll das enden?" – „Wenigstens würden wir alle in die gleiche Richtung laufen", antwortet Linus.

MEINE LETZTE GROSSE Aufgabe für GE war es, das jährliche Picknick der Abteilung zu organisieren. Jedes Jahr gab die Firma den Angestellten der Finanzabteilung einen Tag frei, damit sie das erleben konnten, was in der Grundschule noch „Sportfest" geheißen hatte. Es war viel Arbeit, diesen Tag zu organisieren – einen Party-Service für das Essen finden; ein Sportverein finden, auf dessen Gelände Hunderte von Angestellten en masse einfallen konnten; eine Sportart aussuchen und die Ausrüstung dafür mieten; ein Zelt mieten, um gegen schlechtes Wetter gewappnet zu sein.

Aus Höflichkeit hatte ich an Dan, den Manager im Konzern-Hauptquartier, eine Einladung geschickt. Er war der Typ, der den Trainees erklärt hatte: „GE schuldet euch einen Dreck!" Niemand in der Abteilung glaubte, dass Dan kommen würde. Tatsächlich hatte er bis zum Morgen des Picknicks nicht geantwortet.

Jeder schien gute Laune zu haben. Ich hatte Volleyball und Softball ausgewählt. Denn auch die eher unsportlichen Kollegen konnten Volleyball spielen. Wer sich für einen Supersportler hielt, konnte bei dem anstrengenderen Softball-Spiel mitmachen. Die Verpflegung war der Hit – sie kam von einem italienischen Restaurant in Stamford, das sich auf Weißbrot mit Fleischbällchen, Salami-Ciabatta und Riesen-Baguettes spezialisiert hatte. Und es war ein strahlend schöner Tag.

Gegen Abend bewölkte es sich aber und es begann zu nieseln. Alle drängten sich unter das weiß-gelbe Zelt, schlürften ihre Säfte und Mineralwasser und aßen die letzten Fleischbällchen weg. Eigentlich hätte der Tag um vier Uhr enden sollen, aber ich ließ die Party weiterlaufen, damit die Leute das übrige Essen verdrücken konnten. Gegen halb fünf Uhr sagte ich dem Party-Service, dass er zusammenpacken könne, und ich nahm mir das erste Brot an diesem Tag.

Ich plauderte mit ein paar Freunden, ein Baguette in der einen, ein Mineralwasser in der anderen Hand. Da merkte ich, dass sie mir nicht mehr zuhörten und über meine Schulter sahen. „Kommt da *Dan?*", fragte einer. „Du hast doch gesagt, er kommt nicht!"

Ich drehte mich gerade noch rechtzeitig um, dass ich sehen konnte, wie Dan am Eingang des Sportplatzes aus einer schwarzen Stretch-Limousine stieg. Er hievte seine füllige Figur aus dem Auto und kam über das mittlerweile schon nasse Feld zu uns herüber – in einem dunklen Anzug und Krawatte. (In der Einladung hatte „Freizeitkleidung" gestanden, und alle trugen T-Shirts und kurze Hosen.) Die Gespräche im Zelt verstummten, als Dan näher kam. Er ging durch die stumme Menge auf mich zu. „Wenigstens kennt er mich", dachte ich überrascht.

„Wo ist das Essen?", sagte er anstelle eines Grußes.

Mittlerweile hatte der Party-Service die Warmhalteplatten und die Metallbottiche in den Lieferwagen gepackt. „Tja, ich glaube, die haben schon alles aufgeräumt", sagte ich.

Meine Vorgesetzte Karen hatte Dan bemerkt und hatte sich neben mich gestellt. Dan, unzufrieden, dass das Essen schon weg war, warf uns stumm einen bösen Blick zu.

„Jim, bring doch Dan bitte etwas zu essen", sagte Karen.

Das Einzige, was der Service noch nicht weggeräumt hatte, war eine Kühltruhe mit Eis. Ich nahm den Deckel hoch und holte ein Eis am Stiel heraus. Meine Kollegen sahen diesem kleinen Drama absolut fasziniert zu.

„Du willst ihm echt ein Eis am Stiel geben?", sagte einer erschrocken.

Das leuchtete mir ein und ich ging zu Dan ohne das Eis zurück. „Tut mir Leid, Dan", entschuldigte ich mich, „aber es ist kein Essen mehr übrig. Und wir haben den Party-Service sowieso schon länger dabehalten als ausgemacht war …"

„Ganz toll", sagte er gereizt. Dann: „Und wo sind hier die blöden *Toiletten?*"

Dummerweise war die einzige Toilette bei den Umkleidekabinen, ungefähr hundert Meter entfernt. Und es regnete immer stärker. Dan's Gesicht wurde finster, als ich ihm das erklärte. „Die Alternative ist das Mobilklo", zeigte ich ihm. Das Mobilklo war näher am Zelt, aber man musste trotzdem durch den Regen über den nassen Platz gehen.

„Scheiße!", sagte er. Er zog durch den Regen über das nasse Feld los. Da hörten wir einen lauten Donner und es begann zu schütten.

Jeder im Zelt sah zu, wie Dan über das Feld ging, sich im Mobilklo einschloss, ein paar Minuten später wieder herauskam, und dann am Zelt vorbeiging, direkt zu seiner Limousine auf dem Parkplatz, die sofort davonbrauste. Sein ganzer Besuch hatte gerade mal fünf Minuten gedauert.

„Wenn deine Karriere nicht sowieso schon vorbei wäre", sagte einer meiner Kollegen unter allgemeinem Gelächter, „dann wäre sie jetzt garantiert am Ende!"

Am letzten Tag im Juli – zufällig ist an diesem Tag der Namenstag des hl. Ignatius von Loyola – gaben meine Kollegen ein Abschiedsfest in der Cafeteria. In meiner Zeit bei GE hatte ich Dutzende von Leuten angestellt und Dutzenden anderer zu einer neuen Position verholfen. Ich kannte fast jeden Angestellten. Ich war mir sicher, dass das, was ich vorhatte, richtig war. Aber nach sechs Jahren bei derselben Firma ging ich doch mit gemischten Gefühlen. Einerseits war ich traurig, dass ich so viele Freunde zurücklassen musste. Andererseits war ich froh, dass ich dem ungesunden Umfeld von GE entkam. Die Grafikabteilung schenkte mir eine lebensgroße Pappfigur, die mich mit Mönchskutte und Kapuze zeigte. Jeder unterschrieb darauf mit einer ironischen Bemerkung über Armut und Keuschheit. Ich hielt eine kleine Rede und brachte meinen Kollegen die neuen Fragen für ein Bewerbungsgespräch bei, die ich bei meinem Vorstellungsgespräch bei den Jesuiten gehört hatte.

Mir kam alles unwirklich vor. Kein Job; keine Ahnung, ob ich bei den Jesuiten eintreten konnte; überhaupt keine Gewissheit darüber, was als Nächstes auf mich wartete. Meine Freunde dagegen waren überrascht, als sie hörten, dass ich mir Sorgen machte, ob mich die Jesuiten als Novizen aufnehmen würden. „Wovon redest du überhaupt?", sagte Rob. „Die nehmen dich ganz bestimmt."

„Glaubst du wirklich?", fragte ich hoffnungsvoll.

„Ach komm!", sagte er, „die suchen doch verzweifelt nach Nachwuchs."

Um nicht dauernd an die Jesuiten zu denken, besuchte ich ein paar Wochen mit Bruce ein paar seiner Freunde in Seattle. Als ich Bruce erzählte, wie nervös ich war, sagte er das Gleiche wie Rob: „Die suchen doch verzweifelt nach Leuten."

Zurück in Stamford bekam ich am 15. August einen Anruf von Pater Kane. Er sagte mir, dass ich in die Gesellschaft Jesu aufgenommen war. Ich war überglücklich; ich würde ein ganz neues Leben beginnen. Ich rief sofort meine Familie an und erzählte es ihnen. Meine Mutter freute sich für mich. Meine Schwester auch: „Ach, das heißt es also, eine „Berufung" zu haben – die Jesuiten rufen dich am Telefon an …"

Ein paar Minuten später rief Jim Kane wieder an. Er stellte mir ein paar Fragen. Später erfuhr ich, dass es die „Fragen nach Weihehindernissen" waren. Anders gesagt, jedes „Ja" als Antwort hätte bedeutet, dass ich nicht zum Priester geweiht werden konnte.

„Sind Sie jemals verheiratet gewesen oder haben Sie jemals ein Kind gezeugt?", fragte Jim nüchtern.

„*Wie bitte?*", sagte ich vollkommen überrascht. „Glauben Sie nicht, dass ich das schon mal in einem der hundert Millionen Bewerbungsgespräche, die ich hatte, erwähnt hätte?"

„Das weiß ich", antwortete er, „aber ich muss es trotzdem fragen."

„Nein, ich war noch nie verheiratet und ich habe noch kein Kind gezeugt."

„Haben Sie jemals öffentlich die Zugehörigkeit zur Kirche zurückgewiesen?"

„So etwas, wie in der Kirche aufstehen und sagen: ‚Ich weise offiziell die Zugehörigkeit zur Kirche zurück!'?"

„So was in der Richtung", sagte er.

„Nein."

„Haben Sie jemals einen anderen Menschen ermordet?"

Das war lächerlich. Also dachte ich mir, ich könnte mir einen Spaß daraus machen. „Hmmm … Mord? Das kommt darauf an, was genau Sie meinen. Eigentlich habe ich noch nie jemand ermordet. Wenigstens nicht im strengen Sinn."

Nachdem meine Antworten kein Hindernis geliefert hatten, sagte Jim: „Noch etwas. Der Novizenmeister in Boston hat eine Liste von Sachen, die Sie brauchen. Reden Sie mal mit ihm."

„Okay", sagte ich und verfiel in meinen Vorgesetzten-Modus. „Soll mich einfach anrufen."

Nach ein paar Minuten war der Novizenmeister am Telefon und gratulierte mir. Dann gab er mir eine Liste durch. Erstens, genug Kleidung für zwei Jahre. Zweitens, ein Scheck über 250 Dollar für die Feier des Gelübdes in zwei Jahren. Okay. Drittens, ein Kollar (ein Hemd für Priester) und ein Brevier. – Wo kaufe ich ein Kollar? Und was ist ein Brevier? – „Ein Brevier ist ein Gebetbuch", erklärte der Novizenmeister. „Gehen Sie in einen Laden für Priesterbedarf. Der sollte beides haben. Sagen Sie, Sie wollen das rote Brevier. Die wissen dann schon, was Sie meinen", sagte er.

Es war gut, dass er mir das gesagte hatte. Denn als ich in Philadelphia endlich einen Laden gefunden hatte, fragte mich die Verkäuferin, welches Brevier ich wolle. „Das rote!", sagte ich sofort. Sie lächelte wohlwollend und gab es mir. Anscheinend hatten bei ihr schon ein paar Novizen eingekauft. Ich blätterte das Brevier durch: Auf den ersten Blick war es ein Buch mit Gebeten, hauptsächlich mit Psalmen, für die einzelnen Tage der Woche. Es sah unglaublich fromm aus. Ich fühlte mich schon heilig, als ich es nur in der Hand hatte!

Mit dem Kollar hatte ich nicht so viel Glück. Nach sechs Jahren in der Wirtschaft kaufte ich nur Hemden aus 100 Prozent Baumwolle. Aber bei den Hemden für Kleriker gab es nur ein großes Sortiment von klebrigen Polyester-Hemden. Igitt! Ich schwitzte schon, als ich sie mir nur ansah. Schließlich entschied ich mich für eine Baumwoll-Polyester-Mischung, der man die schlechte Qualität schon ansah.

Sobald ich zu Hause war, riß ich die Plastikverpackung auf. Das weiße Band passte perfekt in den schwarzen Kragen. Ich sah in den Spiegel und dort stand ich: Pater Martin!

Ein anderer Gegenstand auf der Liste des Novizenmeisters war eine schwarze Hose. Aber die einzigen schwarzen Hosen, die ich finden konnte, waren Smoking-Hosen mit einem breiten schwarzen Seidenstreifen an der Seite. Der Verkäufer bei Jos. A. Banks in Stamford, bei dem ich in den letzten Jahren über ein Dutzend Anzüge gekauft hatte, fragte mich, warum ich jetzt ausgerechnet eine schwarze Hose wollte: „Werden Sie jetzt Priester, oder was?!", lachte er.

„Ja, genau", sagte ich.

„Oh", sagte er, ganz still geworden, „dann beten Sie einmal für mich."

Ich musste alles loswerden, was ich besaß. Mehr oder weniger. Am Anfang wollte ich es wie der hl. Franziskus machen. Der hatte seinen gesamten Besitz auf den Marktplatz in Assisi geschleppt und dort verbrannt, als Zeichen seiner Hingabe zu Gott. Meine eigene Aktion fiel dann doch etwas weniger dramatisch aus.

Es gab Sachen, die ich im Noviziat sicher nicht brauchen würde: Mein Auto, meine Stereoanlage, meine Kassetten und meine Platten, meine Anzüge und meine große Büchersammlung. Und ich musste das Appartment loswerden. Zum Glück hatten meine WG-Kollegen Ed und Peter damals auch genug von GE. Sie gingen auch weg – der eine zum Aufbaustudium, der andere zu einer neuen Arbeit nach Boston. Bis Ende August mussten wir drei alles ausgeräumt haben.

Es war schwierig, einen Käufer für unsere lausigen Möbel zu finden. Sogar die Caritas wollte nichts von unserer Einrichtung haben. Die Heilsarmee nahm nur ein paar Möbelstücke mit, den Rest ließ sie aber da. Gab es denn keine bedürftigen, möbellosen Menschen mehr?

Ich versuchte vergeblich, einen Käufer für unsere Einrichtung zu finden, bis Ed an einem Sonntag ins Wohnzimmer kam. „Gute Neuigkeiten!", verkündete er. „Ich habe jemand gefunden, der unsere Möbel will."

„Super", sagte ich, „wie viel?" „75 Dollar", sagte er. „Toll!"

„Nicht toll", sagte Ed, „wir zahlen *denen* 75 Dollar, damit sie die Möbel mitnehmen."

Der hl. Franziskus könnte es sich wohl heute gar nicht mehr leisten, arm zu sein, dachte ich mir.

Bruce kam vorbei und sah die paar hundert Bücher in meinem Zimmer durch. „Nicht schlecht", sagte er, als er, beide Arme voll mit Büchern, zu seinem Auto ging. „Die Leute sollten öfter bei den Jesuiten eintreten." (Ich erinnerte ihn an die Predigten in St. Agathe und erklärte ihm, dass bei meinem Eintritt bei den Jesuiten also doch für *ihn* auch etwas drin gewesen war.) Meine Mutter kaufte meinen Mazda für genau einen Dollar, damit der Kauf rechtskräftig wurde.

Am Wochenende, bevor ich loszog, gab es noch eine Abschiedsparty in Philadelphia. Freunde aus New York, Philadelphia und Washington D.C. kamen. Meine Freundin Mary hatte sich für die Party ein Kollar angezogen (*sie* wusste anscheinend genau, wo man die kaufen konnte). Mary brachte mir ein Geschenk mit: eine durchsichtige Plastikfigur der Jungfrau. Sie hatte eine Plastikkrone, die auch als Schraubverschluss diente. Mary hatte die Figur in der Basilika der Unbefleckten Empfängnis in Washington gekauft. Wenn man die Figur gerade nicht als Objekt der Verehrung verwendete, konnte man die Gottesmutter auch gut als Gefäß für Weihwasser gebrauchen. Meine Kusine Rosie machte mir einen Kuchen in Kreuzesform. Ich sagte ihr, dass sie die zwei Kuchen sehr geschickt zu einem Kreuz verbunden hatte. „Das stimmt gar nicht!", protestierte sie, „das ist eine *durchgehende* Form!" – Eine Kuchenform mit dem Umriss eines Kreuzes? Wie oft wollte sie die noch verwenden? – „Ja, ich habe die schon einmal zur Firmung, einmal zur Erstkommunion und dann heute verwendet! Dreimal im Jahr. Nicht schlecht, oder?"

Rosie versprach, dass sie die Form bis zu meiner Priesterweihe aufheben würde.

UNSERE LEBENSWEISE
IST GEWÖHNLICH

Unter vielerlei Hinsicht, aus gewichtigem Grund,
und mit der Achtung, die dem höheren Dienst an
Gott gebührt, ist unser Auftreten nach außen hin
gewöhnlich.

Konstitutionen der Gesellschaft Jesu

Es hat eine lange Tradition, dass die Gesellschaft Jesu in den USA mit der Ausbildung ihrer Novizen Ende August beginnt. Am 28. August – nachdem ich meinen Job gekündigt hatte, wenigstens einigen meiner weltlichen Güter entsagt und Abschied von allen genommen hatte – packte ich meine Koffer und ging ins Noviziat. Meine WG-Kollegen, Ed und Peter, und Eds Freundin Beth, fuhren mich nach Boston. Mein Vater, der immer noch getrennt von meiner Mutter lebte, flog von der Westküste herüber. Er fuhr mit meiner Mutter nach Boston und nahm unterwegs meine Schwester in New York mit.

Nachdem wir am Arrupe-Haus angekommen waren, brachten meine WG-Kollegen und ich meine Sachen aufs Zimmer. Weil das Haus früher ein Kloster gewesen war, waren die Räume nur so groß, dass sie gerade für ein Bett (für ein breites

Bett, natürlich), einen Stuhl und einen Tisch ausreichten. Es gab keinen Platz für Schränke. Die Nonnen hatten zwei Habits besessen – den einen, den sie gerade trugen, und einen zusätzlichen, den sie an der Rückseite der Tür aufhängten. Als Zugeständnis an unsere eher weltliche Kleidung hatten wir große Wandschränke am Gang.

Um zwei Uhr nachmittags feierten die Novizen mit ihren Familien in der kleinen Hauskapelle eine Messe. Während des Gottesdienstes kamen zwei Freunde beim Novizenhaus an und läuteten Sturm. Von draußen riefen sie: „Jim! Sind wir hier richtig? Hallo?" Schließlich lief jemand die drei Stockwerke nach unten und ließ sie rein. Meine Freunde platzten verschwitzt und außer Atem in die Kapelle.

Während des Mittagessens sah ich, wie meine Eltern und meine Schwester versuchten, mit der Situation fertig zu werden. Sie waren sowieso schon ziemlich angespannt, weil es seit langer Zeit das erste Mal war, dass meine Mutter und meine Schwester mit meinem Vater zusammen waren. Um mir nicht zu schaden, wollten sie wie eine gute katholische Familie wirken. Ich hörte, wie der Novizenmeister meine Schwester fragte, wo sie herkam. „Aus New York", sagte sie.

„Das ist ja interessant", sagte er, „wo denn genau?"

„East 84th Street", antwortete Carolyn. „Dann gehören Sie ja zur Gemeinde St. Ignatius", sagte der Novizenmeister. Das war eine Gemeinde, die von den Jesuiten geleitet wurde. Die Kirche lag nur ein paar Straßen von der Wohnung meiner Schwester entfernt. Aber ich wusste, dass sie dort kaum zur Kirche ging, und anderswo auch nicht.

„Ah, ja …", sagte Carolyn.

„Ist der Altar nicht sehr schön?", fragte der Novizenmeister.

„Ah, ja, natürlich …"

Carolyn sagte mir später, dass sie nicht wollte, dass ich wegen ihr dumm dastand. Carolyn redete auch mit Tom, einem der Novizen aus dem zweiten Jahr. Er fragte sie, wie ihr die katholische Studentengruppe in Harvard gefallen hatte. („Sehr gut", antwortete sie begeistert, obwohl es eigentlich nicht ganz der Wahrheit entsprach.) Aber ich freute mich, dass sie für mich einen guten Eindruck machen wollte, und verstand, warum sie es tat.

Meine Eltern, vor allem meine Mutter, waren es nicht gewohnt, unter so vielen Klerikern zu sein. „Welche sind denn die Priester?", fragte sie mich leise. – „Jeder über 40 ist wahrscheinlich einer." – „Du machst Witze", sagte sie, „ich habe einen von denen mit dem Vornamen angesprochen."

Gegen drei Uhr fuhren meine Eltern und meine Schwester ab. Sie weinten. Ich küsste sie zum Abschied, als sie schon beim Auto standen. Ich musste versprechen, dass ich anrufen und schreiben und überhaupt den Kontakt nicht abreißen lassen würde. Ich sah zu, wie ihr Auto abfuhr, und spürte plötzlich einen Anflug von Angst. Wie hatte ich das alles nur machen können?

Ein paar Stunden später aß unsere Gemeinschaft zu Abend, nachdem die gerade angekommenen Novizen ihre Koffer ausgepackt hatten. Danach gab es eine kurze Besprechung. Der Novizenmeister erzählte uns viele nützliche Dinge über das Noviziat. Da ich nur meine große Angst spürte, vergaß ich sie sofort.

Spät am Abend kroch ich unter meine Bettdecke, unsicher und besorgt. Ich musste weinen. Machte ich wirklich das Richtige? Die ganze „Arie mit den Jesuiten", wie einer meiner Freunde es genannt hatte, kam mir wieder vollkommen abwegig vor.

Bei Tagesanbruch fühlte ich mich viel besser. Der erste Tag lief entspannt ab. Mir wurde wieder klar, dass alle eigentlich ganz normal waren und dass ich von niemandem etwas zu befürchten hatte. Der Grundrhythmus des Noviziats war nicht so erholsam wie der Rhythmus, den ich bei den Exerzitien erfahren hatte. Aber er war bedeutend langsamer als die Hetze bei GE. Die ersten zwei Wochen waren besonders entspannend. Es war fast wie in einem Urlaub.

Die ersten zwei Wochen des Noviziats heißen „Postulat". Das ist ein Überbleibsel aus der Zeit, als die neuen Novizen (die zu diesem Zeitpunkt noch „Postulanten" bei der Gesellschaft waren) erst einmal eine Bewährungszeit hatten. Früher bekam man am Ende des Postulats bei den Jesuiten, wie bei vielen anderen Orden, den Habit. Bei den Jesuiten war das eine lange schwarze Soutane, die man mit einer schwarzen Kordel gürtete. In einigen Frauenorden war es üblich, dass die Postulantin am Ende ihres Postulats in ihrem Zimmer entweder ihren Habit oder ihre Straßenkleidung vorfand – so wurde die Entscheidung der Oberin überbracht, ob die Postulantin bleiben konnte oder gehen musste. In meinem Noviziat in New England war das Postulat eine Art Kurzeinführung in das Leben eines Novizen. Wir erfuhren, wie der Tag und die Woche während des Noviziats abliefen; wie die Gesellschaft geleitet wurde; welche Aufgabe der Novizenmeister, sein Assistent und die anderen Vorgesetzten hatten; was in diesem Jahr auf uns zukommen würde; und – daran kann ich mich am besten erinnern – wie man das Brevier benutzt. (Ich brauchte fast das ganze Jahr dazu, um zu begreifen, wie es funktioniert.)

Am Ende des zweiwöchigen Postulats fuhren die Novizen im ersten Jahr – wir waren zu dritt – zu einem Wochenende nach Gloucester, Massachusetss. Dort hatten die Jesuiten ein wunderschönes Einkehrhaus auf Cape Anne. Das Haus ist als Exerzitienhaus sehr beliebt, besonders wegen der beeindruckenden Lage: Das Haus liegt auf einer felsigen Halbinsel direkt über dem Atlantik. Durch die Fenster des Speisesaals kann man sehen, wie der Ozean tagsüber seine Farbe wechselt; ein blasses Grau am Morgen, ein stählernes Blau, wenn die Sonne hoch am Himmel steht und ein dunkles Grün in der Dämmerung. Früh am Morgen wagen sich die Fischerboote auf das Meer. Am Nachmittag kehren sie mit ihrem Fang zurück, kreischende Möwen fliegen über ihnen. Neben dem Haus liegt ein großer Süßwasserteich, auf dem sich viele Tiere tummeln – Schwäne, Enten, Reiher, Schildkröten und die rotflügligen Amseln, deren Krächzen man weit hören kann. Vor ein paar Monaten hatte mir David, der Assistent des Novizenmeisters, eine (wahre) Geschichte erzählt: Eine Frau war in ihren Exerzitien am Strand vor dem Haus auf einen großen Felsvorsprung geklettert. Dort vertiefte sie sich so sehr in ihre Meditation, dass sie nicht merkte, wie die Flut näher kam. Als sie nach einigen Stunden mit ihrem Gebet fertig war, sah sie sich um und merkte, dass der Ozean sie vollkommen eingeschlossen hatte. „Was hat sie dann gemacht?", fragte ich David. – „Es dauerte noch mal sechs Stunden, bis Ebbe war", sagte er. „Also hatte sie *viel* Zeit zum Beten!"

Nach dem Postulat ging alles schneller. Denn wir nahmen am normalen Leben der Gemeinschaft teil. Die Novizen im zweiten Jahr waren zu viert. George war Captain bei der Air Force gewesen. Er hatte für das Jesuit Volunteer Corps in Alaska gearbeitet. George hatte einen wunderbar trockenen Humor. Am Tag nach dem Eintritt machten alle

Novizen ein kleines Picknick. George unterhielt mich dabei mit etwas, von dem ich glaubte, es mit dem Eintritt hinter mir lassen zu müssen: Mit Witzen über Jesus. Natürlich waren sie gemein. Aber weil sie ein Novize erzählte, halfen sie mir, mich ein bisschen zu entspannen. Tom, ein begnadeter Geschichtslehrer, war zwar schüchtern, wollte aber gern Freunde gewinnen. Noch ein Tom, zehn Jahre älter als ich, war in seinem Leben schon vieles gewesen – Soldat in Vietnam, Innenarchitekt und Lehrer. Michael, ein früherer Diözesanpriester war der vierte in diesem Jahrgang.

In meinem Jahrgang war Bill. Er hatte gerade seinen Abschluss im College of the Holy Cross der Jesuiten gemacht. Etwas kurioser war da Emil, ein 40-jähriger Arzt aus Tschechien. Wir sieben wären in einem anderen Zusammenhang als in einem Noviziat der Jesuiten eine ungewöhnliche Gruppe gewesen. Ich merkte bald, dass die Jesuiten sehr verschiendene Menschentypen begeistern können. Daraus gewinnen die Jesuiten ihre Kraft, aber darin liegt auch die Herausforderung für das Leben in der Gemeinschaft. Ich glaube nicht, dass es einen „typischen" Jesuiten gibt, genauso wenig wie es einen „typischen" Katholiken gibt. Ein älterer Jesuit erzählte mir, dass man früher drei Jesuiten aus drei verschiedenen Ländern dieselbe Frage stellen konnte und von allen dreien dieselbe Antwort bekam. Jetzt, sagte er lachend, könne man sicher sein, dass man mindestens drei verschiedene Antworten bekomme – oder sogar vier, je nachdem, welche Jesuiten man frage.

Außer dem Novizenmeister und seinem Assistenten lebten noch ein paar andere Jesuiten im Novizenhaus. John, aus der Provinz New York, arbeitete an seiner Doktorarbeit in Pastoraltheologie an der Andover-Newton, einer protestantischen

Hochschule für Theologie. Dan lehrte an der Hochschule für Medizin an der Boston University. Er war ein Jesuit an einer nichtjesuitischen Einrichtung. Joe war ein älterer und erfahrener spiritueller Leiter. Bill war ein Bruder. In der Sprache der Jesuiten war er der „Minister" des Hauses. Das heißt, er kümmerte sich um die Instandhaltung und den Unterhalt des Hauses. An meinem ersten Tag hatte meine Mutter, die unbedingt alles verstehen wollte, Joe gefragt, was er mache.

„Ich bin spiritueller Leiter."

„Was macht man da so?" fragte meine Mutter.

„Ich höre anderen Menschen zu, wenn sie über ihre Art zu beten sprechen."

„Das ist *alles?*", fragte meine Mutter.

„Genau!", lachte er amüsiert über diese direkte Frage. „Das ist alles!"

Nachdem Bill meiner Mutter erklärt hatte, was seine Aufgaben waren (die Rechnungen zahlen, Handwerker anrufen und das Haus in Schuss halten), nannte sich meine Mutter selbst „Minister" ihres Hauses.

Während der ersten Wochen nach dem Postulat „fanden" wir (eine Mischung aus Gebet und Nachdenken) unseren „Dienst" für den Herbst. Die meiste Zeit verbrachten wir im Haus – im Unterricht oder im Gebet. Aber ungefähr zehn Stunden in der Woche sollten wir außerhalb des Hauses etwas arbeiten. Nachdem wir ein paar Möglichkeiten für den Dienst angesehen hatten, wurde ich einem Krankenhaus für Schwerkranke zugeteilt – genauer gesagt, ich wurde dorthin „ausgesandt". Zum Missfallen meines Novizenmeisters nannte ich den Dienst meinen „Job" – ein verständlicher Fehler nach sechs Jahren bei GE. Jeden Monat bekamen wir auch 35 Dollar – die hießen *personalia* – für „persönliche"

Dinge wie Toilettenartikel, Unterhaltung und so etwas. Ich sagte zu den *personalia* entsprechend „Gehalt".

Nachdem wir unsere Arbeit ausgewählt hatten, gewöhnten wir uns schnell in den üblichen Tagesablauf der Jesuiten ein – in unseren *ordo*. Das Morgengebet war um 7 Uhr 15. Ich befürchtete, dass ich die Gebete nicht kannte, jeder andere sie aber kennen würde, oder dass ich vergass, wie man richtig den Rosenkranz betet. Aber ich hätte mir keine Sorgen machen müssen; ich merkte bald, dass das Morgengebet alles andere als streng war. Wir benutzten das Brevier einmal in der Woche, aber an den anderen Tagen konnten wir Novizen uns aussuchen, wie wir beten wollten. Manche verteilten Kopien von Gedichten, von Liedern oder von Geschichten aus der Bibel – was ihnen gerade einfiel. Auch die Psalmen waren sehr beliebt. Wir lasen sie als Antiphon. Das heißt, die Novizen auf der linken Seite der Kapelle wechselten sich mit den Novizen auf der rechten Seite im Lesen ab – fast so, wie die Mönche singen, wenn sie sich zum Gebet versammeln. Wir verwendeten dazu das Buch „Psalmen neu entdeckt". Die Übersetzung versuchte, der Gleichberechtigung Rechnung zu tragen: „Jahwe" statt „Herr", „sie" statt „er", „Menschen" statt „Männer". Ich muss sagen, dass ich nicht gewusst hatte, wie brutal die Psalmen waren – bis ich ins Noviziat eingetreten war. Am Morgen stimmten die schläfrigen Stimmen der Novizen ganz ruhig Verse an, in denen Gott die Feinde tötete und deren Köpfe an den Felsen zerschmetterte. Dann kam der Refrain: „Gott ist ein liebender Gott."

Der Novizenmeister ermunterte uns, an das Morgengebet kreativ heranzugehen. An einem Morgen im Dezember brachte George, einer der *secundi*, der Novizen im zweiten

Jahr, eine große Keramikschüssel mit Weihrauch mit. Große Wolken aus beißendem Rauch stiegen aus George's Schüssel auf. Schnell füllten sie die kleine Kapelle. Bald bekamen wir keine Luft mehr. Wir rissen die Fenster auf. Die kleine Kapelle war verraucht und eiskalt. George's Aktion erwies sich als nicht hilfreich fürs Gebet. Daher wurde George's Weihrauchschüssel nie wieder beim Morgengebet gesehen.

An einem anderen Morgen spielte Bill ein Stück auf seinem Saxophon. Auch das war weniger kontemplativ als es der Novizenmeister wollte.

Nach dem Morgengebet stapften wir zu einem kleinen Frühstück in die Küche. Ein paar Novizen hatten, wie ich sah, seltsame Essgewohnheiten. Tom zum Beispiel mochte am liebsten Rosinenbrötchen mit Thunfischsalat. Mich würgte es jedesmal, wenn ich das mit ansehen musste.

Weil wir versuchten, im Novizenhaus einfach zu leben, kochten wir selbst. Da jeder an die Reihe kam, musste jeder im Monat ungefähr dreimal kochen. (Ein Abendessen für zwölf Personen zu richten, bedeutete einen ganzen Nachmittag in der Küche.) Ein Novize, der *manuductor* (Lateinisch für „an der Hand nehmen"), bestimmte, wer die Tische deckte und wer sie abräumte. Der *manuductor* teilte auch die Hausarbeit ein.

Meine Hausarbeit war das Einkaufen. Das fand ich eine echte Herausforderung. Für zwölf Personen einzukaufen bedeutete, dass ich drei volle und schwere Einkaufswägen durch den Supermarkt schieben musste. Schließlich fand ich heraus, dass es die effektivste Methode war, zuerst einmal zu sehen, was ich alles brauchte. Dann füllte ich die Wägen auf und parkte sie in verschiedenen Gängen. Am Ende holte ich die Wägen zusammen und brachte sie zur

Kasse – einen schob ich vor mir her, die anderen beiden zog ich hinter mir her. Natürlich fragten mich die Leute in der Schlange, für wen ich einkaufte. Eine Frau sagte: „OOOh, lassen Sie mich raten! Sie sind in einer Studentenverbindung." (Nein, aber nicht schlecht geraten.) „In einer Feuerwehrstation?" (Sah ich vielleicht aus wie ein Feuerwehrmann?) „Sie machen eine Riesenparty!" (Genau, mit zehn Köpfen Blumenkohl.) Nachdem ich ihr die Wahrheit gesagt hatte, schien sie immer noch zu rätseln.

Kurz vor Weihnachten sollte ich die Zutaten für einen Eierflip für die große Weihnachtsfeier im Novizenhaus einkaufen: 120 Eier und 18 Liter Sahne. Wir brauchten außerdem noch Butter. Also kaufte ich 12 Packungen. Während ich an der Kasse wartete und eine Zeitschrift las, klopfte mir eine Frau auf die Schulter. „Entschuldigen Sie bitte", sagte sie ganz leise, „ich will ja nicht neugierig sein, aber haben Sie sich schon einmal Gedanken über Ihren Cholesterinspiegel gemacht?"

Nach dem Frühstück trafen wir uns Punkt acht Uhr zu einer einstündigen „Konferenz". Im ersten Jahr lasen wir die Jesuitischen Konstitutionen des hl. Ignatius von Loyola. Manches war absolut faszinierend – wenn man sah, wie die Spiritualität von Ignatius in konkrete Richtlinien übersetzt wurde und über 450 Jahre lang die Jesuiten bis heute bestimmt. Einige Teile der Konstitutionen, vor allem die später ersetzten Direktiven (die wir trotzdem lesen mussten), waren seltsam. Zum Beispiel gab es Regeln, die bestimmten, welche Nachthemden die Studenten tragen mussten. Die meisten unserer Konferenzen konzentrierten sich auf Erörterungen der Geschichte der Jesuiten und ihrer Spiritualität. Im zweiten Jahr sahen wir uns die Gelübde genauer an – Armut, Keuschheit, Gehorsam. Wir hatten diese Gelübde zwar noch nicht abgelegt, sollten sie aber trotzdem schon einhalten.

Am späten Vormittag und am Nachmittag arbeiteten wir außer Haus – in unserem „Dienst", der auch „Apostolat" hieß. Um fünf Uhr nachmittags feierten wir einen Gottesdienst. Um sechs Uhr aßen wir zu Abend. An einigen Abenden hatten wir ein Gemeinschaftstreffen. Dann besprachen wir alles, was mit unserem Haus zu tun hatte. Manchmal hatten wir einen Gast, der mit uns Novizen über seinen Dienst sprach: eine Schwester, die als Gefängnisseelsorgerin arbeitete; ein Jesuit, der Professor für Exegese war; ein Laie, der eine Unterkunft für Obdachlose unterhielt.

Am Samstagmorgen machten wir die *manualia*, die Aufgaben für die Novizen: die Toiletten reinigen (ihr Name war Legion, denn sie waren viele …), den Boden schrubben, den Rasen mähen, die Fenster putzen, Staub saugen oder alles in dem großen Haus abstauben. Manchmal teilte George, der *manuductor* in meinem ersten Jahr, lästigere Jobs zu, etwa die leeren Limonaden-Dosen zum Laden zurückzubringen. Wir waren dreizehn Männer und hatten den Kühlschrank immer voll mit Limonade. Das hieß, dass man jede Woche ein Dutzend klappernde Plastiktüten voll mit klebrigen, leeren Limonaden-Dosen zum Laden tragen musste. Ich dachte mir, dass die *manualia* eine passende Form von Askese für die Jesuiten waren. Daher ärgerte ich mich ziemlich, als ich erfuhr, dass die Priester keine der wöchentlichen *manualia* erledigen mussten. Als ich das ansprach, sagte man mir, das sei einfach so. Trotzdem machte es mich verrückt, wenn die Priester im Wohnzimmer Zeitung lasen, während ich saugen musste. Wenn ich mit meinem Staubsauger ankam, hoben sie einfach ihre Beine hoch, damit ich als Novize alles gut reinigen konnte.

Zwischen all unseren Aktivitäten beteten wir: wenigstens eine Stunde kontemplatives Gebet am Tag, täglicher Gottesdienst und abends das *examen*. Das *examen* ist ein kurzes Gebet, das der hl. Ignatius entwickelt hatte. Dabei versucht man, sich zu vergegenwärtigen, wie Gott einem während des Tages begegnet ist. Zuerst dankt man Gott für all die Gnade, die man am Tag von ihm empfangen hat. Das konnte alles Mögliche sein: Der Anblick eines Sonnenstrahls auf dem Gehsteig, der Geschmack einer Orange, ein guter Witz oder vielleicht ein besonders erfüllender Augenblick in der Arbeit (oder eine besonders einfache Aufgabe bei den *manualia*). Dann bittet man um die Gnade, zu sehen, wo Gott an diesem Tag bei einem war.

Danach lässt man den ganzen Tag Revue passieren. Wo hat man die Gnade Gottes angenommen? In anderen Worten: Wo ist man auf dem Weg gegangen, den Gott für einen ausersehen hat, und wo nicht? Dieser Teil des *examen* ist fast wie bei einem Video: Man spult den ganzen Tag zurück und sieht ihn sich dann noch eimal an. Am Ende bittet man Gott um die Vergebung seiner Sünden und um die Gnade, es am nächsten Tag besser zu machen.

Das ganze Gebet dauert vielleicht nur eine Viertelstunde, den Großteil davon nimmt der Rückblick auf den Tag in Anspruch. (Manche Jesuiten beten das *examen* auch zu Mittag.) Obwohl das *examen* nur kurz ist, ist es ein sehr hilfreiches Gebet. Der hl. Ignatius selbst hat gesagt, wenn man nur für ein Gebet am Tag Zeit habe, dann sollte man das *examen* beten. So wichtig war ihm dieses Gebet. Der Grund dafür ist ganz klar: Es ist an sich schon eine Erfahrung von

Gnade, wenn man erkennen kann, wo Gott im eigenen Leben aktiv geworden ist, welche Geschenke man von Gott empfangen hat und wo man dauernd auf Gottes Hilfe angewiesen ist. Das *examen* bringt den eigenen spirituellen Haushalt in Ordnung, ruckzuck.

Jede Woche hatte ich eine spirituelle Anleitung. Sie ging von meinen Erfahrungen in den ersten Exerzitien aus. Am Anfang war ich von der Vorstellung, jeden Tag beten zu müssen, ziemlich entmutigt. Ich spürte den Zwang, etwas zu „produzieren", das heißt, schnell zu spürbaren Ergebnissen zu kommen. Daher kamen meine Zweifel: Wenn mein Gebet nun nicht so gut war wie bei den Exerzitien? Wenn sich herausstellte, dass ich gar nicht beten *konnte*, und meine Erfahrung bei den Exerzitien reiner Zufall war? Und wenn ich am Ende herausfand, dass ich bei den Jesuiten völlig falsch war? Schließlich hatten die meisten Novizen viel mehr Erfahrung im Gebet und in den Exerzitien als ich.

Zum Glück hatte mein spiritueller Leiter David Donovan viel Erfahrung in der spirituellen Begleitung. Er war äußerst geduldig und hatte schon viele Novizen und deren Probleme mit dem Beten erlebt. „Ein Gebet", sagte er gern, „ist ein langer, liebevoller Blick auf das Wirkliche." Das war nur eine andere Art, das jesuitische Ideal auszudrücken, Gott in allen Dingen zu finden – in der Arbeit, in der Gemeinschaft, in der Freude und in der Sorge. Im Gebet und in der Reflexion, erklärte David, gehe es um das eigene Leben. Von diesem Ausgangspunkt fand ich für mich einen einfachen und natürlichen Zugang zum Gebet.

Es war ein schönes Leben. Auf jeden Fall fühlte ich mich mehr als Mensch als in meinem Leben bei GE, das mir schon sehr weit weg vorkam. Trotzdem hatte ich in diesem Jahr noch viele Probleme. Zunächst lebten meine Eltern immer noch getrennt. Meine Mutter rief mich häufig an, und ich bekam das Gefühl, dass ich meine Familie irgendwie „im Stich gelassen" hätte. Es kam mir egoistisch vor, dass ich Jesuit sein wollte. Aber meine Mutter und meine Schwester kamen mich im ersten Jahr oft besuchen. Dadurch wurde das Leben eines Jesuiten für sie immer weniger mysteriös. Sie haben die Gesellschaft Jesu vielleicht nicht sofort verstanden (aber das habe ich ja auch nicht), doch sie mochten die Jesuiten, die sie kennen lernten. Auch andere Freunde besuchten mich. Bruce erklärte, das Novizenhaus sei seine Lieblings-Frühstückspension.

Jeden Sonntag trafen sich die Novizen am Abend im Wohnzimmer zum „Glauben Teilen". Dabei sprachen wir über unsere Gebete in der vergangenen Woche. Am Anfang wurde ich neidisch, wenn die anderen Novizen über die reichhaltigen Erfahrungen sprachen, die sie mit ihrem Gebet machten. „Wenn ich mit den anderen Novizen mithalten will, dann muss ich noch sorgfältiger an meinem Gebet arbeiten", dachte ich mir. Genauso hatte ich an der Wharton School und in der Arbeit bei GE gedacht: immer in Konkurrenz zu den anderen, immer im Vergleich mit den anderen, selbst beim Beten.

Aber mit dieser Denkweise kam ich nicht weiter. Schnell wurde mir ihre Sinnlosigkeit bewusst. Von Gott geht die Fähigkeit zum Beten aus, nicht vom Betenden selbst. Kaum hatte ich das von David fünfzig Mal gehört, schon entspannte ich mich. Ich freute mich, wenn ich hörte, wie Gott im Leben der anderen Novizen in Erscheinung trat – durch Musik, durch Lesen, durch die Begegnung mit einem anderen Jesuiten, durch die Familie oder durch ein Erlebnis beim Dienst. Gott, so hörte ich die anderen oft sagen, holt die Menschen dort ab, wo sie sind.

Das Noviziat eröffnete mir auch eine neue Perspektive beim Lesen. Ich machte in meiner religiösen Bildung dort weiter, wo ich vor vielen Jahren im Sonntagsunterricht aufgehört hatte.

Trotz meiner vielen Gebete zum hl. Judas Thaddäus fiel mir die Verehrung eines Heiligen immer schwer. Es hatte etwas von Aberglauben. All das Gerede über den hl. Antonius und die verlorenen Dinge. („Hl. Antonius, hl. Antonius, im Himmel erkoren, komm herbei und finde, was ich verloren.") Oder der hl. Joseph, der angeblich beim Verkauf eines Hauses hilft. (Man musste eine Figur des hl. Joseph im Garten vergraben. Aber das kam mir wie das genaue *Gegenteil* von Verehrung vor.) Wofür braucht man die Heiligen? Es gibt doch Jesus. Aber diese Fragen wurden bedeutungslos, als ich das Leben der Heiligen nachlas, deren Biografien in der Bibliothek des Novizenhauses standen.

Nachdem ich ein paar Biografien gelesen hatte, verstand ich, wer die Heiligen wirklich waren: Begleiter. Durch sie konnte man leicht verstehen, wie Gott zu verschiedenen Zeiten, an verschiedenen Orten und in verschiedenen Lebensläufen wirkte. Zuerst las ich die offene und ehrliche Autobiografie der hl. Thérèse von Lisieux. Das Buch heißt „Geschichte einer Seele". In den süßlichen Heiligenlegenden wird Thérèse oft als passives und sanftes Kind geschildert: „die kleine Blume". Aber in ihrer Autobiografie erwacht sie zum Leben – als eine intelligente junge Frau mit einem unbesiegbaren Glauben an Gott, und – was noch schöner ist – als eine Frau mit viel Humor. Ihre wunderschöne Lebensgeschichte brachte mich dazu, andere Biografien aus der Bibliothek zu lesen: Vom hl. Stanislaus Kostka, einem jungen Jesuiten, der trotz der Proteste seiner Familie die 450 Meilen bis zum Novizenhaus zu Fuß ging; Vom hl. Aloisius Gonzaga, einem Studenten der Jesuiten, der sich um die Opfer der Pest in Rom kümmerte, bevor er selbst an Krankheit und Erschöpfung starb. Von den großen jesuitischen Märtyrern Nordamerikas, dem hl. Isaac Jogues und dem hl. Jean de Brébeuf, die im siebzehnten Jahrhundert bei den Huron-Indianern lebten. Von den heutigen Heiligen, wie Dorothy Day, Erzbischof Oscar Romero, Papst Johannes XXIII. und natürlich Thomas Merton. Ich fand eine hervorragende Biografie über Merton, die „Die sieben Berge des Thomas Merton" heißt. Sie stammte von Michael Mott und war erst dieses Jahr erschienen. Darin erfuhr ich sehr viel über das turbulente Leben von Merton. Die Lebensgeschichten der Heiligen eröffneten mir eine ganz neue Welt. Bisher hatte ich sie immer ignoriert, genau wie Charles Ryder es in"Wiedersehen in Brideshead" beschrieben hatte. Ich las auch diesen Roman noch einmal und war erstaunt, wie sehr diese Geschichte im Kern ein Buch über den Glauben ist.

Die Novizen sollten bis zum Herbst auch einige Biografien über den hl. Ignatius von Loyola lesen. Außerdem sollten wir seine Autobiografie lesen, um die Geschichte der Jesuiten und das „Charisma", das heißt den Geist des Ordens kennen zu lernen. Ich kannte natürlich das Leben des hl. Ignatius bisher überhaupt noch nicht.

Iñigo von Loyola wurde 1491 im Baskenland geboren. Als Junge war er Page am Hof eines Adeligen. Später wurde er ein hervorragender Soldat. Er war, wie er selbst schreibt,

„ein Mann, der den Eitelkeiten der Welt verfallen war", vor allem in seinem Äußeren. Er scheint bei den Frauen sehr beliebt gewesen zu sein. Wenigstens beschreibt er sich so. In jedem Fall war er ein Lebemann. Es ging das Gerücht, dass er ein uneheliches Kind hatte.

Zu Beginn seiner Karriere als Soldat wurde Iñigo während einer Schlacht bei Pamplona am Bein von einer Kanonenkugel getroffen. Auf einer Bahre wurde er aus der Schlacht getragen. Im Haus seines Cousins sollte er sich erholen. Der Knochen in seinem Bein wurde nur schlecht eingerichtet. Iñigo, der wollte, dass sein Bein in der höfischen Kleidung gut aussah, unterzog sich einer Reihe von brutalen und schmerzhaften Operationen. Aber das Bein heilte nie richtig. Iñigo behielt sein Leben lang ein Hinken.

Iñigo hatte im Krankenbett viel Zeit und fragte eine Verwandte nach Büchern. Leider hatte sie nur religiöse Literatur. Widerwillig begann Iñigo mit dieser Lektüre. Überrascht merkte er, dass ihn die Lebensgeschichten der Heiligen faszinierten. Da dachte er sich: „Wenn der Franziskus oder der Dominikus all das machen konnten, dann kann ich vielleicht auch Großes vollbringen." Er dachte darüber nach, seine Taten für Gott zu vollbringen, und spürte, dass ihm dies inneren Frieden brachte – Iñigo nannte das „Trost". Wenn er dann aber an seine Karriere als Soldat dachte oder daran, wie er eine bestimmte Frau beeindrucken konnte, verflog seine anfängliche Begeisterung und er fühlte sich „ausgetrocknet". Ganz langsam nur verstand Iñigo, dass diese Gefühle von Leere und Trost der Pfad waren, auf dem Gott ihn auf den richtigen Weg führen wollte.

Nachdem sich Iñigo erholt hatte, wollte er als Pilger in das Heilige Land ziehen und herausfinden, was er im Dienst

Gottes tun könne. Bevor er das Land verließ, ging er zum berühmten Kloster Montserrat. Dort legte er seine glänzende Rüstung ab und zog das einfache Gewand eines Pilgers an. Von Montserrat aus zog Iñigo in die kleine Stadt Manresa. Dort lebte er als armer Pilger. Er fastete und bettelte um Almosen. In dieser Zeit in Manresa erfuhr er ein tiefes Gefühl der Einheit mit Gott. Das machte ihn sicher, dass er dazu berufen war, Gott noch enger zu folgen. Nach einigen Monaten in Abgeschiedenheit erlebte er, wie sein Gebet immer tiefer wurde. Iñigo trat seine Reise nach Jerusalem an.

Nach einer Reihe von Misserfolgen in Jerusalem und anderswo wurde ihm klar, dass er eine bessere Ausbildung brauchte und vielleicht sogar Priester werden musste, wenn er in der Kirche etwas zu Wege bringen wollte. Also nahm der ehemalige Soldat seine Ausbildung auf. Das war ein langwieriger Vorgang, der ihn zu den Universitäten von Alcalá, Salamanca und Paris führte. Weil er kaum Latein konnte, musste er sich im Alter von 30 Jahren in eine Klasse von kleinen Jungen setzen, um Latein zu lernen.

Während seines Studiums in Paris wurde Iñigo sehr bekannt, weil er immer seine asketische Kleidung trug, um Almosen bettelte, den Armen half und anderen Studenten im Gebet beistand. In Paris vollendete er auch das Buch, das später als die „Geistlichen Übungen" berühmt wurde. Darin stehen Meditationen über die Liebe Gottes und das Leben Jesu, die die Menschen näher zu Gott bringen sollen. Iñigo führte auch seinen Zimmerkollegen Francisco Javier durch diese Übungen. Er sollte später als hl. Franz Xaver berühmt werden, einer der größten Missionare der Kirche. Iñigo änderte seinen Namen und nannte sich Ignatius, weil dies mehr nach Latein klang.

Schrittweise versammelte Ignatius eine enge Gruppe von sechs Männern um sich, die im Dienst Gottes zusammenarbeiten wollten. Aber wo sollten sie sich konkret engagieren? Schließlich gingen sie direkt zum Papst, der ihrer Gruppe eine Orientierung geben sollte. Schließlich beschlossen die Männer, die Gesellschaft Jesu, *societas Jesu* auf Latein, zu gründen. Ihr Zweck sollte es vor allem sein, „armen Seelen zu helfen". Am Anfang war es für Ignatius schwierig, Akzeptanz für seine Gesellschaft zu finden. Einige in der Kirchenhierarchie störten sich daran, dass er keinen klassischen Mönchsorden gründen wollte, bei dem das gemeinsame Gebet und ein strenges Gemeinschaftsleben im Vordergrund standen. Aber Ignatius und seine Männer (die von ihren Gegnern verächtlich „Jesuiten" genannt wurden) wollten draußen in der Welt wirken. Ignatius, der nie aufgab, brachte taktisch geschickt einige mächtige Kirchenmänner auf seine Seite, die sich für die Gesellschaft einsetzten.

Aus diesen kleinen Schritten nahm die Gesellschaft Jesu ihren Anfang. Ignatius und seine Männer ließen sich in Rom nieder und erhielten dort die päpstliche Erlaubnis für ihren neuen Orden. Danach sah sich Ignatius vor die schwierige Aufgabe gestellt, eine Verfassung für seinen Orden zu entwerfen und Pläne für ihre Ziele zu entwickeln. Ignatius erwies sich als ehrgeizig und hartnäckig. Zugleich war er flexibel und offen für den Willen Gottes. Er kämpfte für seine Gesellschaft, wenn wieder ein Kirchenoberer Einwände gegen sie erhob. Aber er sagte auch: Wenn der Papst ihm befehlen würde, die Jesuiten aufzulösen, würde er nur fünfzehn Minuten im Gebet brauchen, um sich darauf einzustellen und den Befehl umzusetzen.

Den Novizen wurde der hl. Ignatius als das Leitbild eines

Jesuiten vorgestellt: intelligent, im Gebet verwurzelt, und *disponible* – für Gott verfügbar, immer bereit Gottes Willen zu tun. Ignatius war ehrgeizig und wollte große Dinge für Gott vollbringen – *Ad majorem Dei gloriam* – Zur größeren Ehre Gottes. Ein anderer Ausdruck dafür war die jesuitische Tradition des *magis*: das Je-Mehr, das Höchste, das Äußerste für Gott. Es ist oft betont worden, welches Glück die katholische Kirche hatte, dass Ignatius seine weltlichen Ambitionen in einen Ehrgeiz für die Kirche umwandelte. Er hatte den Charme eines Höflings, die Unbeugsamkeit eines Soldaten und einen unerschütterlichen Charakter. Das machte ihn zu einem herausragenden ersten Superior der Jesuiten. Ignatius gelobte gegenüber der Kirche vollkommenen Gehorsam. Aber er zögerte nie, immer weiter zu drängen. Nur ein endgültiges „Nein" konnte ihn aufhalten. Ignatius war ein Mann, den man nicht unterschätzen durfte, und genauso waren es die ersten Jesuiten.

Ignatius war zäh. Vielleicht war der Unterschied zwischen der Welt der Konzerne und der Welt der Gesellschaft Jesu kleiner als ich dachte. Natürlich hatten die beiden Welten verschiedene Ziele – Verehrung des Geldes im Gegensatz zur Verehrung von Gott. Aber Ignatius hatte eine Unerbittlichkeit in sich, mit der er bei GE sicher Karriere gemacht hätte. Und für einen Mystiker war Ignatius auch sehr praktisch orientiert. Einmal schrieb ihm einer seiner Untergebenen aus Spanien, dass er „seine Knie vor Baal beugen müsse", wenn er einen Wohltäter des Ordens um Geld bat. Anders gesagt, beklagte sich der Untergebene, dass die Jesuiten sich zu weltlich verhielten und sich nicht auf die göttliche Vorsehung verließen. Ignatius antwortete: „Hat Joseph seine Stellung am Hof des Pharao etwa nicht dazu benutzt, seinen

Brüdern zu helfen? Hat Paulus etwa nicht seine römische Staatsbürgerschaft in Anspruch genommen, um seinen Gegnern zu entgehen? Du bist zu frömmelnd." Dieser praktisch orientierte Ignatius war derselbe Mann, der oft die Messe nicht weiter feiern konnte, weil ihm „die Gnade der Tränen" zuteil wurde. Aber er wusste, dass er in einer konkreten, greifbaren und allzu menschlichen Welt lebte. Dieses Beispiel des Ignatius als eines „praktischen Mystikers" brachte die Jesuiten dazu, „kontemplativ aktiv" zu sein, für das *magis* zu arbeiten, zur größeren Ehre Gottes.

DAS WORT „magis" war Teil einer ganz neuen Sprache, die ich lernen musste – die Sprache eines Ordensmitglieds und der Gesellschaft Jesu.

Es ist keine fünfzig Jahre her, da wurde in der gesamten Ausbildung der Jesuiten Latein gesprochen, sogar in der Freizeit und beim Essen. Daher kommt es, dass das Latein im heute oft kryptischen Jargon der Gesellschaft Jesu weiterlebt, obwohl die Jesuiten untereinander längst in ihrer Landessprache reden. Die Novizen im ersten Jahr heißen *primi* (dabei musste ich immer an zu früh geborene Babies denken). Die Novizen im zweiten Jahr heißen *secundi*. Neben den *manualia* machten die Jesuiten früher ihr *laborandum*. Das bedeutete schwere Arbeit außer Haus. Eine *informatio* ist ein Fragebogen, den andere Jesuiten ausfüllen müssen, wenn einer in die nächste Ausbildungsphase vorrücken soll. Es gab „geformte" Jesuiten (Jesuiten nach den letzten Gelübden) und Jesuiten „in der Formung" (Jesuiten vor den letzten Gelübden). Das klang danach, als ob wir Novizen in der Ausbildung Lehmklumpen wären.

Der Tagesablauf in den meisten Noviziaten hieß immer noch *ordo*. Die Weihekandidaten heißen *ordinandi*. Diejenigen, die ihr Gelübde ablegen, heißen *vovendi*. Die Abschlussprüfung am Ende des Philosophiestudiums ist die *De Universa*, kurz *De U.*, übersetzt „über die ganze Philosophie".

Wie uns oft während des Noviziats nahe gelegt wurde, liebte der hl. Ignatius das Konzept des *agere contra*. Das hieß: Wenn man einen starken Widerwillen oder eine Abneigung gegen etwas spürte, dann sollte man dagegen arbeiten – nicht aus Prinzip, sondern, um sich von etwas zu befreien, das einen davon abhält, freier und „verfügbarer" zu werden. Zum Beispiel graute mir davor, in einem Krankenhaus zu arbeiten. Also kam mein Novizenmeister auf mich zu und bat mich über das *agere contra* nachzudenken. Das machte ich und stellte fest, dass Ignatius recht hatte. Meine Arbeit im Krankenhaus befreite mich von allen Vorurteilen über Krankenhäuser und die Kranken.

Jeder Provinzial hatte als Assistenten einen *socius*. Jede Gemeinschaft hatte einen Superior, oder – wenn es eine große Gemeinschaft war – einen *Rector*, der vom Ordensgeneral in Rom ernannt wurde. Die meisten Häuser hatten jemand, der für die Gästezimmer verantwortlich war. Das war der „Gastmeister". Manche Häuser hatten einen „Kirchendiener", der für die Aufgaben im Haus zuständig war. Manchmal hatten die größeren Gemeinschaften einen *admonitor*, der den Superior überprüfte.

Das beste war der Schematismus der Provinz New England (Verzeihung, der *Catalogus Provinciae Novae Angliae*). Der Schematismus war die ersten zwei Jahre nach meinem Eintritt ein undurchdringliches Dickicht an lateinischen Ausdrücken. In diesem Katalog standen die Niederlassungen und die Aufgabe aller Jesuiten der Provinz New England. Auf der Seite unseres Noviziates (*Domus Probationis Arrupe House*) stand unser Novizenmeister:

P. Gerald J. Calhoun – Sup. NN. a die 31 jul. 1985, Mag. nov., Exam. candid., Conf. dom. et nov.

Das hieß: Pater Calhoun war seit dem 31. Juli 1985 der Superior unseres (NN: *nostri*) Novizenhauses. Er hatte die Aufgabe eines Novizenmeisters (*Magister novitii*) und eines Beichtvaters (*Confessarius*) für das Haus (*dom.*) und die No-vizen. Außerdem prüfte er (*exam.*) die Kandidaten für die Gesellschaft Jesu. Alle Jesuiten der Provinz waren in einem Index zusammengefasst: *Index Alphabeticus Sociorum Ineunte Anno 1988.* Dieser lange, alphabetisch geordnete Index enthielt Eintragungen über den zuständigen Superior, das Geburtsdatum, den Eintrittstag, den Tag des Gelübdes, und, wenn man ein Priester war, den Tag der Weihe. Ein Jahr später sah ich im Index nach und fand meinen Namen unter *Nostri in formatione*, unter der Rubrik *Anno 1988 Ingressi*: Da kam ich mir wie ein offizieller Jesuit vor. Es gab auch noch andere Listen: *Vita Functii* (Jesuiten, die im letzten Jahr gestorben waren), *Elenchus dismissorum* (diejenigen, die aus dem Orden ausgetreten waren) und *Expect. dest.* (Jesuiten, die auf einen neuen Auftrag warteten).

Aus dem Katalog der Provinz erfuhr ich auch, dass jeder Jesuit in der Gesellschaft eine Aufgabe hatte, *jeder*. Wer zu krank für einen „aktiven" Dienst war, wurde als *Cur. val.* aufgeführt. Das war die Abkürzung für *curat valitudinem*, was hieß: „Er pflegt seine Gesundheit". Die Schwerkranken, und diejenigen, die auf ihren Tod warteten, wurden auf-geführt mit *Orat pro Eccles. et Soc*: „Er betet für die Kirche und die Gesellschaft." Das gefiel mir. Ein älterer Jesuit erzählte mir einmal, dass ein paar Mitbrüder über dem Bett eines notorischen Rauchers im Philosophicum ein Schild aufgehängt hatten, auf dem stand: *Fumat pro Eccles. et Soc.* („Er raucht für die Kirche und die Gesellschaft.") Bei den Jesuiten gab es auch Witze über diese möglichen Einträge: *Bib. Whisk.; Lec. Temp., Vid. Tel.* („Trinkt Whisky, Liest Zeitung, Sieht fern").

Nicht nur den Jesuiten-Jargon musste ich in den Griff bekommen. In zweitausend Jahren hatte sich eine mir unbekannte katholische Terminologie entwickelt: Korporale, Kasel, Stola, Lektionar, Albe, Patene, Purifikatorium, Monstranz. Das waren alles Gegenstände. Vikar, Diakon, Kurat, Prälat, Küster, Akolyth – das waren Leute.

Und – mein Gott ja! – die Orden! Die Benediktiner, Dominikaner, Franziskaner, Passionisten, Redemptoristen, Vinzentiner, Assumptionisten, Serviten, Salesianer. Die Komboni-Missionare, Consolata-Missionare, die Pauliner, die Piaristen, die Maristen. Die Oblaten Mariae, die Franziskanermissionare Mariae, die Schwestern vom Unbefleckten Herzen Mariae. Die Schwestern Unserer Lieben Frau von Lourdes, die Schwestern Unserer Lieben Frau von Namur, die Schwestern vom Heiligsten Herzen, die Schwestern vom heiligen Joseph. Die Schwestern der Nächstenliebe und die Töchter der Nächstenliebe. Die Kleinen Schwestern Jesu, die Kleinen Schwestern von Jesus und Maria und die Kleinen Schwestern der Armen. Die armen Klarissen. Die Grauen Nonnen. Die Kamaldulenserinnen. Die Dimesse-Schwestern. Und die Prämonstratenser (die konnte ich noch nicht mal aussprechen, geschweige denn schreiben.)

Einmal habe ich eine Telefonnotiz von einer Nonne aufgeschrieben, die sagte, sie rufe aus dem Senegal an. Ein paar

Stunden später las David, der Assistent des Novizenmeisters, die Nachricht und fragte: „Was soll das denn heißen?"

„Wen kennst du denn in Senegal?", fragte ich.

„Überhaupt niemand!", sagte David. „Bist du sicher, dass sie Senegal gesagt hat?"

„Ja, ich glaube schon."

Plötzlich fing David zu lachen. „Nein, sie ist vom Zönakel [cenacle]!" Er bekam kaum noch Luft vor Lachen. „Nicht aus dem Senegal!"

„Ach ja? Und was ist der Zönakel?"

Allmählich bekam David wieder Luft. „Das ist ein Orden. Er ist nach dem Großen Saal benannt."

„Aha", sagte ich. Natürlich hatte ich überhaupt keine Ahnung, was der Große Saal war. (Es ist der Saal in Jerusalem, in dem der Legende nach das Abendmahl stattgefunden hatte.)[*]

Das Noviziat bedeutete auch den Beginn meines inoffiziellen Unterrichts in der Geschichte der Jesuiten: durch Geschichten von älteren Jesuiten. Solche Storys begannen meistens so: „Als *ich* noch Novize war ...". Das war eine Variante der Geschichten, die man als Kind von seinen Eltern zu hören bekommt: „Als ich so alt war wie du ...". Es gab Unmengen von Horrorgeschichten aus früheren Zeiten, die mich völlig verblüfften. Dagegen schien unser Noviziat geradezu skandalös locker. Man durfte seine Familie nur an „Besuchstagen" sehen. Es konnte passieren, dass man nicht einmal zur Beerdigung der eigenen Eltern gehen durfte. Das war so üblich. Ein Jesuit erzählte mir einmal, dass er froh

---

[*] Der Abendmahl-Saal heißt auf Lateinisch „coenaculum" – Speisesaal. „Senegal" und „cenacle" klingen im Amerikanischen sehr ähnlich. (Anm. d. Übers.)

war, dass seine Mutter gestorben war, nachdem er schon die Gelübde abgelegt hatte. Wäre sie vorher gestorben, hätte er nicht zur Beerdigung gehen dürfen. Damals durften die Novizen in ihrer „Freizeit" nicht zu zweit unterwegs sein. Sie mussten zu dritt sein, um eine „besondere Freundschaft" zu verhindern. *Numquam duo, semper tres* („Niemals zwei, immer nur drei"). Meistens erinnerten sich die älteren Priester an ihre Vergangenheit mit einer Mischung aus Nostalgie und einer gesunden Portion Kritik.

Für alles hatte es Regeln gegeben. Es gab sogar ein „Anstandsbuch" für nordamerikanische Jesuiten. Darin war genau aufgeführt, was die Jesuiten zu tragen hatten, wie die Grabsteine aussehen sollten, und welches Essen an den verschiedenen Kirchenfesten wie Weihnachten, Ostern oder den Festtagen der jesuitischen Heiligen gekocht werden sollte. (Austern war aus irgendeinem Grund besonders wichtig.)

Die meisten dieser Regeln sind aufgegeben worden, aber als junger Jesuit trifft man immer wieder auf Männer, die nach diesem alten System „geformt" wurden. Manche Priester kommen aus der Zeit, als ein Novize einen Priester nicht ansprechen durfte. Diese Priester sind ziemlich überrascht, wenn ein junger Jesuit beim Essen eine ironische Bemerkung macht. In meinem Novizenhaus waren die Jesuiten zwischen 23 und 70 Jahren alt. Während meines Philiosophiestudiums lebte ich bei einem Mann, der 85 Jahre alt war (und der, das muss ich dazu sagen, noch jeden Tag sein volles Pensum an Arbeit erledigte). Die Gesellschaft Jesu ist wirklich einer der letzten Orte in diesem Land, an dem man noch mit seinen Brüdern, Vätern und Großvätern zusammenlebt.

TEIL III – SPÄT ERST HABE ICH DICH GELIEBT

Spät erst habe ich dich geliebt,
Du Schönheit, ewig alt und immer neu,
Spät erst habe ich dich geliebt! (…)
Du hast gerufen und geschrien und
meine Taubheit zerrissen;
Du hast geblitzt, geleuchtet und
meine Blindheit verscheucht;
Du hast Duft verströmt,
  ich sog ihn ein und jetzt spüre ich dir nach;
Ich habe dich geschmeckt,
und nun hungere und dürste ich nach dir;
Du hast mich berührt und
ich bin in deinen Frieden verglüht.

Augustinus, Bekenntnisse X,50-51

RELIGIÖS VON NATUR AUS

Wenn ein Mensch seine träumerischen Vorstellungen beiseite lässt und sich auf seine blanke Armut besinnt, wenn die Masken fallen und der Kern seines Daseins offen gelegt wird, dann wird schnell klar, dass der Mensch von Natur aus religiös ist. In der Mitte seiner Existenz entspinnt sich ein Band (religio), das ihn an das unendlich transzendente Mysterium Gottes bindet. Es ist dieses unstillbare Interesse an dem Absoluten, das den Menschen ergreift und dabei seine eigene Armut noch unterstreicht.

Johann Baptist Metz, Armut im Geiste

ICH, DER ES bis zu einem Finanzjob in einem gemütlichen Büro (sogar mit einem Fenster) gebracht hatte, fand meinen Dienst außer Haus wahnsinnig schwierig. Das Youville Hospital in Cambridge war eine Einrichtung für die Schwerkranken und Sterbenden. Vom Novizenhaus benötigte ich eine Stunde mit der U-Bahn dorthin. Das Hospiz war von den Grauen Nonnen gegründet worden. Das war ein kanadischer Schwesternorden mit einer langen Tradition in der

Pflege von Kranken jeder Religion. Die Patienten in Youville litten an Multipler Sklerose, Gehirnschädigungen, Krebs, AIDS und vielen anderen schlimmen Krankheiten. Viele lagen im Koma.

Ich sollte mit dem Krankenhausseelsorge-Team zusammenarbeiten. Das war eine wundervolle Gruppe von drei ehemaligen Schwestern, zwei Franziskanerpatres und einem verheirateten Laien. Sie waren freundlich und sehr erfahren. Ich hatte das Glück, mit Ernie, dem Laien, jede Woche meine Arbeit zu „reflektieren". Die meiste Zeit redete ich mit Ernie darüber, wie schwer es mir fiel, überhaupt in einem Krankenhaus zu sein. Mit Tod, Leiden und Krankheit umzugehen war psychologisch eine große Herausforderung. Aber mir machten die viel simpleren Dinge zu schaffen – die Gerüche, die Farben und die Geräusche. Vor allem aber die Gerüche.

Am Anfang wollte ich unbedingt etwas „leisten", irgendetwas tun. Aber in dieser Umgebung wurde mir schnell klar, dass ich eigentlich nur sehr wenig tun konnte. Meine Aufgabe war einfach, die Patienten zu besuchen und ihnen bei allem, was sie erzählten, zuzuhören. Und wenn sie nicht mehr sprechen konnten, sollte ich einfach bei ihnen sitzen. Noch nie in meinen Leben kam ich mir so unbeholfen und so vollkommen fehl am Platz vor. Und so nutzlos. Aber Ernie erinnerte mich ständig daran, dass das Teil der Erfahrung war. Nicht so sehr, dass ich mir fehl am Platz vorkam, sondern das Erlebnis, dass ich kaum etwas anderes tun könnte als einfach da zu sein. Das wirkte Wunder für die eigene Demut.

Für mich war das eine ganz neue Art von Arbeit, absolut das Gegenteil von dem, was ich bei GE gemacht hatte.

„Produzieren" war überhaupt nicht wichtig. Es gab keine eiligen Termine. Es gab keine Konkurrenz. Das bedeutet nicht, dass meine Kollegen aus dem Seelsorge-Team unprofessionell waren. Es war ihnen nur vollkommen egal, ob man HiPot oder LowPot war, ob man eine 1, 2 oder 3 in der Personalakte hatte und ob man sein monatliches Gewinnziel erreicht hatte. Ihnen ging es darum, Gott in ihrer Arbeit zu finden.

Die Patienten waren eine bunte Mischung von Menschen. Sie hatten alle viel durchgemacht und versuchten, mit ihrer Krankheit zu leben. Rita war seit zwanzig Jahren in Youville. „Denk dran", sagte mir Ernie, „wenn du in das Krankenzimmer eines Patienten gehst, betrittst du sein Zuhause." Ritas Zimmer sah tatsächlich wie ein normales Schlafzimmer aus. In einem Regal an ihrem Bett lagen Kissen und standen Kerzen. Postkarten und die Fotos von längst verstorbenen Familienmitgliedern waren an die Wand gepappt. Der große Unterschied zu einem normalen Schlafzimmer war, dass noch drei Betten im Raum standen. In einem lag eine komatöse Frau. Ein paar Wochen vor Weihnachten bat mich Rita, aus ihrem Schrank eine verstaubte Schachtel mit Weihnachtsschmuck zu holen. Wir schmückten gemeinsam ihr Zimmer für die Weihnachtszeit. Wir klebten den Schmuck an die Stellen, an die Rita ihn schon seit zwanzig Jahren klebte. An der Wand waren sogar kleine Bleistiftstriche, die genau markierten, wo der Christbaum hängen sollte, wohin der Engel kam und wo die Krippe aufzukleben war. Rita hatte zwei ältere Brüder bei den Jesuiten und eine Schwester war eine Nonne. Da hatten wir natürlich viel Gesprächsstoff. „Die Jesuiten", erklärte sie einmal, „sind der beste Orden."

Gladys, eine andere Patientin, war eine ältere, gebrech-
liche Frau. Sie hatte Krebs im letzten Stadium. Schläuche und
Kabel schlängelten sich unter ihrer Bettdecke hervor und
wanden sich über den Boden in ein Dickicht von Monitoren
und Infusionsflaschen. Sie war Lehrerin in einer Kleinstadt in
Massachusetts gewesen. Nach ihrer Pensionierung wohnte sie
mit ihrer Schwester in dem Haus, in dem sie geboren worden
waren. Gladys hatte nie geheiratet. Aber einmal hatte sie
einen Freund in der Navy gehabt. Manchmal verwechselte
mich Gladys mit ihrem Freund und sagte mir, wie gut ich in
meiner Uniform aussehe, und dass sie sich freue, dass ich
gesund von der See nach Hause gekommen sei.

Gene war ein 25-jähriger junger Mann. Er hatte in Folge
eines Motorradunfalls mit 15 Jahren einen schweren Ge-
hirnschaden. Gene konnte nur noch einen Arm bewegen.
Mit ihm lenkte er seine verkrümmten Finger auf eine kleine
Armatur mit großen Druckbuchstaben an seinem Rollstuhl.
Auf diese Weise konnte er mit seiner Umgebung kom-
munizieren.

Zuerst versuchte ich Gene zu meiden. Denn ihm lief
ständig die Spucke aus dem Mund. Das konnte ich nicht
mit ansehen. Aber dann gewöhnte ich mich schnell daran
und verbrachte schließlich viel Zeit mit ihm. Ich besuchte
ihn fast jeden Tag und mir machten die Gespräche, die er
auf seiner Armatur eintippte, viel Spaß. Gene war ein hervorragender Gesprächspartner und hatte überraschender-
weise einen ziemlich trockenen Humor. Besonders gern ver-
ulkte er die Krankenschwestern. Wenn er mich den Gang
entlang kommen sah, grinste er mich mit halb geschlossenen
Augen an und warf seinen Kopf zurück. Das war das Zeichen,
dass er mit mir sprechen wollte.

Die meisten Patienten in Youville hatten ein bestimmtes
Merkmal, das mich am Anfang abstieß. Wenn ich dann den
Schock über ihren physischen Zustand überwunden hatte,
konnte ich in ihnen die Menschen sehen, die sie waren. Sie
waren nicht mehr einfach „Patienten". Stattdessen wurden
sie zu einzigartigen Menschen, zu Freunden. Ernie erzählte
mir zwar immer, wie wichtig es war, einfach bei ihnen zu
sein. Trotzdem war ich am glücklichsten, wenn ich tatsächlich etwas für sie „tun" konnte, zum Beispiel ihnen etwas
vorlesen, ihnen beim Anziehen helfen oder sie im Rollstuhl
zum täglichen Gottesdienst in der Kapelle fahren.

Manchmal gab es nicht viel zu tun. Wenn die Patienten
nicht wach waren oder bei der Physiotherapie waren, wurde
mir langweilig. Um die Zeit totzuschlagen, saß ich im Seel-
sorge-Büro herum, sah mir alte Zeitschriften und Bücher an
oder ging im Krankenhaus herum. Manchmal stand ich auf
der Terrasse, stützte mich am Geländer auf und sah mir die
Bäume an, die sich gerade rot und orange verfärbten. Bald
wurde mir klar, dass das Sinnieren, ob ich nun unbedingt
etwas „tun" wollte oder nicht, reine Zeitverschwendung
war. Schließlich setzte ich mich immer dann, wenn nichts
anderes zu tun war, an die Betten der komatösen Patienten
und betete für sie.

An manchen Tagen fiel mir das alles besonders schwer,
und ich spürte, dass ich für den Dienst im Krankenhaus
wirklich nicht geschaffen war. Besonders schwierig war es,
bei neuen Patienten Vertrauen aufzubauen oder mit Patienten zu sprechen, die depressiv waren. Ich konnte es ihnen
nicht mal verübeln. Wer will schon im Krankenhaus fröhlich
sein? Und wer will mit jemandem, den man noch nie gesehen
hat, über die eigenen Probleme reden? Ich konnte mir vor-

stellen, dass ich an Stelle der Patienten auch lieber allein gewesen wäre. Natürlich waren viele Patienten in Youville wütend oder deprimiert darüber, dass sie hier waren. Manche saßen einfach stumm in ihrem Rollstuhl, andere lagen im Bett und weinten in ihre zerknäulten Bettücher.

Am Freitagnachmittag trafen wir uns zu einer „Gebetsgruppe". Dabei sprachen wir über das Evangelium des kommenden Sonntags. Manchmal begann eines der Mitglieder des Pastoralteams den Nachmittag mit einem Lied. Ich war erstaunt über die Tiefe des Glaubens der Patienten – nicht darüber, wie einfach oder kindlich ihr Glaube war, sondern darüber, wie weit entwickelt er war. Viel weiter als mein Glaube.

An einem Nachmittag kamen wir auf die Bedeutung des Kreuzes zu sprechen. Doris, die Mutiple Sklerose hatte, sagte, dass sie das Kreuz an ihren Rollstuhl erinnern würde. „Viele Leute", sagte sie, „sehen ihren Rollstuhl als Last an." (Die meisten Leute im Raum saßen in einem Rollstuhl.) „Für sie ist der Rollstuhl etwas, das sie an ihre eigene Schwäche erinnert, etwas, das sie behindert. Das ist alles wahr, aber das ist noch nicht alles. Mir hilft der Rollstuhl bei allem – mich fortzubewegen, Leute zu treffen, ich selbst zu sein. Ohne meinen Rollstuhl wäre mein Leben total eintönig." Diese Einsicht überraschte mich. Sie war vollkommen richtig – und wie die Wahrheit, die Jesus in den Evangelien geoffenbart hatte – vollkommen überraschend. Doris' Einsicht war besser als jede Beschreibung des Kreuzes, die ich jemals gehört hatte. Besser als alles, was ich mir hätte ausdenken können, selbst wenn ich tausend Jahre nachgedacht hätte.

Nach einem Tag im Krankenhaus tat es gut, an einem kühlen Herbstnachmittag über den Harvard Square zu

laufen, mit der S-Bahn über den Charles-River zu fahren
und nachzudenken. Ich konnte kaum glauben, wie sehr sich
mein Leben in ein paar Monaten geändert hatte: Ich arbeitete in einem Krankenhaus mit sehr kranken Menschen,
jeden Tag erlebte ich Tod und Leid hautnah, sieben Mal die
Woche ging ich zur Messe. Im Licht der untergehenden
Sonne ging ich von meiner S-Bahn-Station vorbei an den
Sozialwohnungen, vorbei an den Plattenläden, die Menschen aus der Dominikanischen Republik und aus Puerto
Rico gehörten, vorbei an der großen Pfarrkirche, bis zu unserem warmen Haus. Dort stieg ich die Treppe hinauf und
ging in den Gottesdienst in der stillen Kapelle.

Ernie und ich wurden Freunde. An einem Abend lud ich
ihn und seine Familie ins Novizenhaus zum Essen ein. Ernie
kam mit seiner Frau und seinem elfjährigen Sohn Gabriel
ins Arrupe-Haus. Gabriel war vom Novizenhaus hingerissen
und bewunderte unseren Kühlschrank, der bis oben hin mit
nichts anderem als Limonade gefüllt war. Einige Novizen im
Haus (darunter auch ich) dachten, dass zehn verschiedene
Limonadesorten nicht gerade einem einfachen Lebensstil
entsprachen. Die größere Zahl der Novizen (darunter auch
der Novizenmeister, der in diesem Fall die entscheidende
Stimme hatte) entgegnete, dass es kein Wunder sei, dass 13
Leute so viel Limonade trinken würden. Auf jeden Fall
strahlten Gabriels Augen, als er den Kühlschrank öffnete.
„Wow!", sagte er. „Schaut mal die ganzen Limos an! Ich will
auch hier wohnen!"

„Aber", sagte ich, während wir vor dem Kühlschrank
standen, „wenn du hier wohnen willst, dann musst du arm
sein und darfst kein Geld haben." Gabriel dachte schweigend
über diese Bedingung nach.

„Ist okay!", sagte er dann. „Ich habe sowieso kein Geld!"

„Und du darfst keine Freundin haben. Du musst alles machen, was der Novizenmeister sagt."

„Ich habe keine Freundinnen", sagte er, „und ich muss immer das machen, was meine Eltern sagen." Er dachte einen Moment nach. „Eigentlich könnte ich gleich in den Orden eintreten! Dann kann ich immer Limonade haben!"

Wir schienen wirklich alles im Überfluss zu haben. Manchmal war ich deshalb enttäuscht, dass wir nicht das lebten, was ich – damals – für „wahre" Armut hielt. Außer der unbegrenzten Menge Limo und Snacks (das war ein Luxus, den nicht einmal die meisten Menschen in der Mittelschicht hatten – geschweige denn die Armen) hatten wir immer gutes Essen und lebten in einem gemütlichen Haus. Aber ich musste zugeben, dass das alles wohl nicht zu weit von den Idealen von Ignatius von Loyola entfernt war. „Unsere Lebensweise ist gewöhnlich", schrieb er in seinen Konstitutionen. Also sollten wir so leben wie die Menschen in unserer Umgebung. Und zum größten Teil lebten wir nach diesem Gebot. Trotzdem störten sich auch einige andere Novizen an unserer Lebensweise. Ihre Vorstellung von jesuitischer Armut war manchmal ganz anders als sie sich in der Realität des jesuitischen Alltags darstellte.

Aber sonst konnte ich mich kaum über meine Novizenzeit beklagen. Ich war froh, dass ich im Novizenhaus war, und glücklich darüber, dass ich die Wirtschaftswelt hinter mir gelassen hatte. Ein weiterer Vorteil war, dass ich fast keine Magenprobleme mehr hatte. („Was sagt dein Bauch zum Noviziat?", fragte mich einer meiner Freunde, ein paar Monate, nachdem ich eingetreten war.)

Das Noviziat war eine gute Zeit, um seine Batterien aufzuladen. Das Arrupe Haus war ein Ort, an dem man einen Schritt zurücktreten und alles reflektieren konnte. Ein perfektes Wort dafür: „reflektieren". Ich konnte ganz ruhig sein, wie ein stiller Teich, und reflektieren, was ich in meiner Vergangenheit erlebt hatte – meine Erfahrungen in meiner Familie, mit Freunden und in meiner Arbeit, meine Wünsche, meine Liebe und meine Enttäuschung. All das konnte ich dann im Gebet vor Gott bringen.

Ganz langsam wurde mir auch klar, dass die Gesellschaft Jesu nicht vollkommen war. Es gab viele nahezu heilige Jesuiten, aber es gab auch Jesuiten, mit denen ich außerhalb der Gesellschaft niemals zusammen gelebt hätte. Wie jede menschliche Organisation hatten auch die Jesuiten ihre Probleme. Zuerst überraschte mich das. Aber im Rückblick hätte es mich nicht überraschen dürfen. Denn auch Thomas Merton sprach davon in seinem Buch „Der Berg der sieben Stufen":

Die erste und umfassendste Prüfung der eigenen Berufung – ganz gleich, ob man Jesuit, Franziskaner, Zisterzienser oder Karthäuser werden will – ist die Bereitschaft, in einer Gemeinschaft zu leben, in der jeder mehr oder weniger unvollkommen ist.

Das schließt einen selbst natürlich ein. Dass ich zum Beispiel die Armut in unserem Haus für unecht hielt, gründete sich nicht darauf, dass ich sorgfältig über echte Probleme der Gesellschaft Jesu nachgedacht hatte, sondern auf meine Neigung, zu schnell nach dem ersten Eindruck zu urteilen.

Thomas Merton beschreibt solche Wahrnehmungen der Unvollkommenheit ausführlich in „Das Zeichen des Jona". Merton schrieb dieses Buch während seiner ersten Jahre im

Kloster, als seine „erste Begeisterung" – seine romantische Vorstellung vom Leben im Orden – langsam verblasste, während sein Glaube zugleich immer tiefer wurde. Er beklagt sich dauernd über seine Vorgesetzten (*vor allem* seine Vorgesetzten), über seine Arbeit, das Wetter, das Essen, die Käfer (wir hatten wenigstens Fliegengitter im Arrupe-Haus) und über das Ordensleben im Allgemeinen. Während meines Noviziats half mir sein Buch, eine Brücke vom rigorosen Idealismus zu einer Art Realismus zu bauen.

Zum Beispiel fand ich, dass unser Novizenmeister zwar ein leidenschaftlicher und guter Jesuit und ein hervorragender spiritueller Leiter war, aber in Fragen des Haushalts etwas von einem Militär-Ausbilder hatte. Wenn wir die *manualia* machten, mussten die Rollos auf eine genaue Höhe (halb) herabgelassen werden, und die Küche musste auf ganz bestimmte Weise geputzt werden. Die Türen der Küchenschränke mussten geschlossen werden und der Tisch musste genau ausgerichtet werden. Zeitungen durften nie in den Speisesaal mitgenommen werden. Ein Teil davon war nötig, um in der großen Gemeinschaft Ordnung zu halten, und es war dadurch angenehmer im Haus zu leben – aber es regte mich trotzdem auf.

Ein paar meiner alten Gewohnheiten töteten meinem Novizenmeister den letzten Nerv. Denn ich vergaß immer wieder etwas. Vor allem vergaß ich, dass ich nicht mehr in meiner eigenen Wohnung lebte. Als ich noch in Stamford arbeitete, erwies sich als beste Methode für mich, die Autoschlüssel zu finden, sie einfach in meiner Manteltasche zu lassen. Nach ein paar Jahren machte ich das automatisch. Aber im Noviziat bedeutete das, dass die Schlüssel zu den Autos der Gemeinschaft oft in meiner Manteltasche verschwanden. Einmal fuhr ich mit der S-Bahn nach Youville, die Autoschlüssel in meiner Tasche. Als ich nach Hause kam, hörte ich, dass sich ein Novize für das Gemeinschaftsauto eingetragen hatte. Er war zu Recht wütend auf meine Vergesslichkeit.

Die Autoschlüssel waren nicht der einzige Streitpunkt zwischen mir und meinem Novizenmeister. Ich musste manchmal feststellen, dass meine eingefleischte Firmen-Mentalität oft der jesuitischen „Vorgehensweise" zuwiderlief.

Im Oktober zum Beispiel bat mich der Novizenmeister Jerry, ein Gemeinschaftstreffen zu „ermöglichen". Dabei sollte es um die Einrichtung der Hauskapelle gehen. Da das Novizenhaus relativ neu war, war die Kapelle noch nicht ausgeschmückt worden. Jerry schlug mir ein paar Fragen zur Diskussion vor: Sollten wir farbige Glasfenster haben? Sollten mehr Bilder oder Figuren an die Wand? Brauchen wir eine Stereoanlage, um in der Kapelle Musik zu hören?

Bei GE hatte ich viele Meetings geleitet. Da hatte ich mit diesem Treffen kein Problem. Wir gingen die Fragen der Reihe nach durch. In weniger als einer Stunde hatten wir klare Beschlüsse darüber, wie die Kapelle aussehen sollte. Natürlich wusste ich, dass der Novizenmeister das letzte Wort darüber haben würde, aber während des Treffens sagte er erstaunlich wenig. Dass eine so große Gruppe alle Punkte in so kurzer Zeit beschlossen hatte, kam mir als große Leistung vor. Vielleicht würde ich ein paar Pluspunkte für meine Effektivität bekommen.

Am nächsten Tag wollte mich der Novizenmeister sprechen. Klar, dass er mir zu dem gelungenen Meeting gratulieren wollte. Er fragte mich, ob das Treffen meiner Meinung nach gut verlaufen sei. – Das ist eine komische Art mir zu gratulieren, dachte ich mir. Ich sagte ihm, dass es meiner Meinung nach gut verlaufen sei.

„Ist es aber eben nicht", sagte der Novizenmeister, „einige hatten keine Chance zu sagen, was ihnen wichtig war." – Was sollte das jetzt?, dachte ich mir.

„Nicht jeder konnte seine Meinung sagen, Jim. Es gibt einige, die gestern Abend überhaupt nichts gesagt haben." – War das nicht deren Problem?, fragte ich mich. Scheinbar nicht.

„Hör mal zu, Jim", erklärte er. „Es war nicht so wichtig, dass wir in dem Treffen einen *Beschluss fassen*. Es war viel wichtiger, dass wir diskutieren und herausfinden, was jeder denkt."

„Aber es ging doch darum, etwas zu beschließen?"

„Nicht unbedingt", sagte der Novizenmeister.

Ich konnte den Leiter verstehen – die Diskussion hatte bei einem Gemeinschaftstreffen ihren eigenen Wert. Aber leider bedeutete dies, dass Entscheidungen in weite Ferne rückten. Tatsächlich wurden die Beschlüsse unseres Treffens nie in die Tat umgesetzt. Am Ende entschied der Novizenmeister, wie die Kapelle gestaltet werden sollte. Das war so ziemlich das Gegenteil von dem, was wir in dem Meeting beschlossen hatten. Ich erkannte zwar den Wert einer Diskussion, aber ich dachte mir, dass Taten auch wichtig waren. Ich fragte mich, ob das Novizenhaus nicht auch etwas von der Wirtschaftswelt lernen konnte.

Ein Novize zu sein bedeutete auch eine unvermeidbare Regression. Manchmal kam ich mir vor, als sei ich wieder in der Pubertät. Das heißt nicht, dass ich *immer* wie ein Teenager behandelt wurde. Aber dass ich bei vielen Dingen, die für Erwachsene normal waren, um Erlaubnis fragen musste, war ein kleiner Schock. Ich musste fragen, wenn ich ein Gemeinschaftsauto fahren wollte, wenn ich mehr als 35 Meilen reisen wollte und wenn ich Geld für ein neues Paar Schuhe brauchte. Wenn einem dann noch erklärt wird, wie man die Aufgaben im Haushalt machen muss – Küche putzen, Rollos herunterlassen, den Tisch ausrichten – dann führt das unweigerlich zu dem, was wir Novizen „Infantilisierung" nannten. Besonders, wenn man zuvor selbstständig gelebt hat. Zum Beispiel hatte Tom eine erfolgreiche Firma unterhalten. George hatte auf Luftwaffenstützpunkten auf der ganzen Welt gewohnt und hatte beim Jesuit Volunteer Corps ein Jahr in Alaska gearbeitet. Michael hatte als Diözesanpriester mehrere Pfarreien geleitet. Niemand von uns war ein Kind, aber es kam uns manchmal so vor, als würden wir wie Kinder behandelt. Daran musste man sich erst gewöhnen. Und in der altehrwürdigen Tradition von Novizen auf der ganzen Welt beklagten wir uns auch darüber. Natürlich fiel vieles unter die Rubrik „Gehorsam". Aber selbst wenn ich dessen Zweck intellektuell und spirituell verstand, ärgerte es trotzdem mein übergroßes Ego, nicht mehr die Kontrolle zu haben.

Obwohl das nicht hieß, dass ich über mein Leben nicht mehr bestimmen konnte (im Gegenteil glaube ich, dass ich bei den Jesuiten mehr bestimmten konnte, als es jemals bei GE möglich war), und obwohl mir sehr genau zugehört wurde, markierte der Gehorsam doch eine klare Änderung in meinem Leben. Es war dasselbe wie mit der Armut. Natürlich verhungerte ich nicht, aber trotzdem gab es einen großen Unterschied zu meiner früheren Lebensweise. Mit 35 Dollar im Monat gibt es eben eine Grenze für das, was man unternehmen kann, für Filme, Bücher und Restaurants.

Als es in Boston richtig kalt wurde, ging ich zum „Minister" unseres Hauses, einem Jesuitenbruder, der das Bargeld verwaltete. Ich musste mir eine Mütze kaufen. Wie viel Geld ich brauche, fragte der Bruder. Ich hatte keine Kreditkarte mehr. Also dachte ich, dass ich einfach mit ein paar Scheinen in das Geschäft gehen und dann das Wechselgeld zurückbringen würde. „Ach, gib mir ungefähr 30 Dollar", sagte ich. Der Bruder sah mich kurz an und gab mir dann einen Fünf-Dollar-Schein. Den Rest müsse ich aus meinem monatlichen Budget bezahlen, sagte er. Dieses Limit bewirkte natürlich, dass ich beim Kauf der Mütze viel sparsamer war als ich es mit 30 Dollar in der Tasche gewesen wäre. Ich habe dann eine wollene Baskenmütze für 10 Dollar gekauft. „Hast du noch Wechselgeld rausbekommen?", fragte mich der Bruder, als ich zurückkam.

Spontan hatte ich damals auch meine Kreditkarten gekündigt. Ich war mir sicher, dass ich mein neues Leben nicht mehr ändern würde. (Wie sollte ich die Karten außerdem bezahlen? Mit 35 Dollar im Monat konnte ich mir nicht einmal die Jahresgebühren leisten.) Ich war froh, die Karten los zu sein und mein Leben noch einfacher zu machen. Eines Morgens rief ich nach der Konferenz bei American Express an und erklärte, dass ich mein Konto auflösen wollte. Der Mitarbeiter im Call-Center fragte nach meiner Kartennummer, und ich hörte, wie er die Zahlen in den Computer eingab.

„Mr. Martin", sagte er, „Sie sind ein *sehr* guter Kunde gewesen. Warum kündigen Sie die Karte?"

Na toll. American Express das Leben im Orden zu erklären, war wirklich das Letzte, worauf ich jetzt Lust hatte.

„Also, ich bin in einen Orden eingetreten", sagte ich

vorsichtig. „Und ich habe nicht mehr viel Geld. Wir – puh – wir legen ein Gelübde der Armut ab und ...“

„In einen Orden? Welchen denn?", fragte er.

„Die Jesuiten."

„Das gibt es doch nicht!", sagte er, „mein spiritueller Leiter ist ein Jesuit!"

Echt?, dachte ich mir.

„Sind Sie schon mal im Campion Center gewesen?", fragte mich der Mitarbeiter.

„Äh – ja", sagte ich.

„Ich fahre jedesmal zu den Exerzitien dorthin! Ich finde die Jesuiten toll!", sagte der American Express-Mitarbeiter. „Sie rufen doch aus Boston an. Das heißt, Sie sind in der Provinz New England, stimmt's? Passen Sie mal auf, ich sag Ihnen was. Ich kenne Ihr Armutsgelübde und das alles. Ich lege Ihr Konto nur still. Wenn Sie es irgendwann wieder aktivieren wollen, rufen Sie uns einfach an, okay? Und denken Sie beim Gebet auch mal an mich."

„Klar. Danke!", sagte ich. Wenn das kein Kundenservice war.

Eine weitere Herausforderung lag in der Betonung der Selbstbeobachtung während des Noviziats. Manchmal konnte das zu einem ziemlich schiefen Bild von sich selbst als Mittelpunkt des Universums führen. Es war das genaue Gegenteil des Lebens bei GE, wo der Einzelne wenig zu zählen schien. Natürlich war ich in einem Orden, für den Reflexion und Gebet notwendig und wertvoll waren, aber ich begann mich zu fragen, ob es vielleicht auch so etwas wie zu viel Reflexion geben könne. (An diesem Punkt merkte ich, dass aus mir ein lausiger Mönch geworden wäre.) Jede Woche hatten wir eine individuelle spirituelle Anleitung,

bei der wir unser Gebet besprechen konnten, jede Woche
trafen wir uns mit dem Supervisor für unsere Arbeit, jede
Woche traf sich unsere Gemeinschaft zum „Glauben Teilen",
wobei wir unsere Gebete und unsere Arbeit besprachen,
jeden Monat hatten wir ein Gespräch mit dem Novizenmeister, und schließlich jede Woche „Reflexionen", in denen
wir diskutierten, was wir in der Konferenz gelernt hatten.
Weil wir nur zehn bis fünfzehn Stunden die Woche außer
Haus arbeiteten, drehte sich fast unser gesamtes Leben um
das Leben im Novizenhaus, das sich wiederum im Gegenzug um die Novizen drehte. Genauso gut konnte man jedoch
durch die Selbstbeobachtung ein niedriges Selbstwertgefühl
entwickeln. Die gleiche Selbstbeobachtung, die zur Über-
schätzung führte, brachte auch ein größeres Bewusstsein
der eigenen Fehler und Schwächen. Manches davon war
heilsam – eine ehrliche Einsicht in die eigenen Schwächen
konnte zu einem spirituellen Wachstum und zu einer tieferen
Demut führen. Ich merkte zum Beispiel, dass ich zu stark
darum besorgt war, einen guten Eindruck zu machen. Im
spirituellen Leben nannte man das Stolz.

Aber manchmal konnte die Treibhaus-Atmosphäre des
Novizenhauses zu einem *sehr* niedrigen Selbstwertgefühl
führen. Kleine Verfehlungen wuchsen sich manchmal zu
riesigen spirituellen Problemen aus. War ich ein „Kontroll-
freak", weil ich die Treffen leiten wollte? War ich „passiv-
aggressiv", weil ich ständig die Türen des Küchenschranks
offen ließ? Vielleicht war ich ein passiv-aggressiver Kon-
trollfreak! Aber auf der anderen Seite war ich vielleicht
einfach bei den Treffen effektiv und bei den Schranktüren
vergesslich. Insgesamt verlangte das Noviziat von den
Novizen, spirituell und achtsam auf sich selbst zu sein, und

dabei die kunstvolle Balance zwischen purem Aktionismus und narzisstischer Nabelschau zu finden.

THANKSGIVING kam. Für ein paar von uns Novizen war es das erste Mal, dass sie an Thanksgiving nicht bei der Familie waren. Ich dachte, mir würde es fehlen, dass ich nicht zu Hause war. Zuerst fehlte es mir auch, aber dann gefiel es mir, in Boston zu bleiben. Zum ersten Mal arbeitete ich an Thanksgiving. Ich verbrachte den Tag mit Besuchen bei den Patienten in Youville. Es war nicht viel Personal da. Daher war das Krankenhaus leer und ruhig.

Für ein paar Patienten war ich der einzige Besucher an Thanksgiving. Denn ihre Verwandten oder ihre alten Freunde waren schon gestorben oder besuchten sie nicht mehr. Ich machte meine Runde bei den Menschen, die ich kannte, und saß lange am Bett von Gladys. Wir sahen uns die Thanksgiving-Parade in New York im Fernsehen an. „Schauen Sie nur da!", sagte sie, als ein besonders bunter Luftballon vorbeiflog. Gladys schlief ein paar Minuten ein. Als sie aufwachte, erzählte sie mir, wie froh sie sei, dass ich aus der Navy heimgekommen war, um bei ihr zu sein. Ich erzählte ihr von einer Freundin, die im letzten Jahr bei Macy's als Trainee gearbeitet hatte. Bei der Parade musste sie die große Olive Oyl-Ballonfigur halten. Jedes Mal, wenn der Zug an eine windige Kreuzung in Manhattan kam, blies der Wind den enormen Fuß der Olive Oyl-Figur über die Köpfe der Menge. Die Leute erschraken und duckten sich. Gladys musste lachen und schlief wieder ein. Als sie aufwachte, war sie überrascht, mich zu sehen. Sie sagte mir, wie dankbar sie sei, dass ich gekommen war. Wann würde mein Schiff denn wieder auslaufen?

Nach der Arbeit in unserem Dienst (ein Novize arbeitete in einer Unterkunft für Obdachlose, einer in einem AIDS-Hospiz, einer in einer der Sozialsiedlungen unten an der Straße und einer in einem Krankenhaus) wartete auf uns zu Hause ein großes Thanksgiving-Essen, das Jerry und David gekocht hatten – im New England-Stil: mit Austernfüllung und Schwarzbrot. Vor dem Essen feierten wir die Erntedank-Liturgie in der Kapelle, die wir in ein paar Tagen schon für den Advent schmücken würden.

Ich verliebte mich Hals über Kopf in den Advent. Als Kind hatte ich natürlich immer die Weihnachtszeit gemocht. Aber jetzt wurden die vier Wochen vor dem 25. Dezember durch die wunderbaren Lesungen im täglichen Gottesdienst ergänzt und angereichert: der überraschende Besuch des Engels Gabriel und seine anrührenden Begrüßungsworte an Maria; Johannes der Täufer, der aus der Wildnis kommt, um Israel zur Buße aufzurufen; Jeremia, der von der guten Saat spricht, die aus dem Haus David kommen wird; und mein absoluter Favorit: die großartigen Passagen aus Jesaja, in denen er ankündigt, dass das trockene Land fruchtbar sein wird, dass die Täler aufgefüllt und die Berge eingeebnet werden:

Dann werden die Augen der Blinden geöffnet,
auch die Ohren der Tauben sind wieder offen.
Dann springt der Lahme wie ein Hirsch,
die Zunge des Stummen jauchzt auf. (Jes 35,5-6)

Die Schönheit dieser Lesungen verlieh den vielen Weihnachtsvorbereitungen im Novizenhaus – Kerzen am Adventskranz in der Kapelle anzünden, Geschenke kaufen, und den Christbaum schmücken – mehr Bedeutung, mehr Tiefe und undendlich mehr Schönheit.

Eigentlich ging es mir so mit dem ganzen Kirchenjahr, als wir durch den Advent in die Weihnachtszeit kamen, von dort zur Fastenzeit, zu Ostern, zu Pfingsten und zum normalen Kirchenjahr, und dann wieder im Advent ankamen. Der langsame Fortgang des Kirchenjahrs, das dem Leben Jesu folgt, gab meinem Leben einen neuen Schritt, einen neuen Rhythmus. Während des Jahres feierte unsere Gemeinschaft die großen Feste und die Kirchenfeste. An jedem dieser Tage gab es im Gottesdienst eine wunderbar anregende Lesung. Nach ein paar Monaten im Novizenhaus begann ich mich auf die Festtage der einzelnen Heiligen zu freuen, vor allem der jesuitischen Heiligen. Im Gottesdienst hörten wir besondere Gebete für sie und in der Predigt erfuhren wir die Geschichte ihres Lebens.

Am dritten Adventssonntag fuhren wir in das Pflegeheim der Provinz im Campion Center, um für die älteren Jesuiten Weihnachtslieder zu singen. Ich war zum ersten Mal im Heim und zum ersten Mal wieder zurück im Campion Center, seit ich im Juni dort meine Exerzitien gemacht hatte. Obwohl die Jesuiten hervorragend gepflegt wurden, war es trotzdem schwer für mich, so viele ältere kranke Männer zu sehen. „Er war ein wunderbarer Lehrer", sagte eine der Krankenschwestern, als an mir einen Priester im Rollstuhl vorbeifuhr, der von Krankheit und Alter zusammengekrümmt war. Es war ernüchternd, an all die Jahre des Dienstes zu denken, den die Jesuiten hier bisher geleistet hatten – und auch jetzt noch leisteten. Ich erinnerte mich an den Eintrag im Katalog der Provinz, der den Dienst der Kranken so beschrieb: „Er betet für die Gesellschaft Jesu und die Kirche."

Auch der frühere Ordensgeneral der Jesuiten, Pedro Arrupe, hatte einen Schlaganfall erlitten. Arrupe wartete selbst in einem Pflegeheim der Jesuiten in Rom auf seinen Tod. Arrupe schrieb kurz nach seinem Schlaganfall:

Mehr als je zuvor befinde ich mich in der Hand Gottes. Das wollte ich mein ganzes Leben von Jugend an. Aber jetzt gibt es einen Unterschied: die Initiative liegt jetzt ganz bei Gott. Es ist eine tiefe spirituelle Erfahrung, mich selbst so vollkommen in Gottes Hand zu wissen und spüren.

Vor diesem Hintergrund sangen wir mit viel Gefühl für diese Männer. Schnell merkten wir auch, dass es den Jesuiten im Heim große Freude machte, die Novizen zu sehen. „Spes gregis", sagte einer der älteren Jesuiten auf Latein, als wir sein Zimmer betraten: „die Hoffnung der Herde".

Andere dagegen waren etwas schwieriger zufrieden zu stellen.

„Hallo Pater", sagte eine der Krankenschwestern, „die Novizen sind da und singen Weihnachtslieder für Sie."

„Hallo Pater", sagten wir.

„Ich bin der älteste Jesuit in der ganzen Provinz!", sagte der Pater.

„Das ist schön", sagte George höflich. George hatte ein paar Monate als Pfleger hier im Heim gearbeitet, bevor er in das Noviziat eingetreten war. „Wollen Sie ein paar Weihnachtslieder hören, Pater?"

„Ich bin der älteste Jesuit in der ganzen Provinz von New England. Ich bin 94!"

„Ah ja!", sagte George, „möchten Sie ein paar Weihnachtslieder hören?"

Wir warteten.

„Es gab einen Jesuiten, der älter war als ich." Er machte eine kurze Pause. „Aber der ist jetzt *tot*!"

Er sagte das mit so einer Schadenfreude, dass wir lachen mussten. Dieser Jesuit brauchte sicher keine Weihnachtslieder, um ihn aufzuheitern. Er hatte schon genug Weihnachtsfreude aus seinem hohen Alter gewonnen.

Ein paar Tage später, an einem bitterkalten Tag, quetschten wir uns in ein Auto und fuhren zu einem Trappistenkloster in Spencer. Die Stadt lag etwa zwei Stunden westlich von Boston. Ich war gespannt auf den Ausflug, weil ich in Thomas Mertons Büchern so viel über die Trappisten gelesen hatte. Das Kloster in Spencer war eine Gründung der Abtei in Kentucky, zu der Merton gehörte. Der Novizenmeister in Spencer war früher Jesuit gewesen, der, wie wir erfuhren, vom Judentum konvertiert war.

Um sich zu finanzieren, verkaufte die Abtei St. Joseph liturgische Gewänder, aber auch feine Marmeladen und Konfitüren. Die Marmelade wurde in den Supermärkten mit der Aufschrift „Von den Trappisten hausgemacht" verkauft. Ich schlug vor, wir sollten den Trappisten ein Glas Erdnussbutter mitbringen und darauf ein kleines Etikett anbringen: „Jesuitische Erdnussbutter". Die Idee wurde leider vom Novizenmeister verworfen. Stattdessen brachten wir den Trappisten einen kleinen Christbaum mit.

Als wir dort ankamen, stellten wir fest, dass ein Baum das Letzte war, was sie brauchen konnten. Die massiven Steingebäude des Klosters standen in Hunderten von Hektar Wald. Jetzt, weit im Dezember, war der ganze Wald mit Schnee bedeckt. Schneeflöckchen trieben durch die Luft, als wir zum Haupteingang fuhren. Es war ein wunderschöner Ort, und ich spürte, wie hilfreich diese Umgebung für das Gebet sein konnte. Einer der Mönche, in den typischen schwarz-weißen Habit der Trappisten gehüllt, führte uns durch das Kloster. Mir fiel auf, dass er in seinen Sandalen mit bloßen Füßen ohne Socken ging. Wir setzten uns in den langen Kapitelsaal, den Versammlungsraum des Klosters, und er beschrieb uns das Leben der Trappisten: Gebet und Arbeit – ora et labora.

Danach gingen wir mit den Mönchen zum Gebet in die Kapelle. Die Gebete wurden aus dem Brevier gesungen. Die Kombination aus kaltem Wetter, stillen Steingebäuden, dem Gesang der Mönche und dem wunderschönen Gebet ließ in mir ein bisschen Wehmut darüber aufkommen, dass ich nicht zu den Trappisten gegangen war.

Den Heiligen Abend und den ersten Weihnachtsfeiertag verbrachten wir im Novizenhaus. Es war viel netter als ich es erwartet hatte. Am Heiligen Abend feierten wir nach dem Abendessen die Messe. Am ersten Weihnachtsfeiertag arbeiteten wir in unserem Dienst und kamen abends zu einem klassischen Weihnachtsessen zusammen. Jerry und David hatten es gekocht. (Es war mir ziemlich peinlich, als ich merkte, dass ich *andere* Gemeinschaften der Jesuiten rigoros verurteilte, wenn sie zu gut aßen, dass ich aber überhaupt kein Problem damit hatte, wenn wir üppige Festessen im Novizenhaus veranstalteten.) Am nächsten Tag fuhr ich zum ersten Mal seit August nach Philadelphia. Es war immer schön, an Weihnachten zu Hause zu sein, auch wenn mein Mini-Budget keine allzu großen Geschenke erlaubte.

Als wir nach Neujahr ins Novizenhaus zurückkehrten, bereiteten sich die *secundi* auf ihr „Großes Experiment" vor. Dieser Ausdruck bezeichnet eine sechsmonatige Zeit, in der die Novizen Vollzeit in Schulen, Gemeinden und anderen jesuitischen Einrichtungen arbeiten sollten. Bill und ich hatten erfahren, dass wir in einem „Dritte-Welt-Experiment" nach Jamaika gehen würden. Die Provinz New England hatte schon lange Jesuiten und Geld nach Jamaika geschickt. Die Provinz sah das Land als ihr „Missionsgebiet" an. In den letzten Jahren schon waren Novizen auf die West Indies gegangen, um mit den Armen zu arbeiten und das Leben in einem Entwicklungsland zu erfahren. Also war dieser Auftrag für uns keine Überraschung.

Die Novizen im ersten Jahr waren nur noch Bill und ich. Im Oktober hatte Emil, der tschechische Arzt, angekündigt, dass er das Noviziat verlassen würde, um zu heiraten. Emil ging, weil er eine Frau heiraten wollte, die er wohl schon immer geliebt hatte. Für keinen von uns war das eine Überraschung. Von allen Novizen war Emil der größte Einzelgänger – das war schon eine Leistung in einer Gemeinschaft, in der man jede Woche sein Glaubensleben mit den anderen teilen sollte. Emil kündigte seinen Entschluss eines Tages in der Konferenz an und war nach ein paar Wochen weg.

Der Januar ist auch der Monat, in dem die meisten Novizen im ersten Jahr ihre „Großen Exerzitien" machen. Fast das ganze erste Jahr zielte auf die Geistlichen Übungen hin. („Nach den großen Exerzitien werdet ihr das schon verstehen", hieß es täglich in der Konferenz.) Aber der Novizenmeister sagte mir, dass ich die Exerzitien erst nach meinem Aufenthalt in Jamaika machen würde, weil ich erst wenig Erfahrung im Beten hatte. Für mich hieß das noch einen Monat Arbeit im Krankenhaus, während Bill und der Rest der Novizen weg waren.

Jerry hatte eine kluge und sorgsame Entscheidung getroffen, aber ich war trotzdem enttäuscht und hatte Angst, dass ich als Novize versagen würde. Mir grauste es davor, anderen sagen zu müssen, dass ich für die Großen Exerzitien noch nicht „bereit" sei. Was würden die denken? Jerry und David erklärten mir, wie unsinnig diese Gedanken waren, aber mir war es trotzdem peinlich.

Die *secundi* gingen zu ihrem Großen Experiment und Bill fuhr zu den Großen Exerzitien. Ich blieb zu Hause und arbeitete die nächsten Wochen im Krankenhaus. Das Haus war verändert, wenn die Novizen weg waren. Jeden Tag arbeitete ich in Youville und kam zum Abendessen mit den anderen Jesuiten, die zur Gemeinschaft gehörten, nach Hause. Ende Januar machte ich acht Tage lang Exerzitien in Gloucester, in demselben Haus, in dem wir vor einigen Monaten während des Postulats gewesen waren. In dieser Einkehrzeit sollte ich mich auf meinen Aufenthalt in Jamaika vorbereiten.

In diesem Januar bot Gloucester eine perfekte New England-Winterlandschaft. Natürlich mit viel Schnee, einem klaren blauen Himmel und zugefrorenen Teichen. Die kalten Atlantikwellen donnerten gegen die Felsen, und in der Stadt hingen von den Dachrinnen der alten Häuschen spektakulär lange Eiszapfen. Diese Szenerie unterstützte die Selbstbeobachtung sehr. Es war auch der richtige Zeitpunkt für Exerzitien. Ich fühlte mich zwar im Novizenhaus vollkommen zu Hause, aber es gab einige Probleme, die mich beschäftigten. Nach Kingston auf Jamaika zu gehen, war eines. Während der vergangenen Monate hatte ich von den *secundi* einige Horrorgeschichten gehört, wie groß die Armut und wie stark die physische Belastung in Kingston sei. Das machte mir zunehmend Angst. Vor allem sorgte ich mich um die Lebensbedingungen vor Ort. Wo würden wir wohnen? In den Slums? Welches Essen würde es geben? Gab es einen Arzt, wenn man krank wurde? Gab es in Jamaika

Malaria? Konnte man das Wasser trinken? Besonders hatte ich Angst, dass ich das Essen in Jamaika nicht vertragen würde. Wenn es dort überhaupt kein gutes Essen gab? Und wenn ich dann krank früher nach Hause zurückkehren musste? Das wäre peinlich, dachte ich trübsinnig.

Außerdem war ich frustriert, dass ich mir über solche Sachen überhaupt Sorgen machte. Ich machte mir Sorgen darüber, dass ich mir Sorgen machte. Ich hoffte, dass ich nach meinen Monaten als Novize etwas mehr Abstand zu diesen Dingen hätte, und dass ich weniger wehleidig wäre. (Es wären gute Exerzitien gewesen, sagte mir David nachher. Aber ich war immer noch derselbe Mensch!)

Wie ich es sah, reagierte ich auf schwierige Situation ganz menschlich – mit Angst und Nervosität. Erst nach einiger Zeit im Gebet und mit Anleitung konnte ich langsam erkennen, wo ich Gott in meinen Gefühlen, meinen Wünschen und meinen Sorgen finden konnte. Aber warum konnte ich das nicht sofort erkennen und all die Sorgen einfach überspringen? Ich glaube, ich wollte ein wacheres Bewusstsein für Gott im Alltagsleben haben. Ich wollte eine lebendige Erfahrung von Gottes Nähe. Ich dachte mir damals, dass die Heiligen Gott so erleben mussten – mitten in der Gegenwart ihres Lebens, und nicht erst im Rückblick.

In unserem Novizenhaus wohnte ein älterer Jesuit. Er hieß Joe. Von ihm glaubte ich, dass er auf diese Weise heilig war, dass er Gott in der Gegenwart finden konnte. Joe wirkte immer so frei: sehr ausgeglichen und mit viel „Abstand" – in einem positiven Sinn – zu den unwichtigen Dingen im Leben. Einmal beschrieb er mir, wie es war, fünf Stunden lang in einem Flugzeug ohne Klimaanlage auf der Startbahn zu stehen. Wäre das ich gewesen, hätte ich vor Ärger gekocht. Ständig hätte ich mich gefragt, wann wir endlich abfliegen würden oder was denn nun los sei. Joe dagegen lachte, als er diese Anekdote erzählte. Für Joe steckte das Leben, auch wenn es noch so schwierig war, voll solcher witzigen Vorfälle. Gott schien für ihn immer sehr nahe zu sein.

In der Woche nach meinen Exerzitien saß ich im Wohnzimmer und las Zeitung. Joe kam herein und fragte mich, ob ich mich schon auf meinen Aufenthalt in Jamaika freue.

„Nicht besonders", sagte ich verlegen. Ich wollte ehrlich zu ihm sein und sagte: „Ich bin ziemlich nervös." Ich erzählte ihm, wie peinlich es mir war, dass ich Angst hatte, in Jamaika krank zu werden. „Ich habe Angst, dass ich es nicht schaffen werde. Und wenn ich früher heimkommen muss? Das wäre mir so peinlich …"

Joe hörte mir zu und sagte dann: „Warum erlaubst du es dir nicht einfach, krank zu werden?"

Seine Einsicht war so befreiend; es war genau das, was man mir sagen musste. Joe meinte, dass ich zu verkrampft versuchte, perfekt zu sein. Was würde denn schon passieren, wenn ich krank werden würde und nicht der „perfekte" Jesuit sein würde? Das sei einfach ein Teil meiner Erfahrung, sagte Joe. Seine Worten machten mich im Hinblick auf die nächsten Monate in Jamaika ruhiger.

Am 15. Februar flogen Bill und ich nach Jamaika. Ich war zum ersten Mal in der Karibik und ich genoss den Flug, der zuerst über Kuba und dann über das tiefblaue Wasser um Jamaika führte. Bill und ich sangen Lieder der Beach Boys, während wir uns auf den viermonatigen Aufenthalt einstellten.

EINE EINFACHE AUFGABE

Meine Aufgabe wurde viel einfacher,
als mir klar wurde, dass ich von mir allein
aus gar nichts tun konnte.

Thérèse von Lisieux, Geschichte einer Seele

WIR LANDETEN am Flughafen von Kingston an einem sonnigen Spätnachmittag. Zwei junge Jesuiten holten uns ab. Der Norman Manley Airport ist ein für die Tropen typischer Flughafen: Magentafarbene und orange Bougainvillea wuchert über die weißen Wände der Kolonialbauten. Auf den großen Palmen sitzen bunte Vögel und zwitschern. Sobald wir den Flughafen verließen und auf der Hauptstraße waren, wurde alles ganz anders – ein Schock. Es war das erste Mal, dass ich eine Stadt sah, die von Armut beherrscht wurde: Müll, klapprige Ziegen, riesige Schweine, verfaulender Abfall, hektische Straßenverkäufer, ausgebrannte Autos, Verkehr. Und erst die Gerüche: brennender Abfall, Fabrikrauch, Körpergeruch und Kerosin. Es waren die Gerüche eines Entwicklungslands.

Wir wurden zum St. George's College, die High School der Jesuiten, gefahren. Die Anlage liegt mitten in einem der ausufernden Ghettos von Kingston. Das Areal ist mit einer drei Meter hohen Steinmauer mit Stacheldraht umgeben. Die Mauern umschlossen Sportplätze, Schulgebäude im Kolonialstil mit Terrakottadächern, gewaltige Palmen und mittendrin das Wohnhaus der Jesuiten – ungefähr ein Dutzend Räume, die um einen großzügigen Innenhof angelegt waren. Dort wuchsen Hibiskussträucher, Lilien und vier riesige Palmen, deren breite Blätter über das Dach hinausragten. In der Mitte des Hofs stand eine Statue von Jesus, der mit einem Finger auf sein Herz deutete. Tagsüber schien die Sonne in den Hof und verlieh ihm eine helle, reine und luftige Atmosphäre. Wenn es regnete, trafen die Tropfen die Tonziegeln am Dach in einem heftigen Staccato, das wie Gewehrfeuer klang.

Aber dort sollte ich nicht wohnen. Bill und ich wurden in einem Anbau aus Beton untergebracht, der aus den 60er Jahren stammte. Trotz der oft überwältigenden Schönheit der Natur, die uns umgab – die Palmen, etc. – fand ich unsere Unterkunft ziemlich trostlos. Der Anbau war seit einigen Jahren nicht mehr als Wohnheim genutzt worden. Heute wurden die Räume hauptsächlich als Klassenzimmer verwendet, außer in unserem Stockwerk, das für Gäste reserviert war. In den Gängen lagen Berge verschimmelter Bücher und verrosteter Stühle. Auf dem Boden des allgemeinen Waschraums lagen trockene Blätter und tote Insekten, die in der letzten Zeit durch die zerbrochenen Fenster hereingeweht wurden. In meinem Zimmer gab es eine beachtliche Vielfalt an tierischem Leben: Moskitos, Eidechsen, Motten und ein Bienenstock direkt unter dem oberen Fensterrand.

Ich fragte bei dem Superior wegen des Bienenstocks nach. Er war hart, aber herzlich.

„In meinen Zimmer ist ein Bienenstock", sagte ich.

„Und?", sagte er. Und? – Ich dachte, es sei ziemlich offensichtlich, wo das Problem lag.

„Ich will ihn loswerden", sagte ich.

„Wie groß ist er?"

„Er ist klein, glaube ich, aber ich habe es nicht gern, wenn Bienen in meinem Zimmer herumfliegen." Ich wurde langsam ärgerlich. „Kann ich irgendein Insektenmittel haben?"

Er dachte einen Augenblick nach. „Weißt du was? Warum wartest du nicht, bis der Stock größer wird. Dann können wir ihn leichter wegbrechen."

War ich zu amerikanisch, fragte ich mich oder war es lächerlich, mit Bienen im Zimmer leben zu wollen? Vielleicht war ich nicht demütig genug. Ich überlegte einen Moment und war mir dann sicher: Ich will ein insektenfreies Zimmer. Ich suchte vergeblich im ganzen Haus nach einem Insektenmittel. Schließlich stellte ich mich auf einen Stuhl und sprühte Rasiercreme auf den Stock. Das war zwar nicht tödlich, bedeckte die Bienen aber mit so viel Schaum, dass sie auf den Boden fielen. Dort sammelte ich sie auf und warf sie aus dem Fenster. So viel zum Thema „Inkulturation".

In der ersten Nacht lag ich auf dem alten Metallbett und hörte den Geräuschen der Nacht zu: laute Reggae-Musik aus den Bars, bellende Hunde, Schüsse, keckernde Eidechsen und das Summen unzähliger Moskitos. Mein Gott. *Was* hatte ich hier verloren? Ich erinnerte mich an mein schönes, klimatisiertes Büro bei GE. Am nächsten Morgen fühlte ich mich nicht besonders erholt, war aber froh, dass ich die Nacht überstanden hatte.

Zum Glück gab es in den verschiedenen Gemeinschaften in Kingston eine Gruppe von ungefähr einem Dutzend

junger Jesuiten – Nordamerikaner und Jamaikaner –, die
für Bill und mich schnell Freunde wurden. Jeden Monat
trafen wir uns zum „Glauben Teilen" und zu einem Essen.
Die jamaikanischen Jesuiten hatten schon genug furcht-
same und übernervöse Novizen aus den USA erlebt und be-
gleiteten uns geschickt durch unsere ersten Wochen voller
Heimweh. Sie zeigten Bill und mir Kingston und die ganze
Insel. Die Jesuiten aus den USA hatten ähnliche Erfahrungen wie wir gemacht und versicherten uns, dass es ganz
normal sei, die weltlichen und körperlichen Bequemlich-
keiten der USA zu vermissen.

In Kingston lebte auch eine Gruppe junger und ener-
giegeladener Laien von den Jesuit International Volunteers,
die mit den jungen Jesuiten befreundet waren. Die Freiwilligen, die alle gerade mit dem Studium fertig waren, arbeiteten mehrere Jahre in Schulen und Sozialeinrichtungen
in Kingston. Sie waren einige Jahre jünger als ich, aber sie
hatten schon ein Jahr Erfahrung auf dem Buckel und kannten
sich in Kingston aus, als ob sie dort geboren wären. „Ich
bewundere total, was ihr macht", sagte mir einer von ihnen
auf der Terrasse in St. George's, als ich noch nicht lange da
war. Ich musste beinahe lachen. Denn meiner Meinung
nach waren es sie, die Freiwiligen, die mutig waren – sie
waren auf sich gestellt und mussten sich ohne eine Ordens-
gemeinschaft im Rücken allein durchschlagen.

Bill und ich sahen uns ein paar Tage lang mögliche Ar-
beitsstellen an. Als Erstes besuchten wir ein Waisenhaus,
das nur einen Steinwurf von St. George's entfernt lag. Die
Sisters of Mercy leiteten das Haus. Die Alpha Boys' School
ist ein Heim für Kinder, die in Jamaika „bad boys" heißen,
das heißt für Problemkinder.

Auf dem Areal liefen Hunderte von barfüßigen Jungen auf einem staubigen Sportplatz herum. Sie trugen alle die gleichen blauen Hemden und dreckige, zerrissene kurze Hosen. Schwester Regine, die temperamentvolle Leiterin der Schule, sagte, dass sie sich sehr freuen würde, wenn wir als „Freizeitleiter" arbeiten würden. Soweit ich das beurteilen konnte, meinte sie damit, dass wir darauf aufpassen sollten, dass sich die Jungen beim Fußballspiel nicht gegenseitig verletzten. Erst letzte Woche, erzählte sie, habe einer der Jungen einem anderen mit einem spitzen Stock das Auge ausgestochen. Aber wir könnten auch Nachhilfe geben. Vielleicht hing ich zu sehr an meinem Augenlicht, aber ich meldete mich für die Nachhilfe.

Bei einer Einrichtung hatte uns der Novizenmeister gebeten, sie „ernsthaft in Erwägung zu ziehen". Das war das Hospiz für die Kranken und Sterbenden, das die Schwestern der Nächstenliebe unterhielten. Das Hospiz wurde für Menschen gegründet, die sonst auf den Straßen von Kingston sterben würden. Die Schwestern waren sehr freundlich und erklärten, dass sie uns gut zum Baden der alten Männer gebrauchen könnten. Die älteren Frauen badeten die Schwestern selbst, aber sie scheuten davor zurück, die Männer zu baden. Die Schwestern hatten einen Jamaikaner angestellt, der hoffnungslos überarbeitet war. Wenn ich im Hospiz der Schwestern von Mutter Teresa arbeiten musste und den Tod um mich herum hatte, dann, so entschied ich mich, würde ich auch im Waisenhaus arbeiten, wo so viel Leben war.

Einen Teil der ersten Woche besuchten wir mit den anderen neuen Ordensmitgliedern, Priestern und Freiwilligen eine Art offiziellen Einführungskurs, der vom Erzbischof von Kingston veranstaltet wurde. Wir bekamen ein paar extrem langweilige Vorlesungen zu hören: über die politische Situation, die wirtschaftlichen Probleme Jamaikas und am Ende einen etwas persönlicheren Überblick über die Geschichte der Kirche in Jamaika.

Ich hatte schon vom Erzbischof von Kingston gehört, der auch ein Jesuit der Provinz New England war. Die Provinz hatte in den vergangenen Jahrzehnten viele Missionare nach Jamaika geschickt und im Gegenzug in Jamaika einige Berufungen empfangen. Einer dieser Männer aus Jamaika wurde Erzbischof. Samuel Emanual Carter kam in seiner weißen Soutane mit einer roten Kordel in den Raum. Die Soutane sah auf der dunklen Haut eindrucksvoll aus. Obwohl der Erzbischof zwei Stunden lang sehr engagiert redete, dämmerte ich in dem heißen Raum weg. Am Ende schloß er: „Lasst uns gemeinsam das *Memorare* beten."

Das was? Alle standen auf. Das Geräusch der Stühle, die über den Betonboden scharrten, weckte mich. Ich sprang auf. Ich hatte keine Ahnung, was das *Memorare* war. Ich erstarrte, als jeder den Anfang des Gebets anstimmte: „Gedenke meiner, gnadenreiche Jungfrau Maria …" Der Erzbischof sah mich scharf an, weil ich das ganze Gebet über nur stumm dastand. Dummerweise ist das Gebet ziemlich lang (und man kann sich überhaupt nicht durchmogeln dabei). Also hatte seine Exzellenz viel Zeit, sich seine Gedanken über den beklagenswerten Zustand der heutigen Ausbildung bei den Jesuiten zu machen.

Nach ungefähr einer Woche hatte ich langsam so etwas wie Routine entwickelt. Nachts zündete ich eine kleine grüne Moskitolampe an, die mein Zimmer mit beißendem Rauch füllte. Das hielt die vielen Moskitos fern. (An meinen Fenstern hatte ich ja keine Fliegengitter.) Wenn die Lampe nach sechs Stunden ausging, stachen die Moskitos wieder. Dann wusste ich, dass es Morgen war. Die Moskitos waren viel zuverlässiger als jeder Wecker. Selbst wenn mich die Moskitos einmal nicht weckten, wachte ich durch die Sonne auf, die schon um 6 Uhr früh hoch am Himmel stand. Auf Jamaika gab es fast keine Dämmerung. Wenn die Sonne aufging, war sofort Tag. Wenn sie unterging, versank die Insel sofort in Dunkelheit.

Wenn ich am Morgen zu einem Abenteuer aufgelegt war, duschte ich mich im Gemeinschaftswaschraum. Der Duschkopf war abgefallen. Ich versuchte mich unter den Wasserstrahl zu stellen, der nur sporadisch aus dem Stahlrohr an der gekachelten Wand tröpfelte. Normalerweise ging ich zum Wohnhaus der Jesuiten, wo sie (normalerweise) heißes Wasser hatten. Für mich hieß das aber, dass ich, beobachtet von den Schülern, mit Handtuch und Shampoo in der Hand über den Schulhof gehen musste. In den Waschräumen im Hauptgebäude wohnten einige Eidechsen. Beim Duschen hatte ich daher oft meinen Blick auf eine Eidechse fixiert, die langsam über die Decke kroch. Ich hoffte, dass sie nicht herunterspringen würde, um bei meiner Morgentoilette mitzumachen. Zum Frühstück gab es Tee, eine Orange und Toastbrot mit Guavenkonfitüre.

Am Nachmittag ging ich ein paar Straßen weiter zur Alpha Boys' School und besuchte die Klassen. Der Lehrer wählte einen der Schüler aus und ich gab ihm dann eine Stunde Nachhilfe. Wir saßen zusammen auf einer Holzbank in der jamaikanischen Sonne und kämpften uns durchs Lesen oder durch Mathematik. Normalerweise hatte ich jeden Nachmittag sechs oder sieben Schüler. Wir schrieben auf Papierfetzen, die über den Hof wehten, später dann bekamen

wir eine kleine Tafel. Die meisten Jungen hatten große Lern-
schwierigkeiten – einige waren geistig zurückgeblieben. Es
machte mich traurig, wenn ich sah, wie sehr sie sich ab-
mühten. Viele kannten das Alphabet nicht, einige konnten
ihren Namen nicht schreiben, und die Mehrzahl von ihnen
kam mit den Grundrechenarten nicht zurecht.

Aber ich war froh, dass ich so viele junge Menschen um
mich hatte. Sie lachten viel und freuten sich sehr, dass sie aus
der Klasse herausgenommen wurden. Meine Lieblingsschüler
waren Duane und Ricaldo. Duane war ein schmaler sechsjähri-
ger Junge. Die meiste Zeit versuchten wir, seine Mathematik-
kenntnisse zu verbessern. Jedesmal wenn er zur Nachhilfe
ausgewählt wurde, sprang er auf, rannte mit einem großen
Lächeln zu mir und legte seine Hand in meine. Einmal, ich
half ihm gerade beim Addieren, merkte ich, dass seine kleinen
abgebissenen Fingernägel rot strahlten. „Was hast du denn
mit deinen Fingernägeln gemacht, Duane?", fragte ich.

„Die hab ich rot angemalt, Bruder!"

„Und warum?"

Er hielt seine Hände hoch und verzog sein Gesicht.

„Weil es schön ausschaut!"

Ricaldo war 18 Jahre alt und fast noch ein Analphabet.
Aber man konnte ihn zum Lesen bringen, wenn eine Geschichte besonders brutal war. Zuerst kam ich mir komisch
vor, dass ich ihm Geschichten von Mord und Totschlag
mitbrachte (er mochte fast alles, was mit Piraten zu tun
hatte). Aber dann dachte ich mir, dass es sinnvoll sei, wenn
es ihm zum Lesen brachte. In einer Geschichte kam ein
blutrünstiger Pirat vor, der jemand getötet hatte, indem er
„das Schwert bis zum Heft in seinen Gegner hineingestoßen
hatte". Gemeinsam sahen wir „Heft" im Lexikon nach.

Ricaldos Augen wurden ganz groß vor Ehrfurcht, als ihm das spektakuläre Ausmaß der Tat des Piraten klar wurde.

Ricaldo wurde im Lesen immer besser und sein Gesicht strahlte, wenn ihm jemand ein Kompliment darüber machte. Ich sparte genug Geld, dass ich ihm ein ganzes Buch mit Piratengeschichten kaufen konnte. Es hieß „Henry, der Seeräuber". Ricaldo bewahrte es in einer kleinen Schachtel unter seinem Bett auf, damit er es nachts lesen konnte.

Es war ziemlich ernüchternd, als mir klar wurde, dass die Alpha Boys nach ihrem „Schulabschluss" noch schlechter dastehen würden. Die Schwestern bildeten die Kinder hervorragend aus. Wenn sie achtzehn waren, verließen die Jungen die Schule, um auf eigenen Füßen zu stehen. Doch in Kingston, wo Armut und Arbeitslosigkeit herrschten, war es für sie fast unmöglich, ihren Lebensunterhalt zu verdienen.

Am Morgen ging ich vom Wohnheim der Jesuiten auf meinem Weg zum Hospiz von Mutter Teresa durch einen der Slums. In den dampfigen Straßen ging ich an Hunderten von jamaikanischen Kindern auf ihrem Weg zur Schule vorbei – die Jungen in khakifarbenen kurzen Hosen und weißen Hemden, die Mädchen in weißen Hemden und bunten Kleidchen. Am Straßenrand war viel los: Unter freiem Himmel wuschen sich die Leute, sie putzten sich die Zähne und wuschen ihre Wäsche. Junge Männer ohne Perspektive lehnten an verrosteten Metallhütten, vor denen kräftige Jamaikanerinnen Obst, Fisch, Limo und billige Süßigkeiten verkauften. Überall lag Abfall. Weil ich als einziger Weißer in der Gegend ziemlich auffällig war, grüßte mich jeder sofort mit: „Guten Morgen, Pater!"

Als ich zu meinem ersten Arbeitstag in „Unsere Liebe Frau, Königin des Friedens" ankam, warf mich der Gestank

fast um. Exkremente, Desinfektionsmittel, Abfall, Wäsche-
bleichmittel, Tee, Urin und Kochgerüche mischten sich zu
einem überwältigenden, fast greifbaren Gestank. Die Schwestern hielten das Gebäude makellos sauber, aber den Gestank
brachten sie nicht weg.

Es war ganz schön cool, bei den Missionarinnen der Nächstenliebe zu arbeiten. Die weiß-blauen Saris, die Mutter Teresa berühmt gemacht hatte, kannte sogar ich. Die Schwestern
waren fröhlich und mochten ihre Arbeit ganz offensichtlich.
Sie waren ständig am Lachen. Dabei war ihre Arbeit nicht
zu unterschätzen: Wenn ich um neun Uhr morgens ankam,
waren die Schwestern schon stundenlang auf den Beinen.
Sie hatten alle Frauen gewaschen und für die Heimbewohner
das Frühstück gemacht. Am Nachmittag gingen die Schwestern los und putzten die Häuser von Menschen, die zu schwach
oder zu krank dafür waren. Bei diesem vollen Programm
fanden sie noch die Zeit für eine Stunde Gebet und für eine
Messe. Wenn ein Priester kam, um mit ihnen den Gottesdienst zu feiern, machten sie ihm ein kräftiges Essen, ganz im
Gegensatz zu ihrem schlichten Mahl – sie aßen, was vom
Essen der Patienten übrig blieb.

Am Anfang war ich ihrer fast übernatürlichen Fröhlichkeit gegenüber sehr skeptisch. Ich vermutete, dass diese
eine Art Leugnung des Todes und des Leids war, das sie
umgab. Ich war mir sicher, dass jeder, der in einer solchen
Umgebung fröhlich war, ein Heuchler sein musste. Aber
wie schon die Ordensgründerin Mutter Teresa schienen die
Schwestern *wirklich* Freude an ihrer Arbeit zu finden, und
darin, den Menschen helfen zu können, dem Tod ruhig ins
Gesicht zu sehen. Wenigstens in dieser Gemeinschaft auf
Jamaika war die Fröhlichkeit echt.

Aber für mich war die Arbeit fast unerträglich. Meine Arbeit im Youville Hospital sah im Vergleich dazu kinderleicht aus. Mein „Stellenprofil" im Hospiz war ziemlich einfach: Alte Männer säubern und waschen. Normalerweise sah das so aus: Ich half einem alten Mann in den großen Waschraum. Dort mühte ich mich ab, ihm seine schmutzige oder mit Exkrementen gefüllten Hosen auszuziehen. Ich zog ihm das verschwitzte Hemd aus und half ihm in die Dusche, wo ich ihn wusch. Manchmal wusch ich die Männer auf einem klapprigen Metallstuhl, auf den ein Toilettensitz gebunden war. Dadurch konnte das schmutzige Wasser in einen verrosteten Abguss in der Mitte des farbig gestrichenen Betonbodens ablaufen.

Ezechiel, einer der alten Männer, war blind. Es dauerte seine Zeit, ihm aus seinem Stuhl zu helfen, ihn in den Waschraum zu führen, ihn auf den Metallstuhl zu setzen, seine Kleidung auszuziehen, ihn in die Dusche zu führen, um ihn herum zu greifen und die Dusche anzudrehen, ohne selbst nass zu werden, ihn zu waschen, ihn in der Dusche abzutrocknen, ohne ihn umzuwerfen, und ihn schließlich wieder anzuziehen. Dafür musste ich darauf achten, dass seine Kleidung während des Duschens nicht nass wurde. Oft schneuzte er sich mitten in diesen komplizieren Manövern. Er steckte dafür seinen Mittelfinger in ein Nasenloch. Man brauchte schon schnelle Reflexe, um außer Schussweite zu bleiben.

Mir grauste vor dieser Arbeit. Die Dauer meines Morgenspaziergangs zum Hospiz war proportional zur Unlust, an diesem Tag arbeiten zu wollen. An einem Tag sollte ich einmal einigen Männern die Zehennägel schneiden. Sie waren so lang und hart geworden, dass die Schwestern sagten, dass nur ich sie noch schneiden könnte. (Ich musste mich zu-

sammennehmen, dass ich nicht „Vielen Dank auch!" sagte.)
Die Zehennägel waren ein Teil von schwitzigen Zehen, die
wiederum Teil von besonders üblen Käsefüßen waren. Ich
musste den Männern zuerst die Füße waschen, bevor ich mich
dazu überwinden konnte, ihnen die Fußnägel zu schneiden.

Fingernägel zu schneiden war nur ein bisschen weniger
abstoßend. Aber immerhin machte ich etwas Nützliches.
Manchmal, wenn ich alle Männer gewaschen hatte, kam
ich mir irgendwie überflüssig vor – genau wie in Youville.
Da begann ich, mit den Männern zu plaudern. Da rief mich
einer der Männer und bat mich, seine Nägel zu schneiden.
Sie sahen aus, als ob sie seit Monaten nicht geschnitten
worden wären. Als ich fertig war, rieb er seine Finger an-
einander und sagte: „Also Junge, du musst meine Nägel
nochmal machen. Die *kratzen* ja!" Ich machte mich also
wieder an die Arbeit und schnitt die Nägel noch kürzer.
Dann ging ich zu einem anderen Mann herüber, der mich
über den ganzen Raum gerufen hatte: „Schneid mir die
Nägel, Junge! Schneid mir die Nägel!" Aus der anderen
Ecke des Raums rief der erste Mann wieder: „Junge, die
kratzen immer noch! Du musst sie feilen!" Das war zu viel.
„Ich feile noch nicht mal meine eigenen Nägel!", schrie
ich. Alle Männer brachen in Gelächter aus.

Warum nur fühlte sich das alles nicht viel, naja, … spiritueller an? Den Missionarinnen der Nächstenliebe machte
es anscheinend nichts aus, wenn sich jemand auf sie übergab
oder wenn jemand in die Hose machte. Und selbst wenn es
den Schwestern etwas ausmachte, dann beschwerten sie sich
nicht darüber. An einem Morgen nahm mich die Oberin
beiseite: „Bruder Jim, ich möchte dir etwas zeigen." Sie führte mich in einen kleinen Raum. Dort saß ein Mann, dessen

Hals in einem blutverschmierten Verband steckte. Die Oberin wickelte vorsichtig den Verband ab. „Dieser Mann hat Kehlkopfkrebs. Wir müssen für ihn beten." Ich konnte es nicht ertragen, hinzusehen, aber ich konnte seine Krankheit riechen, den Geruch des Todes. Ich war traurig und fühlte mich schuldig, dass ich den Mann abstoßend fand.

Mir fiel auf, dass dieselbe Szene, wenn ich sie zum Beispiel in einem Film sehen würde, furchtbar rührend wäre. Ich würde im Kino sitzen und mir denken: „Wow, genau das muss ich auch machen." Und jetzt machte ich es tatsächlich. Aber warum war ich dann nicht gerührt? An einem Vormittag wusch ich gerade einen alten Mann. Da dachte ich, wenn dies ein Film wäre, dann würde jetzt bestimmt rührende Filmmusik spielen. Vielleicht war es das, was fehlte. Also begann ich, bei der Arbeit vor mich hinzusingen. Meistens waren es religiöse Lieder, die mich in die richtige Stimmung brachten und mich davon ablenkten, dass jemand gerade seinen Rotz auf mich blies. Schließlich summten die Patienten mit.

Einmal sagte mir eine Schwester, dass einer der Männer bald sterben würde und getauft werden musste. Er war einer der Männer, für die ich gern arbeitete. Es macht mir nichts aus, ihn zu waschen – er war sehr freundlich und sehr gesprächig. Die Schwestern wollten daher, dass ich ihn taufe. Ich protestierte, ich sei kein Priester und die Schwestern seien sicher besser dafür qualifiziert als ich. (Ich vermutete, dass sie sich nur an mich wandten, weil ich ein Mann war.) Die Schwestern seien sicher frömmer als ich. „Aber, Bruder", sagten sie, „du hast für ihn gearbeitet. Er kennt *dich*. Du musst es einfach machen."

Die Schwestern brachten mich in das Zimmer, in dem er lag. Sein Atem ging keuchend und er war nur noch Haut und Knochen. Um seinen Mund klebte getrocknetes Essen und anscheinend hatte er gerade in die Hose gemacht. Ein strenger Geruch lag in der Luft. Obwohl der alte Mann sich normalerweise recht gut bewegen konnte, rührte er sich heute kaum. Eine Welle des Mitleids überkam mich. Eine der Schwestern und ich setzten ihn auf und nahmen ihn in unsere Arme. Ich spürte, wie sich seine zerbrechlichen Knochen unter seiner trockenen Haut bewegten; es fühlte sich an, als ob man ein Küken in der Hand hielte. Einige Schwestern stelten sich um uns herum auf. Eine gab mir eine Plastiktasse mit Wasser und einen verbogenen Löffel.

„Wie soll er heißen, Bruder?" Ich fühlte mich noch immer überrumpelt und zögerte. Dann sagte ich, dass wir ihn auf den Namen „Joseph" taufen könnten. Mit dem krummen Löffel goss ich das Wasser über seinen Kopf. Es tropfte an ihm hinunter und befeuchtete seinen dünnen Schlafanzug. Das war ein unendlich trauriger Augenblick, aber einer, der jeden im Zimmer – vor allem Joseph – mit tiefem Frieden erfüllte. Danach gingen die Schwestern und ich zurück an die Arbeit. Ein paar Tage später starb Joseph.

Den physischen Widerwillen, im Hospiz von Mutter Teresa zu arbeiten, habe ich nie überwunden. Aber schrittweise lernte ich, die Arbeit zu ertragen, indem ich Mitleid für die Menschen im Heim entwickelte. Es half mir, an Jesus und dessen Leiden zu denken. Das machte die Arbeit kein bisschen angenehmer und ich fragte mich, wie klug es war, vorzugeben, Jesus statt der Menschen vor mir zu helfen. Aber wenigstens half es mir (zusammen mit dem Summen der Lieder) dabei, das zu tun, wozu ich hierher geschickt worden war.

An einem Vormittag sprach mich eine Frau von ihrem Haus aus an, während ich gerade vom Hospiz nach Hause ging. Sie fragte mich, ob ich nicht hereinkommen wolle, um zu „beten". Sie war ungefähr 35 Jahre alt, dick, und sah aus, als ob sie schon lange nicht mehr draußen gewesen wäre. Ihre roten Augen waren ein Zeichen für viele schlaflose Nächte.

Sobald ich bei ihr im Haus war, fing sie zu weinen an. Sie habe keine Arbeit, kein Geld und kein Essen, sagte sie. Und sie habe furchtbare Alpträume. Ich begann auch zu weinen, weil ihre Situation so traurig war. Ich nahm ihre Hand und betete mit ihr. Ich sagte ihr – was sollte ich schon sagen? –, dass es okay sei, Angst zu haben. Wir beteten dafür, dass Gott ihr in ihren Problemen beistehen möge. Von da an blieb ich regelmäßig an ihrem Haus stehen, um nach ihr zu sehen und mit ihr zu reden. Unvermutete Augenblicke und Begegnungen wie diese trugen dazu bei, dass ich meine eigenen kleineren Probleme auf Jamaika in die richtige Perspektive setzte.

Wenn mir das Zehennägel-Schneiden in Mutter Teresas Hospiz endgültig zu viel wurde, gab es im richtigen Moment die nötige Pause. Weil so viele jüngere Jesuiten und Freiwillige auf der Insel waren, gab es tausend Möglichkeiten, am Wochenende herauszukommen. Wir waren schließlich auf Jamaika! Einmal fuhren wir in die kühlen Blue Mountains. Da kam uns ein Auto entgegen, voll besetzt mit winkenden Ausflüglern: Es waren die Missionarinnen der Nächstenliebe auf dem Weg zu einem Picknick! Am nächsten Tag zog ich die Schwestern gnadenlos damit auf, dass sie einen Tag blau gemacht hatten. „Wir haben am Tag zuvor zweimal so hart gearbeitet, um den Tag frei nehmen zu können, Bruder!", antworteten sie. Das hatten sie bestimmt.

In Kingston gab es ein schönes Kino – einen riesigen Palast – das „Carib". Die Vorstellung begann immer mit den Trailern für die nächsten Ninja-Filme und Gangsterfilme. Danach kam Werbung für die Kammerjäger in Kingston. „Haben sie *die?*", fragte die Stimme, während eine drei Meter große Küchenschabe die Leinwand füllte. (Ja, die hatte ich.) An einem Abend gingen wir in „The Mighty Quinn", in dem Denzel Washington einen Polizeikommissar spielt. Die Leute lachten sich tot über die Hollywood-Version von Jamaika und über Denzel Washingtons Karibik-Akzent.

Wir waren zwar weit von den exotischen Badeorten in Nordjamaika entfernt, aber in nur einer Stunde Fahrzeit konnte wir viele einsame Strände erreichen. Mein Lieblings-strand war die kleine Insel Lime Cay. Um dorthin zu kommen, musste man zuerst die Fähre nach Port Royal, einem früheren Piratenunterschlupf im Süden der Stadt, nehmen. Dort suchte man einen Fischer, der bereit war, einen in seinem uralten Boot nach Lime Cay zu bringen. Man kletterte in das kleine Boot (in das nur drei oder vier Menschen passten), der Außenbordmotor sprang an und los ging die Fahrt über das vollkommen blaue Wasser. Man glaubte, das Boot fuhr ins offene Meer hinaus. Aber nach einigen Minuten konnte man schon die schlanken Palmen und die kleine weiße Insel erspähen.

Die Insel war nicht größer als ein großer Platz und bestand nur aus weißem Sand, Büschen und Palmen. Bevor der Fi-scher abfuhr, musste er versprechen, bei Sonnenuntergang wieder zu kommen. Man konnte sicher sein, dass er das tat. Denn er wurde erst bezahlt, wenn er zurückkam. Trotzdem kam es mir wie ein Abenteuer vor, auf einer einsamen Insel zu sein, ohne nach Hause zurückkehren zu können.

Den ganzen Nachmittag schnorchelten wir, schwammen im warmen Wasser und aßen. Es war die perfekte Erholung.

Einmal lag ich im warmen Sand, sah in den blauen Himmel über mir, und fragte mich, ob ich mich jemals wieder so entspannt fühlen würde. Was hätte ich wohl gemacht, wenn ich bei GE geblieben wäre? Mit einem Mal fielen mir wieder die Entspannungsübungen bei der Biofeedback-Ärztin in Stamford ein. Jetzt war ich da – auf der einsamen Insel, die ich mir nie hatte vorstellen können!

Neben den jüngeren Jesuiten gab es in der Gemeinschaft von St. George einige ältere mit einer etwas eigenwilligen Persönlichkeit. Zum Beispiel wusch ein Pater seine Unterwäsche nicht, sondern hing sie auf einer Leine vor seinem Zimmer zum Lüften aus. Er putzte auch seine Ohren beim Essen mit einer Serviette. Ich achtete möglichst höflich darauf, beim Essen nicht neben ihm zu sitzen.

Für einen anderen Pater war anscheinend seine Katze Samantha die größte Freude in seinem Leben. Jedesmal wenn sie nicht nach Hause kam, stand der Pater am Eingang des Wohnheims und schrie: „Samaaaaantha!" – zur großen Belustigung der jamaikanischen Schüler.

Mit Gerry, einem alten Missionar, der meine Liebe zum Film teilte, kam ich glänzend aus. Ein paar Straßen weiter, mitten in einem der Slums von Kingston, gab es eine unglaubliche Videothek: Die Videos standen im Wohnzimmer des Besitzers. Man betrat das Haus über eine Treppe, ging dann durch die Küche – wo die Mutter meistens gerade beim Kochen war – und kam schließlich in das Wohnzimmer. Dort lagen Tausende von Kassetten auf Sofas, Sesseln, Tischen und wo sonst noch Platz war. Alle Videos waren Raubkopien, die irgendwie ihren Weg in dieses Wohnzimmer gefunden hatten. Bei manchen erschien, wenn man sie ansah, auf dem Bildschirm die Warnung: „Wenn Sie dieses Video sehen, ist es eine illegale Raubkopie. Rufen Sie unter dieser Telefonnummer an ..." Einige Videos waren ganz einfach im Kino mitgefilmt worden, während der Film über die Leinwand lief. Man konnte zusehen, wie die Leute aufstanden oder sich hinsetzten, gelegentlich hörte man Lachen oder Applaus. Am Wochenende mieteten die Studenten in St. George ein oder zwei Videos. Gerry war dann immer der erste im Fernsehraum.

Kurz nach meiner Ankunft sah ich, dass Gerry die veröffentlichten Briefe des Schriftstellers Evelyn Waugh las. Ich erzählte Gerry, wie sehr mir Waughs Roman „Wiedersehen in Brideshead" gefallen hatte. Gerry gab mir das Buch mit den Briefen, gleich nachdem er es zu Ende gelesen hatte. Vor Jahren, erzählte Gerry, hätte der Erzbischof ihn darum gebeten, Eelyn Waugh über die Insel zu begleiten. Der Autor war gekommen, um seinen Freund Noël Coward zu besuchen. Coward wohnte in einem Haus in Port Antonio, das „Glühwürmchen" hieß. Gerry fuhr Evelyn wochenlang herum.

„Und wie war Waugh so?", fragte ich Gerry. „Er war eine echte Nervensäge", antwortete Gerry. Und dann flüsterte er verschwörerisch: „Ich glaube auch, dass er ein *Homo* war."

An einem Vormittag in der Osterzeit saß ich in einem Schaukelstuhl auf der großen Terrasse des Wohnheims und las eines von den Evelyn Waughs Büchern, die Gerry mir geliehen hatte. Die Vögel zwitscherten auf den Zweigen einer der großen Kiefern, die dem Haus Schatten spendeten. Von der Kathedrale, die nur ein paar Schritte von der Schule entfernt lag, klangen Osterlieder durch die warme jamaikanische Luft herüber. Mit einem Mal merkte ich: Hey, ich bin glücklich! Nach den ganzen mühevollen Wochen war das eine echte Überraschung und eine angenehme dazu.

Ein anderes Mal saß ich wieder auf der Terrasse und las eine alte „Time"-Ausgabe. In einem Artikel ging es um die Zeit. Die US-Amerikaner hätten immer weniger frei Zeit, stand da. Daher hätten sie kaum Möglichkeiten, über ihr hektisches Leben nachzudenken. Da musste ich mir einfach denken, welches Glück es war, dass ich die Arbeit machen konnte, die ich jetzt hatte, und dass ich die Zeit hatte, dies zu schätzen. Selbst wenn es das Zehennägel-Schneiden war.

Ich machte mir immer Sorgen um meine Gesundheit, obwohl ich nur ganz selten wirklich krank wurde. Allmählich begriff ich, wie sinnlos es war, sich ständig über das „Was-wäre-wenn" im Leben Gedanken zu machen. Mein spiritueller Leiter in Jamaika regte mich dazu an, mehr auf die Gegenwart als auf die Zukunft zu achten. Wenn ich mehr auf die Gegenwart achtete, konnte ich all das besser erkennen und schätzen, was Gott mir *jetzt* schenkte – zum Beispiel die Insel Lime Cay, die Alpha Boys, die Missionarinnen der Nächstenliebe und meine Freunde in Kingston. Ich musste mir nicht mehr ständig den Kopf zerbrechen, was alles noch schief gehen *könnte*. In Jamaika erlebte ich tatsächlich mehr schöne Zeiten als schlechte. Am Ende spürte ich, dass ich die Insel vermissen würde. Das war anscheinend meine Lektion, die ich aus Jamaika mitnehmen sollte. Der nächste Tag hat, wie Jesus sagt, genug eigene Sorgen und Probleme.

Gegen Ende meines Aufenthalts fuhr ich mit einem der Jesuiten-Studenten in einem Van zu dessen Gemeinschaft in einen anderen Stadtteil von Kingston. Er erzählte mir die Geschichte von einem Novizen aus New England, die vor einigen Jahren passiert war. Der Novize war wohl so gestresst vom Leben in St. George's – den Käfern, dem Lärm, usw. – dass er nach einer Nacht zum Superior ging und erklärte, dass er weggehe: weg von der Gemeinschaft in St. George's, weg von Jamaika und weg von den Jesuiten. Nach ein paar Tagen war er weg. Insgesamt hatte ich mich also ganz gut gehalten.

Die Jesuiten und die Freiwilligen veranstalteten am Ende meines Aufenthalts, Ende Mai, auf dem Dach des Wohnheims eine Party für Bill und mich. Die Party ging bis in die Puppen und brachte mir ein unerwartetes Abschiedsgeschenk.

Am College war ich der Haschraucher von der Entspannungs- und Wochenendsorte gewesen. Jamaikanischer Hasch hatte den Ruf, einer der besten der Welt zu sein. Also fragte ich, bevor ich Boston verließ, den Novizendirektor, ob man in Jamaika Hasch rauchen könne. Ich meinte mit der Frage, ob es *legal* war, und nicht, ob er es mir erlauben würde. In beiden Fällen war die Antwort ein striktes Nein. Einer der Jesuiten-Studenten schüttelte mitleidig seinen Kopf, als ich ihm diese Geschichte erzählte. Er gab mir den Rat: „Wenn es im Orden um solche Sachen geht", sagte er, „dann denke immer dran, dass es einfacher ist, um Vergebung zu bitten, als um Erlaubnis zu fragen."

Also stand ich mitten in Jamaika – dem Land des Ganja – und konnte nicht Hasch rauchen. Ich hatte einem der Freiwilligen ein paar Wochen vor meiner Abfahrt davon erzählt. „Jammerschade!", hatte er gesagt. In der Partynacht auf dem Dach lächelte er leise und flüsterte: „Ich habe ein Geschenk für dich." Er griff in seine Tasche und holte vorsichtig einen Joint heraus. „Ich weiß ja, dass du das nicht machen sollst, aber es wäre doch schade darum, oder?" Er musste mich nicht lange überreden.

Tagsüber war ich im Hospiz von Mutter Teresa, um mich von den Schwestern und den Patienten zu verabschieden, und um ein paar Fotos zu machen. „Komm mal wieder, Bruder! Komm wieder zurück und arbeite mit uns!" Die Schwestern und die Menschen im Hospiz würden mir fehlen. Aber ich war froh, dass ich die Arbeit selbst endlich hinter mir hatte.

Es war noch schwieriger, sich von den Alpha Boys zu verabschieden, weil ich wusste, dass ich sie nie wiedersehen würde. Selbst wenn ich irgendwann nach Jamaika zurückkommen würde, hätte es die Jungen wahrscheinlich längst auf die Straßen von Kingston verschlagen. Ich nahm meinen Foto mit, um die Jungen zu fotografieren, denen ich Nachhilfe gegeben hatte. Sie kamen aus ihren Klassenzimmern gerannt und wollten unbedingt fotografiert werden: „Fotografier mich, Bruder!" – „Wann kommst du wieder hierher, Bruder?" Ricaldo war das Fotografieren so peinlich, dass er sein Gesicht hinter seinen Händen versteckte. Aber ich musste versprechen, ihm einen Abzug zu schicken.

Am 31. Mai flogen Bill und ich zurück nach Boston. Es war schön, wieder in den USA zu sein, dem Land der unbegrenzten heißen Duschen, der zahllosen Fliegengitter am Fenster und der unbegrenzten guten Nahrung. Mir fiel natürlich auf, dass es zurück in Boston auch Unmengen von Weißen gab. (Und jeder schien so gut angezogen zu sein.) Zu meiner Überraschung stellte ich fest, dass ich trotz des Ärgers, den ich in Jamaika auch erlebt hatte, gerne wieder einmal dorthin zurückkehren wollte. Und ich hoffte auch, dass ich nicht vergessen würde, was ich dort gelernt hatte.

Aber ich lief gar nicht Gefahr, etwas zu vergessen. Denn ich stürzte mich sofort in die Großen Exerzitien, eine Erfahrung, die tief aus der Fantasie und aus dem Gedächtnis schöpft. Am 30. Juni ging ich wieder nach Gloucester. Nach meinem Postulat und nach den Einkehrtagen, die ich dort erlebt hatte, war das für mich ein Ort, der von der Gegenwart Gottes durchdrungen war.

JEDER JESUIT macht zweimal in seinem Leben Große Exerzitien, einmal im Noviziat und eimal am Ende seiner Ausbildung. Die Großen Exerzitien, oder auch 30-tägigen Exerzitien, folgen der Schrift „Geistliche Übungen" des hl. Ignatius von Loyola. Dieses Buch ist im Grunde ein Handbuch für jeden Exerzitienleiter. Ignatius schreibt die „Übungen", die das Ergebnis seiner eigenen Erlebnisse beim Gebet sind, als eine Reihe von Meditationen – von Übungen eben –, die den Menschen helfen sollen, Gott unmittelbarer zu folgen.

Das Einkehrhaus in Gloucester war vollkommen ausgebucht von Menschen, die die Großen Exerzitien machen wollten: Viele Schwestern, ein paar Priester und Diakone und viele Laien. Ich war der einzige Jesuitennovize unter den Teilnehmern. Die meisten Laien waren in ihren Gemeinden aktiv und nahmen schon jahrelang an Gebetszeiten und Einkehrtagen teil. Für viele waren die Großen Exerzitien in Gloucester die Erfüllung eines lange gehegten Wunsches.

Für die Teilnehmer gab es an dem Abend, an dem wir eintrafen, ein Willkommensessen im Speisesaal. Weil die Leute bei den Exerzitien unweigerlich freundlich sind, lernten sich alle schnell kennen. Ich fragte mich zwar, was der Sinn davon war, weil doch jeder ab dem kommenden Tag Schweigen bewahren sollte. Aber trotzdem: „Ich werde für dich beten", sagte jeder.

David, der Assistent des Novizenmeisters, kam nach Gloucester, um mich anzuleiten. Die übrigen Novizen blieben im Arrupe-Haus und lebten nach dem Sommer-*ordo*. Das hieß apostolischer Dienst und Spanischlernen. David hatte bei den Exerzitien auch andere „Schüler", also Exerzitienteilnehmer, die sich mit ihm regelmäßig trafen. David wohnte in der Jesuiten-Gemeinschaft neben dem Einkehrhaus. Mein eigenes Zimmer lag in dem zweistöckigen Anbau des Hauptgebäudes, der als Unterkunft fungierte. Das Zimmer lag in einem langen grün gekachelten Gang, von dem etwa 20 Zimmer weggingen. Jedes Zimmer hatte ein großes Fenster mit einem Panoramablick auf den den Ozean. Im Raum stand ein Einzelbett. Am Fenster entlang stand ein schmaler Resopaltisch, den man als Schreibtisch benutzen konnte. Jeden Nachmittag um fünf Uhr war Gottesdienst. Den ganzen übrigen Tag verbrachte man schweigend.

Die erste Woche begann mit zwei Meditationen: die erste über Gottes Liebe, die zweite über unsere Grenzen und über unsere Neigung zur Sünde. Am ersten Tag der Exerzitien bat mich David, mich einfach zu entspannen und mich an der Schönheit der Schöpfung zu freuen.

In Gloucester war das im Sommer kinderleicht. Nur ein paar hundert Meter vom Haus entfernt krachten die Wellen an die Felsen. Krabbenfänger fuhren jeden Morgen auf die See hinaus, begleitet von Schwärmen von Möwen und schwarzen Kormoranen. Um den Fischwasserteich, der nicht weit vom Haus liegt, zwitscherten die Amseln mit den roten Flügeln, eine Schar von jungen Entenküken paddelte mit ihren Eltern durch das Wasser und Schildkröten sonnten sich faul auf den dunklen, moosbewachsenen Steinen. Bei den Docks in der Stadt saßen die Fischer auf ihren Holzbooten und flickten geduldig ihre Netze. Nachts ging der Mond in einem leuchtenden Orange über den Felsen auf. Da war es nicht schwer, die Güte Gottes in unserer unmittelbaren Umgebung wahrzunehmen. Es war auch nicht schwer zu erkennen, wo Gott in meinem Leben gut zu mir gewesen war. Ich dankte Gott für den Segen, den er mir über die Jahre zuteil werden hat lassen: für meine Familie, meine Freunde und gerade auch für meine Berufung zu den Jesuiten.

Es war aber auch nicht schwer, meine eigene Sündhaftigkeit zu erkennen. David bat mich, den Psalm 51 zu lesen. Der Psalm stellte mir meine Sündhaftigkeit plastisch vor Augen:

Gott, sei mir gnädig nach deiner Huld,
tilge meine Frevel nach deinem reichen Erbarmen!
Wasch meine Schuld von mir ab,
und wasch mich rein von meiner Sünde!
Denn ich erkenne meine bösen Taten,
meine Sünde steht mir immer vor Augen.

Fast eine ganze Woche lang stellte ich mich im Gebet meinen inneren Dämonen und meiner unvollkommenen menschlichen Natur: meinem Bestreben, dass jeder viel von mir hält; meiner Neigung, andere zu verurteilen und zu tratschen; meinem Bedürfnis, alles nur zu tun, um Anerkennung und Lob zu bekommen. Im Noviziat hatte ich viel Zeit mit Selbstbeobachtung zugebracht. Da war es leicht, die eigenen Unzulänglichkeiten zu erkennen. Ich begann, meine Fehler tief zu bereuen. Ich bedauerte, dass ich es nicht geschafft hatte, meine Fehler schneller zu überwinden. Am Ende der Woche fühlte ich mich wie ein Versager. Deshalb war es für mich ganz einfach, als David mich über die Passage aus dem Johannesevangelium meditieren ließ, in der es um die Ehebrecherin geht. Obwohl ich meine eigenen Sünden tief spürte, konnte ich auch die überwältigende und machtvolle Vergebung durch Jesus spüren, wenn ich mich als die Frau im Evangelium vorstellte.

Trotz des „Sturm und Drang" im Gebet, war das Leben in Gloucester fast sündhaft schön. Nach ein paar Tagen überließ ich mich entspannt dem Rhythmus der Exerzitien: zuerst Frühstück, dann das Gebet.

David hielt mich dazu an, drei- oder viermal am Tag jeweils eine Stunde lang zu beten. Zuerst fragte ich mich, ob ich das 30 Tage lang durchhalten könne. Manchmal, wenn mein Gebet leer wurde, fand ich es schwer, weiter zu machen. Dann rutschte ich nervös auf dem Gebetskissen in der Kapelle herum und sah andauernd auf meine Uhr. Noch 15 Minuten. Noch 10 Minuten. Mein Hintern tat mir schon weh, von den vielen Stunden Gebet am Tag. Schrittweise gewöhnte sich aber mein Hinterteil (und der Rest von mir) daran. Ich erfuhr auf diese Weise, dass Gott den Menschen die Geduld und die Eigenschaften gibt, die sie bei Exerzitien brauchen.

Nach dem Morgengebet machte ich einen langen Spaziergang nach Gloucester, am Teich vorbei. Dort sah ich nach, was jeweils umherschwamm, -kroch oder -flog. Dann ging ich an den stimmungsvollen Häuschen von Gloucester vorbei zum Yachthafen, wo die Fischerboote auf ihre Reparaturen warteten. Von dort ging ich zum inneren Hafen und kam schließlich an mein übliches Ziel: die riesige Bronzestatue des Fischers aus Gloucester. Das war ein Mahnmal für all die Männer, die als Fischer ihr Leben gelassen hatten. Der bronzene Fischer steht da, seine Hand fest am Steuerrad, in Regenzeug gekleidet, und blickt entschlossen auf das Meer. Auf dem steineren Podest ist eine ergreifende Inschrift aus dem Psalm 107:

Sie, die mit Schiffen das Meer befuhren
und Handel trieben auf den großen Wassern,
die dort die Werke des Herrn bestaunten,
seine Wunder in der Tiefe des Meeres.

Ich kam vor dem Mittagessen zurück. Dann konnte ich mich noch an den Atlantik setzen und in mein kleines ledergebundenes Notizbuch, das mir meine Schwester geschenkt hatte, schreiben und zeichnen. Die Mahlzeiten fanden schweigend statt. Aber weil man nicht nur hören wollte, wie 50 Leute Essen kauen und mit dem Besteck klappern, klang leise Musik aus den Lautsprechern im Speisesaal. Wir saßen alle auf derselben Seite der Tische, damit wir aus den großen Panoramafenstern auf den Ozean blicken konnten.

Nach dem Mittagessen betete ich eine weitere Stunde in der Kapelle (mit ungefähr einem Dutzend anderer Menschen) oder auch in einem kleinen und sonnendurchfluteten Raum, der „Marienkapelle" hieß. Diese Kapelle war früher einmal ein Solarium gewesen. Der kleine Raum hatte einen kühlen Terrakottaboden und roséfarbene Kissen an der Wand. In der Ecke stand eine bunte Marienfigur auf einem schmiedeeisernen Blumengerüst, in dem Veilchen blühten. Die Blumen hatten viel Licht, weil die Marienkapelle an einer Hausecke lag. Die beiden Außenwände waren vollkommen durch große Glasflächen ersetzt, die auf den Ozean blickten. Die Kapelle war der ideale Ort zum Beten.

Danach machte ich einen langen Spaziergang oder fuhr Rad. Beim Einkehrhaus gab es eine ganze Reihe von interessanten Wegen. Man konnte über die großen Granitfelsen vor dem Haus klettern und am Ozean sitzen, man konnte um den Teich laufen oder den Strand entlang gehen. Mein Lieblingsspaziergang war zum Leuchtturm, der eine Meile entfernt war. Eine Steinmole ragte von dem rot-weiß gestreiften Leuchtturm ins Meer hinaus. Dort konnte man sitzen und den Fischern zusehen, wie sie ihre Leinen auswarfen und ihren Fang einholten. Einen Nachmittag lang meditierte ich dort über

Jesus' Aufforderung an die Apostel am See Genesaret: „Kommt und ich werde euch zu Menschenfischern machen."

Auf dem Weg zum Leuchtturm begegneten mir streunende Hunde. Sicherheitshalber nahm ich einen großen Stock mit, den ich auf den Wiesen um das Einkehrhaus gefunden hatte. Eine Franziskanerin, die von David angeleitet wurde, sagte ihm, dass ich sie mit meinem langen Stock an Johannes den Täufer erinnere. (Offensichtlich war das der Abschnitt aus dem Evangelium, über den sie an diesem Vormittag meditiert hatte.) Weil die Franziskanerinnen ein großes Herz für Tiere haben, hatte David nicht den Mut, ihr zu sagen, dass ich den Stock als Waffe gegen streunende Hunde bei mir hatte.

Post war wichtig. Die Exerzitienleiter legten jeden Brief und jede Postkarte für die Teilnehmer auf einen großen Marmortisch im Foyer. Ich sah dort ungefähr 15-mal am Tag nach. Ich hatte geahnt, dass mir ab und an langweilig werden würde. Daher hatte ich meine Freunde gebeten, mir zu schreiben. Ich hatte Rob von den Exerzitien erzählt und hatte ihm gesagt, dass ich Briefe sicher nötig haben würde, weil ich 30 Tage lang nicht sprechen durfte.

„Wie beim *Odd Couple*", rief er.

„Wie bitte?"

„Das *Odd Couple*!", sagt er. „Als sie in dieses Kloster gegangen sind."

Rob brachte mich darauf, dass in einer Folge der TV-Serie „The Odd Couple" aus den 70er Jahren Felix und Oscar ein Kloster besuchen. Dort treffen sie auf Dutzende von schweigenden Mönchen in braunen Kutten und Sandalen. Das Schweigegebot ist so streng, dass sogar Fremde wie Felix und Oscar bestraft werden, falls sie reden. Damit beide nicht reden, erhält jeder von ihnen eine kleine Tafel. Als Oscar sein Schweigen bricht, um sein Wettbüro anzurufen, zeigt ihn Felix beim Abt an. Oscar bekommt Ärger und schreibt Felix auf der kleinen Tafel eine Botschaft: „Du sollst nicht petzen!" In der zweiten Woche meiner Exerzitien fand ich auf dem Marmortisch einen schweren Umschlag mit Rob's Absender. In dem Päckchen war eine kleine Tafel, auf der mit Kreide stand: „Du sollst nicht petzen!"

Die zweite und die dritte Woche der Exerzitien konzentrierte sich auf das Leben von Christus. Überall in den „Geistlichen Übungen" ruft Ignatius dazu auf, seine Vorstellungskraft zu benutzen, um sich selbst in verschiedenen Szenen aus dem Evangelium vorzustellen. Ignatius nennt das „Vorstellung des Ortes". In der Meditiation über Weihnachten zum Beispiel bittet man Gott um Hilfe, dass man sich im Stall an der Krippe vorstellen kann – Seite an Seite mit Maria und Josef, um zu sehen, was sie sehen, um zu riechen, was sie riechen, und um zu hören, was sie hören. Ich übernahm diese Gebetsmethode sehr gern und fand sie äußerst ergiebig. Inmitten einer solchen Betrachtung erfährt man auf ganz natürliche Weise spontan alle möglichen überraschenden Gefühle und Einsichten, die einem wiederum helfen, noch näher zu Gott zu kommen.

Mir machte es Freude, sich die Episoden um das Leben Christi auszumalen. Ich begann mit der Verkündigung im Lukasevangelium, eine meiner Lieblingsszenen in der Bibel. Wenn ich darüber nachdachte, wie Maria zu Gottes Willen Ja sagen konnte, kam ich auf die verschiedensten Bilder, Fragen und Ideen. Woher nahm Maria ihren großen Glauben? Warum hat Gott eine so unscheinbare Person ausgewählt? Woher hatte Maria den Mut, zu einer solch verantwortungsvollen Aufgabe Ja zu sagen? Was bedeutete die

Rede von der „Jungfräulichkeit" Marias? Nur diese eine Meditation über die Verkündigung beschäftigte mich tagelang. Dabei gewann ich ständig neue Einsichten darüber, wie Gott im Leben Marias wirkte und in meinem.

Bei den meisten Meditationen über die Gleichnisse Jesu, über seine Wunder, seine Zeit bei den Jüngern oder über seine Kreuzigung, kamen mir beim Gebet immer dieselben Themen zu Bewusstsein: mein Stolz, meine Ungeduld, meine Sündhaftigkeit – und dass meine Fehler mich davon abhielten, näher zu Gott zu finden. Aber zugleich wurde mir auch klar, wie Gott stets zu mir gehalten hatte, trotz meiner Unzulänglichkeiten. Ich dachte darüber nach, wie ich mir immer Sorgen gemacht hatte, Sorgen, Sorgen und nochmal Sorgen – ob ich in Jamaika krank werden würde, wie ich die Anerkennung anderer Menschen gewinnen könnte, dass ich im Krankenhaus nichts „tun" würde können, einfach dass ich mir über alles Sorgen machte. Aber wie bekümmert ich auch war, Gott war immer für mich da, an meiner Seite … immer hat er auf mich gewartet.

Wir hatten zwei „Pausentage", an denen wir miteinander sprechen und bei all den Betrachtungen nun einmal auch etwas unternehmen konnten. Wir konnten an den Strand gehen, noch Gloucester laufen oder das nahe Rockport besuchen, ein ehemaliges Fischerdorf, das jetzt von Geschäften, Restaurants und Touristen überquoll. Eine Gruppe von uns ging an einem Pausentag zum Abendessen in ein Fischrestaurant und wurde beinahe hinausgeworfen, weil sie so laut war. Zwei Wochen angestauter Konversationsbedarf. Komischerweise kam es mir so vor, als würde ich jeden schon lange kennen. Gemeinsam zu beten, sei es auch im Schweigen, hatte aus uns eine Schicksalsgemeinschaft gemacht.

Manchmal zogen sich die Tage in die Länge und ich fühlte mich erstaunlich müde. Meditation war, wie sich herausstellte, harte Arbeit und verlangte ein großes Maß an Konzentration. Aber die meiste Zeit über war mir bewusst, dass ich Glück hatte, eine solche Gelegenheit zu haben, weil ich mich so nahe bei Gott fühlte. Wie viele Leute kriegen schon einen Monat frei, um zu beten? Ich hatte noch nie so viel Zeit, um nachzudenken und zu reflektieren. Am Ende der Exerzitien fühlte ich mich näher bei Gott als je zuvor. Und ich war mir noch klarer darüber geworden, dass ich als Jesuit am besten Gott dienen und Frieden finden könnte.

Am letzten Tag der Exerzitien packte ich meine paar Sachen und verabschiedete mich von den Teilnehmern. Ich war überrascht, wie nahe ich mich allen fühlte. Ich hatte wirklich gefühlt, wie sie im Verlauf der Exerzitien für mich gebetet hatten. Es war der letzte Tag im Juli, der erste Tag der Ferien für die Novizen, die „*villa*". Ich hatte vor, eine Woche im Haus meiner Eltern zu verbringen und eine Woche mit den anderen Novizen in ein Ferienhaus am Cape Cod zu fahren.

David fuhr mich zum Südbahnhof in Boston und ich stieg in einen vollen und lauten Amtrak-Zug nach New York. Dort wollte ich eine Nacht bei Rob auf dessen Gästeliege verbringen. Ich schlief im Zug fast sofort ein und wachte erst ein paar Minuten vor New York auf. Nach dreißig Tagen von Meditation über das Leben Christi, von Vorstellung des Orts, von Gebet und Stille am Meer stieg ich aus dem Zug und wurde von der drängelnden und lauten Menge geschluckt, die um die Penn Station wogte und wirbelte.

DAS LEBEN IM GANZEN SEHEN

*Umkehr heißt nicht, etwas aufzugeben, von dem wir
uns leicht trennen können. Umkehr geht viel tiefer.
Umkehr heißt, etwas loszuwerden, das wir selbst
sind: unser altes Ich mit seinen allzu menschlichen,
allzu weltlichen Vorurteilen, Überzeugungen, Stand-
punkten, Werten, Denkgewohnheiten und Ver-
haltensweisen – Gewohnheiten, die so sehr Teil von
uns geworden sind, dass es schon schmerzhaft ist,
nur daran zu denken, sie loszulassen. Und doch sind
es genau diese Gewohnheiten, die uns daran hindern,
die Zeichen der Zeit richtig zu deuten, das Leben ausgeglichen wahrzunehmen, und es im Ganzen zu sehen.*

Pedro Arrupe: Unser Zeugnis muss glaubwürdig sein

IM HERBST meines zweiten Jahres als Novize hatte ich endlich die Nervosität des ersten Jahres überwunden. Ich
fragte mich nicht mehr, ob mich die Jesuiten entlassen würden, wenn ich die Türen des Küchenschranks offen ließ.
Nachdem unsere *secundi* ihre Gelübde abgelegt hatten und
zum Philosophiestudium gegangen waren, begrüßten Bill
und ich drei neue Novizen in unserer Mitte: Herman, ein

leutseliger junger Mann, der erst vor kurzem aus Puerto Rico emigriert war und an der Northeastern University gearbeitet hatte; David, ein ruhiger und frommer Charakter, der als Architekt in Boston gearbeitet hatte; und noch ein David, gelehrt und eulenhaft, der gerade sein Studium in Yale abgeschlossen hatte.

Das vergangene Jahr über hatte sich herausgestellt, dass ich immer noch unübersehbar unerfahren im Katholizismus war, oder zumindest, dass ich viel weniger über die Kirche wusste als die anderen Novizen. Immerhin war bei den *secundi* vor mir Michael schon Priester gewesen, George hatte für das Freiwilligen Corps der Jesuiten gearbeitet und die anderen wussten anscheinend alles über die Heiligen, die Sakramente und die Kirchengeschichte. Manchmal war das ziemlich peinlich. Als die secundi im August ihre Gelübde ablegten, bat mich Jerry, die für den Gottesdienst notwendigen Gegenstände zusammenzustellen.

„Wir brauchen ein Korporale, zwei Purifikatorien, zwei Patenen und einen Kelch", sagte er. Ich starrte ihn dumm an. Es war mir peinlich zuzugeben, dass ich außer bei dem Kelch keine Ahnung hatte, welche Gegenstände er meinte.

Da fiel Jerry wieder ein, wen er vor sich hatte: „Wir brauchen eine Unterlage, zwei Servietten, zwei Untertassen, und einen Becher."

Wegen meiner Unwissenheit, aber auch um sicherzustellen, dass die anderen Novizen auf Draht waren, stellten wir an einem Tag in der Woche in der Konferenz Bücher vor, die Erwachsenen eine Einführung in den Katholizismus vermitteln wollten. Ich war erstaunt darüber, wie sehr sich alles seit den Tagen meiner Sonntagsschule geändert hatte. Theologie war für mich jetzt nicht mehr einfach das Auswendiglernen von Dogmen, sondern ein Weg, Erwachsenen dabei zu helfen, ihren Glauben zu leben und moralische Entscheidungen zu treffen.

An einem Vormittag sprachen wir zum Beispiel über das Sakrament der Versöhnung. Früher hieß es „Buße" oder „Beichte". Als ich das letzte Mal etwas über die Beichte erfahren hatte, legte Schwester Mary Margret in der Sonntagsschule großen Wert auf den Unterschied zwischen den schrecklichen Todsünden und den lässlichen Sünden. Man musste eine lange Bußformel aufsagen (O mein Gott, ich bin aufrichtig betrübt, dass ich dich beleidigt habe ...), dann musste man seine Sünden in der richtigen Absicht beichten und schließlich seine Bußgebete aufsagen, bevor man überhaupt daran denken durfte, die Kommunion zu empfangen.

Aber der Zugang zum Sakrament, den ich im Novizenhaus las, war ganz anders: Die Betonung lag jetzt viel stärker auf der Versöhnung mit der Gemeinschaft. Es war natürlich auch noch von Sünde, von Beichte oder Buße die Rede, aber der Schwerpunkt lag auf der Vergebung durch Gott und auf Gottes Wunsch, dass sich die Menschen mit der Gemeinschaft versöhnen. Tatsächlich hieß das Sakrament jetzt „Sakrament der Versöhnung" statt „Buße" oder „Beichte". Das konnte ich gut verstehen.

„Wann hat sich denn das alles geändert?", platzte ich einmal während der Konferenz heraus.

„Vor ungefähr zwanzig Jahren", sagte David belustigt.

Ich rechnete nach und es musste stimmen: Das letzte Mal, dass ich etwas über den Katholizismus gelernt hatte, war mit zehn Jahren gewesen.

Mein „Experiment" in diesem Herbst leistete ich im St. Francis House, in einer Obdachlosenunterkunft. Sie wurde

von den Franziskanerinnen geleitet und lag in einem Armen-
viertel von Boston. Obdachlosigkeit war ein großes Thema
in den Medien und ich wollte das Problem aus erster Hand
erfahren. Die Schwester, die die Arbeit der Freiwilligen
organisierte, gab mir mehrere Aufgaben: in der Küche arbeiten, Zeit im „Tagesraum" verbringen, wo sich die Männer
und Frauen an den kalten Wintertagen versammeln, und
Altkleider im Keller sortieren und verteilen.

Am meisten machte mir die Arbeit in der Küche Spaß.
Jeden Tag bereiteten wir dort das Essen für dreihundert oder
vierhundert Menschen zu. Man kochte ein paar Stunden,
gab eine Stunde das Essen aus und reinigte dann ein paar
weitere Stunden die Küche und den Speisesaal, nachdem
die Gäste gegangen waren. Es war keine schwere Arbeit,
zum Beispiel 25 Kilo Kartoffelbrei in Stahltöpfen anzurüh-
ren, und es war natürlich befriedigend, hungrigen Menschen
das Essen auszuteilen. Es gibt nur wenig Jobs, wo man so
schnell Ergebnisse sieht.

Außerdem war es lustig, mit den Freiwilligen in der Küche
zu arbeiten – Collegestudenten aus der Gegend, Männer
und Frauen in Rente, und Angestellte, die sich einen Tag
frei nahmen, um zu helfen. (Wer hätte gedacht, dass es so
viele Menschen gab, die sich freiwillig Zeit nahmen, um zu
helfen? Ich war jedenfalls nicht darauf gekommen, bevor
ich Jesuit geworden war.) Wir aßen rasch zu Mittag, nachdem
wir gekocht hatten. Wir aßen dasselbe wie die Gäste. Bevor
das Essen ausgegeben wurde, stellten wir uns im Kreis auf,
nahmen uns bei den Händen und sprachen ein Gebet.

Eine Lektion, die in den verschiedenen Diensten während
des Noviziats gelernt hatte, war, wie leicht ich auf Klischees
reinfiel. Als ich im Youville Hospital arbeiten sollte, dachte

ich, dass ich für „die Kranken" arbeiten sollte. In Jamaika erwartete ich, dass ich „die Sterbenden" oder „die Armen" pflegen sollte. Aber das war völlig verallgemeinert. Ich habe nie für „die Kranken" oder „die Sterbenden", und ganz sicher nicht für „die Armen" gearbeitet. In Wirklichkeit habe ich für Gladys, für Gene, für Duane und für Ricaldo gearbeitet. Wer Menschen auf einen Typ reduzierte, erwies ihnen einen schlechten Dienst. Denn dann nahm man ihnen jegliche Individualität. Klar, es war wichtig, sich in jamaikanischer Kultur auszukennen, den Sterbeprozess oder die Ursachen der Obdachlosigkeit zu kennen, wenn man diese Menschen und ihre Lebensweise verstehen wollte. Aber man musste noch weiter gehen: Man konnte sie nicht einfach als eine spezifische soziologische Gruppe ansehen – als individuelle Menschen waren sie einfach viel zu verschieden.

Als ich meine Arbeit im St. Francis House antrat, glaubte ich, dass ich diese Lektion schon gelernt hätte. Aber das hatte ich nicht. Denn ich machte wieder denselben Fehler. An einem Vormittag im Winter arbeitete ich im Kleiderlager. Ich suchte nach einem Anorak für einen der Männer. Die obdachlosen Männer und Frauen sagten uns ihre Größe und welche Kleidung sie brauchten. Die Freiwilligen halfen ihnen dann, aus den Kleiderspenden die passende Kleidung herauszusuchen. Ich hielt eine kurze, orange Kordjacke hoch. Sie hatte um die Taille einen breiten Gürtel mit einer grossen Metallschnalle.

„Mann, ist die hässlich!", sagte der Mann, für den ich den Anorak suchte. „Glaubst du wirklich, ich will in so was rumlaufen?"

Die anderen Männer lachten. „Ja, die ist echt abartig!", sagte einer von ihnen.

Als Erstes dachte ich mir: „Er ist ein Obdachloser. Er sollte dankbar sein!" Aber dann dachte ich: „Warum soll er etwas Hässliches anziehen wollen, nur weil er gerade obdachlos ist? Obdachlosigkeit heißt doch nicht, dass er kein Individuum mehr ist, mit Gefühlen, mit Geschmack und mit Selbstachtung. Ich würde das ja auch nicht anziehen wollen!"

Ich fand auch heraus, dass ich die Menschen, für die ich mich engagierte, gerne romantisierte, und dass ich meinen eigenen Beitrag gern überschätzte. Zum Beispiel: die arme, sterbende Frau, die heilfroh war, mich zu sehen und mir dankbar ihre ganze Glaubensgeschichte erzählte. Oder: der jamaikanische Junge, der unendlich dankbar für meine Zuwendung war, und es mit meiner aufopfernden Hilfe schaffen würde, sein Leben zu ändern. Und: Wie dankbar der obdachlose Mann für das Essen und die Kleidung sein musste, die ich ihm gab! Vielen, vielen Dank, Jim!

Manchmal passierte das sogar. Viele Menschen, für die ich arbeitete, waren wirklich dankbar und sagten mir das. Viele wurden meine Freunde und spornten mich durch ihre Güte an. Dagegen war es ungeheuer schwierig, für einige von ihnen da zu sein. „Die Kranken", „die Sterbenden" und „die Obdachlosen" schlossen manchmal „die Nervensäge" ein.

„Der Kartoffelbrei sieht ja total verklumpt aus", sagte einer der Männer in der langen Menschenschlange, als ich ihm sein Tablett gab. Er war ungefähr der vierhunderste Gast, den ich bediente. Er warf mir das Tablett zurück. „Rühr den neu an!", motzte er.

„Krieg dich wieder ein", sagte ich, „ich esse ihn ja auch."

„Ha!", lachte einer aus der Schlange und sagte dann zu mir: „Genau, gib's ihm, Junge!"

Der Herbst verlief ohne großen Zwischenfall – die Novizen beteten, arbeiteten und lernten. Aber dann gab es doch einen Zwischenfall. Mitte November hörten wir aus dem Provinzialat New England, dass sechs Jesuiten, ihre Köchin und deren Tochter ermordet worden waren. Der Grund dafür war, dass sie an der University of Central America in El Salvador gearbeitet und sich für die Armen eingesetzt hatten.

Es war ein seltsames Gefühl: Ich spürte einen großen Verlust, genau wie die Gemeinschaft im Novizenhaus und die ganze Gesellschaft Jesu. Es war komisch, sich Menschen, die man nicht gekannt hatte, so nahe zu fühlen, vor allem den getöteten Jesuiten. Aber ich spürte, dass sie meine Brüder waren. Es war so, wie wenn in meiner Familie jemand gestorben wäre. Sogar meine nicht-jesuitischen Freunde merkten das. Meine Freunde und meine Familie riefen an, um mir zu sagen, wie Leid ihnen das tue. Zugleich war ich stolz darauf, dass die Jesuiten und die beiden Frauen zu ihrem Glauben gestanden hatten und sich dafür entschieden hatten, trotz der Gefahr für die Armen da zu sein. War dieser Stolz falsch? Vielleicht spürte ich ja einen verkehrten Stolz auf die Schlagzeilen und den Ruhm, den dieser Vorfall der Gesellschaft Jesu einbrachte. Die Story war auf der ersten Seite jeder großen Tageszeitung.

Aber das war es nicht. Das Leben der getöteten Jesuiten sprach etwas Tieferes in mir an. Ich hatte überhaupt nicht den Wunsch, ein Märtyrer zu sein (wenigstens jetzt noch nicht), aber ich hoffte, dass ich eines Tages denselben starken Glauben hätte – einen Glauben, der einen dazu bringt, für Gott und die von Gott geschaffenen Menschen da zu sein, sogar bis zum Tod. Im Jargon der Jesuiten hießen die Toten „Männer im Geist der Exerzitien" und „Menschen für

Andere". In diesem Sinn waren wir stolz auf sie und auf das, wofür sie eingetreten sind.

F AST DAS GESAMTE zweite Jahr drehte sich um das „Große Experiment". Dabei arbeiteten die Novizen vier Monate lang ganztags in einer jesuitischen Einrichtung. Im Januar, nachdem die *primi* nach Jamaika geschickt worden waren, wurde Bill zu „unserer" High School in Maine geschickt, und ich kam zu einer kleinen Schule der Jesuiten in New York City.

Die Nativity Mission School ist in einem früheren Mietshaus bei der Houston Street in de Lower East Side untergebracht. Die Räume, in denen die Einwanderer gewohnt hatten, dienten jetzt als Klassenzimer. Das Team bestand in diesem Jahr aus einem jesuitischen Priester, der auch der Direktor war. Dazu kamen zwei jesuitische Studenten, die im Rahmen ihres Magistriums an der Schule unterrichteten, und fünf junge Freiwillige aus dem Jesuit Volunteer Corps, dem landesweiten Projekt für College-Absolventen. Einige der Freiwilligen wohnten im obersten Stockwerk in einem kleinen, abgewohnten Appartment. Der engagierte jesuitische Direktor, den die Freiwilligen und die Schüler Pater Jack nannten, wohnte in einem winzigen Zimmer, einer Rumpelkammer neben einem der Klassenzimmer.

Ich wohnte in der von den Jesuiten geleiteten Gemeinde in der Second Avenue, die kurz „Nativity (Christi Geburt)" genannt wurde. Sie lag nur ein paar Straßen von der Schule entfernt. In der Gemeinschaft dort lebten zwei Jesuiten im Magistrium, drei Priester, die in der Gemeinde arbeiteten, und einer, der Kaplan in einem Krankenhaus in der Innenstadt war. Den Kaplan bekam man kaum zu sehen. Denn er arbeitete die meiste Zeit im Krankenhaus und blieb häufig dort über Nacht. Im Gegensatz zum Leben im Novizenhaus hatte ich hier keine Probleme mit der „Armut". Das Wohnhaus war einigermaßen abgewirtschaftet, vor allem die Küche im Erdgeschoss, die neben dem Pfarrsaal lag. An einigen Stellen war das Haus dringend reparaturbedürftig: zugige Fenster, angestoßene Möbel, fehlende Kacheln und solche Sachen. Im Rückblick sah das Novizenhaus eigentlich immer besser aus …

Die meisten Jungen in der Nativity stammten aus gerade erst eingewanderten Familien aus der Dominikanischen Republik und aus Puerto Rico. Ihre Eltern sprachen oft kaum Englisch. Die 50 Jungen bekamen an der Schule von unserem Team ein großes Maß an Aufmerksamkeit und Zuwendung.

Die Lehrer arbeiteten ungeheuer hart. Ihr Stundenplan war erdrückend, aber ihre Energie war erstaunlich. Der Unterricht begann um acht Uhr früh und dauerte bis zum Mittagessen. Weil die Küche in der Schule nur briefmarkengroß war, kaufte Pater Jack das Mittagessen für unsere Kinder von der High School der Christlichen Brüder, die nur drei Blöcke entfernt lag. Jeden Tag packten ein paar Jungen von der Nativity vierzig Schulessen in einen uralten Einkaufswagen und rollten ihn von der La Salle High School über die Second Avenue und die Houston Street zur Nativity. Unterwegs fiel oft etwas Essen auf den Gehsteig. Ich wusste zum Beispiel, dass es Pute zum Mittagessen gab, wenn ich einen einsamen Platscher Preiselbeersoße auf dem Gehsteig sah. Die Lehrer dagegen wurden von den Müttern und den *abuelitas* (den Großmüttern) in der Gemeinde umsorgt. Sie kochten für uns duftende Töpfe voll mit *arroz con pollo* und *arroz con tuna*. Nach dem Mittagessen gab es eine kurze Pause, bevor die Kinder wieder in den Unterricht mussten, der um drei Uhr vorbei war. Weil viele Kinder aus zerrütteten Familien oder aus einem engen Zuhause kamen, wo es kaum Platz zum Lernen gab, blieben sie bis zum Abendessen in der Nativity. Um fünf Uhr schlossen wir die Schule ab und gingen zum Essen nach Hause.

Die meisten Lehrer gingen um viertel nach fünf Uhr in den täglichen Gemeindegottesdienst in der kleinen Kapelle der jesuitischen Hausgemeinschaft. Das bedeutete, dass hier die tägliche Messe der Jesuitengemeinschaft, normalerweise nur für die Jesuiten gedacht, offen war für die Lehrer und die Gemeindemitglieder aus der Lower East Side. Es gab drei oder vier regelmäßige Kirchgänger in der fünf Uhr-Messe – ältere, arme Frauen. Eine von ihnen betete jeden Tag für „die Kranken, die Armen und die Leidenden". Eine andere Frau betete für „meinen Sohn Alexander, den Priester". Die dritte Frau sagte nichts. Die Mischung der jesuitischen Hausgemeinschaft mit den Lehrern und den älteren Gemeindemitgliedern schuf einige ur-katholische Augenblicke.

Nach dem Evangelium, in dem Jesus als Junge in der Synagoge lehrt („Ist das nicht der Sohn des Zimmermann?", sagen die Menschen dort), hielt Pater Jack eine kurze Predigt darüber, dass Jesus ein Jude war. „Jesus wurde als Jude geboren und wurde als Jude in einer jüdischen Familie erzogen", erklärte Pater Jack.

Zwei Frauen wollten das nicht glauben.

„Aber Jesus", sagte die eine, „Jesus war doch ein *Christ.*"

„Nein", sagte Pater Jack geduldig. „Er war ein Jude. Er wuchs als Jude auf und starb auch als einer."

„Aber er *hörte auf,* Jude zu sein, als er das Christentum gründete", sagte eine andere Frau, „stimmt's?"

„Eigentlich nicht."

„Er kann kein Jude gewesen sein! Er war doch Jesus!", sagte die erste Frau beharrlich.

Ich wollte Pater Jack theologisch nicht im Regen stehen lassen und sprang ihm zur Seite. „Wissen Sie", sagte ich, „ich habe irgendwo gelesen, dass Jesus, wenn er heute zu uns zurückkehren würde, viel eher in einer Synagoge als in einer Kirche zu Hause wäre, weil er Jude ist."

„Ach ja", seufzte eine der Frau resigniert, „das ist einfach wieder eines dieser großen Mysterien."

Nach der Messe und dem Abendessen gingen die Schüler und die Lehrer wieder in die Schule in den Studiersaal. Zuerst kam mir die viele Zeit, die die Schüler in der Schule verbrachten, völlig übertrieben vor, aber ich verstand schnell, dass das einer der Schlüssel zum Erfolg der Schule war. Die Kinder hatten durch die liebevolle Betreuung und durch die Aufmerksamkeit unseres Teams einen großen Vorteil. Die Schule bot ihnen eine sichere Umgebung und in den meisten Fällen halfen die vier Wände der Schule weit mehr beim Lernen als das Zuhause der Kinder.

Der Schultag war um zehn Uhr abends vorbei. Einer der Lehrer fuhr die Kinder in einem Schulbus nach Hause. Denn das Viertel war nicht ganz sicher.

Als ich zur Nativity School „entsendet" wurde, sagte mein Novizenmeister, dass ich wahrscheinlich nicht dem regulären Tagesablauf eines Lehrers folgen könnte. Uns war beiden klar, dass ich kaum Zeit für Gebet und Reflexion hätte, wenn ich von acht Uhr früh bis zehn Uhr abends durcharbeiten würde. Also ging ich an die Schule als eine Art Aushilfslehrer, der „nur" von Mittag bis zehn Uhr abends arbeitete. Das aber hatte zur Folge, dass meine Aufgaben kein klares Ziel hatten. Zuerst bat mich Pater Jack, ein Programm für die Abgänger der Nativity School, die jetzt zur High School gingen, zu entwickeln. Außerdem sollte ich ein paar Stunden halten und immer wieder einmal beim Unterricht einspringen. Bei GE hätte solch ein Auftrag „Sonderprojekt" geheißen. Und bei GE warnte ich die Angestellten jedesmal besonders vor den Sonderprojekten. Denn sie hatten keine klare Struktur. Das Ergebnis war jedesmal, dass die Angestellten bezüglich ihres Verantwortungsbereichs vollkommen verwirrt waren. Tatsächlich ging es mir genauso. Ich war wegen meiner unklaren Aufgabe ohne klare Parameter schnell frustriert. Es war mir außerdem auch peinlich, dass ich nicht als Vollzeitlehrer angesehen wurde. Aber ich merkte bald, dass die Arbeit der anderen Teammitglieder genauso unstukturiert war wie meine. Also stand ich nicht allein.

Als Erstes organisierte ich für die ehemaligen Schüler der Nativity School, die jetzt auf der High School waren, Orientierungsabende, an denen Menschen ihre Berufe vorstellten. Ich dachte mir, dass das den Kindern, deren Eltern meist nur Aushilfsjobs hatten, eine Vorstellung davon geben würde, welche Möglichkeiten nach der High School auf sie warteten. Ich brachte einige meiner Freunde dazu, mitzumachen. Ich stellte mir vor, dass das auch für sie ganz lehrreich sein würde. Ich versuchte, hispanische Berufstätige zu finden, weil ich glaubte, dass sie wirkungsvollere Rollenmodelle liefern würden. Manchmal aber ging der Schuss nach hinten los.

An einem Abend hatte ich einen hispanischen Architekten eingeladen. Nach einer unglaublich langweiligen Präsentation bat er um Fragen. Einer der Jungen löste sich aus seinem Tiefschlaf und fragte: „Ja, meine Frage ist, was machen Sie gerade? Also, haben Sie ein Projekt oder so was?"

„Ja, ich renoviere die Toiletten im Rathaus."

„Hey, *das* klingt ja echt spannend!", sagte einer der Jungs.

Die anderen Jungen brachen in Gelächter aus. Da wusste ich, dass ich die Möglichkeit, dass aus der Gruppe dieser Jungen ein Stararchitekt kommen würde, stark eingeschränkt hatte.

Ich organisierte auch ein paar Tagesausflüge für die Schüler der High School. Einmal fuhren wir an den Stadtrand zu einer Besichtigung der NBC-Fernsehstudios. Ich kannte immer noch ein paar Leute, die ich dort während meiner Zeit bei GE untergebracht hatte. GE hatte NBC 1986 gekauft. Meine Freunde organisierten eine Führung für die Schüler und wollten danach mit ihnen über ihre Jobs in den Studios sprechen. Mir fiel auf, dass einige der 16- oder 17-jährigen Jungen, die in New York aufgewachsen waren, noch nie weiter aus der Innenstadt herausgekommen waren als bis zur 14th Street. Überrascht sah ich ihre Reaktionen, als wir aus der U-Bahn nach oben kamen. Sie sahen sich die großen Türme des Rockefeller Center wie Touristen an, die zum ersten Mal in der Stadt waren. „Wow, Mr Martin", sagte einer von ihnen im NBC-Gebäude, „ich habe noch nie einen Teppichfußboden gesehen."

Fünfzehn High School-Schüler durch die Studios zu führen war eine ganz schöne Herausforderung. Auf unserem Rundgang nahmen sie die Hinweise der Führerin gar nicht ernst, lugten fröhlich in leere Büros und erkundeten Flure, die nicht zur Tour gehörten. Die Führerin, eine schöne junge Frau, hatte es noch schwerer als ich.

„Und hier wird die *Today Show* gefilmt", sagte sie begeistert, als wir eines der Studios betraten.

„*Was für eine* Show? Die habe ich noch nie gesehen", sagte einer der Jungen. „Wann läuft die denn?"

„Jeden Tag um sieben Uhr früh!", sagte sie.

„Ist ja geil."

„Okay", sagte die Führerin, nachdem sie durchgeatmet hatte. „Hat noch jemand Fragen?"

„Ja klar. Wie viel Kohle machen Sie so?‘"

Ich weiß nicht mehr, ob sie dazu kam, eine Antwort zu stottern. Denn da kam als Nächstes die unvermeidliche Frage.

„Ja", sagte einer Jungen und lächelte verschmitzt. „Ich habe da eine Frage. Wollen wir mal zusammen *ausgehen?*"

Jeden Nachmittag gab ich einem der jüngeren Schüler Nachhilfe. Angel und Jimmy waren jeweils zehn Jahre alt und hatten Schwierigkeiten mit dem Lesen. Also kramte ich ein paar Kinderbücher zusammen, damit das Lesen ihnen mehr Spaß machte.

Jimmy mochte „Encyclopedia Brown", ein Buch über einen berühmten kleinen Detektiv. Jimmy sagte mir, dass das Buch gar nicht so schwierig war, wenn man erst einmal das erste Wort des Titels geschafft hatte. Angel suchte sich eines meiner Lieblingskinderbücher aus, „Die Insel der Blauen Delphine". Ihm gefiel das Buch, obwohl die Hauptfigur ein Mädchen war. Die übrige Zeit unterrichtete ich Zeichnen und übernahm die Aufsicht im Studiersaal. Dort beantwortete ich Fragen zu den Hausaufgaben und half den Schülern bei der Rechtschreibung und in Mathematik. Aber zu der Aufsicht gehörte auch, Autorität durchzusetzen – das war ziemlich sinnlos. Denn es war nicht so einfach, über die Witze und Streiche nicht zu lachen. Die Schüler fragten mich auch endlos über irgendetwas, damit sie eine gute Ausrede zum Quatschen hatten.

„Mr Martin", fragte mich Bobby, einer der Schüler, eines Tages. „Haben Sie wirklich viel Geld gemacht, bevor Sie Jesuit wurden?"

„Ja, schon", sagte ich.

„Dann haben Sie eine eigene Wohnung gehabt???"

„Mhm."

„Ein Auto?", fragte er weiter.

„Jo!", sagte ich.

„Und jetzt sitzen Sie *hier*? Mann, warum haben Sie das alles aufgegeben?"

„Weil es mir hier viel mehr Freude macht als irgendwo anders zuvor."

Bobby verdrehte die Augen. „Mann, Sie sind echt verrückt!"

Aber das war die Wahrheit. Obwohl ich hier nur kleine Sachen machte – Aufsicht im Studiersaal, Aushilfe im Unterricht, Zeichnen am Nachmittag – war ich unendlich zufriedener als in irgendeinem der Jobs bei GE. Normalerweise wäre ich jetzt an einem Punkt in meinem Leben angekommen, wo ich einen sicheren Beruf, ein gutes Gehalt, ein schönes Haus und ein Auto (oder zwei) hätte haben sollen, aber gar nichts davon hatte. Und es war mir so was von egal.

AN EINEM ABEND unterhielt ich mich mit Anna, unserer Köchin, in der Küche der jesuitischen Hausgemeinschaft. Sie kochte fantastische Gerichte aus der Dominikanischen Republik. Viele von ihnen waren mit gebratenem Fleisch und Gemüse zubereitet. Dementsprechend war auf unserem Küchenboden ein kleiner Ölfleck. Ich rutschte auf ihm aus. Ich spürte, wie mein Fuß umknickte und hörte, wie etwas knackte. Ich humpelte in den Studiersaal.

Am nächsten Tag war mein Fuß so angeschwollen, dass ich kaum gehen konnte. Ich hinkte zu einem Krankenhaus in der Nähe. Der Arzt dort erklärte mir, dass ich mir einen kleinen Knochen gebrochen hatte. Ungläubig musste ich zusehen, wie er meine Jeans aufschnitt und meinen Fuß bis zum Knie mit glitschigen nassen Bandagen umwickelte. Ich ging zur Schule zurück, mit Krücken und einem großen Gipsbein.

„Mr Martin!", schrien die Kinder, als ich durch die Tür kam, „was haben Sie denn gemacht?" Zwanzig Schüler kamen angerannt und fragten, was ich für einen Unfall gehabt hatte. Außerdem wollten sie unbedingt meine Krücken ausprobieren. Beim Mittagessen spielten die Kinder mit den Krücken herum, während ich bei den anderen Lehrern am Tisch saß. „Hoffentlich breche ich *mir* auch das Bein!", sagte einer der Jungen.

Michelle, eine der ehrenamtlichen Lehrerinnen, bat ihre Schüler, dafür zu beten, dass das Bein von Mr Martin bald wieder gesund sei.

Am nächsten Tag stieg ich vorsichtig in die Dusche. Ganz, wie es der Arzt erklärt hatte, hatte ich eine Plastiktüte über das Gipsbein gestülpt, um es trocken zu halten. Aber das nutzte nichts. Der Gips saugte sich im Nu mit Wasser voll. Es kam mir so vor, als würde er 25 Kilo wiegen. Ich ging wieder ins Krankenhaus. Dort erklärte mir ein anderer Arzt, nachdem er ein paar Röntgenaufnahmen gemacht hatte, dass ich keinen so großen Gips bräuchte. Ich müsste nur ein paar Wochen lang auf Krücken gehen.

Er schnitt den Gips schnell auf und gab mir stattdessen eine kleine Plastikbandage, die nur meinen Knöchel bedeckte.

Ich ging zurück zur Schule.

„Mr Martin!", kamen die Kinder angelaufen. „Ihrem Bein geht es besser! Wir haben in der Klasse für Sie gebetet und jetzt geht es Ihrem Bein schon besser! Das ist – wie ein *Wunder!*"

E s MACHTE MIR SPASS, wieder in Manhattan zu leben, auch wenn mein Budget viel enger war als in der Zeit, in der ich noch bei GE gearbeitet hatte. Ich bekam 70 Dollar im Monat. Das war eine deutliche Erhöhung im Vergleich zu meinem „Gehalt" von 35 Dollar im letzten Jahr. Mein alter WG-Genosse Rob sagte dazu, dass ich wohl Karriere machte. Denn ich hatte hundert Prozent Gehaltserhöhung bekommen.

Viele meiner Freunde aus Collegezeiten arbeiteten in Manhattan und die meisten meiner Kollegen von GE wohnten immer noch in der Nähe. Eine ganze Reihe konnte sich immer noch nicht mit der „ganzen Jesuiten-Sache" anfreunden. Das durfte mich nicht überraschen. Denn ich war ja ziemlich unerwartet in die Gesellschaft Jesu eingetreten. Vielleicht wäre es mir genauso gegangen, wenn einer von ihnen so etwas gemacht hätte. Einige machten sich immer noch Sorgen, dass ich etwas ausgemacht Dummes anstellen würde. Natürlich machten sie sich Sorgen. Sie wussten ja auch gar nichts von den Jesuiten.

Andere dagegen, wie Rob, unterstützten mich sehr. Sie fragten mich sogar nach den Traditionen der Jesuiten, nach deren Spiritualität und nach deren Gebet. Und die paar Freunde, die religiös waren, halfen mir natürlich sehr. Jacque, meine alt-neue christliche Freundin von der Penn konnte gar nicht genug davon bekommen, etwas über mein Leben, mein Gebet, meine Exerzitien und meine Zukunftspläne zu erfahren.

Aber die meisten waren gegenüber der Gesellschaft Jesu und gegenüber einem Leben im Orden immer noch misstrauisch. Das spürte ich an unseren Gesprächen. Es war ihnen besonders unangenehm, über Gebet und Glauben zu sprechen. Das nannte ich den „Im-Stuhl-Rumrutsch-Faktor". Wenn ich über das Novizenhaus sprach, oder über andere Jesuiten, über meine Arbeit oder über die Ausbildung bei den Jesuiten – dann war das mehr oder weniger in Ordnung. Aber wenn ich versehentlich ein Gebet oder eine Meditation oder – mein Gott! – Gott selbst erwähnte, dann war das meinen Freunden sichtlich unangenehm und sie fingen an, in ihrem Stuhl herumzurutschen. Normalerweise bemühten sie sich sofort, das Thema zu wechseln.

Aber selbst die, die beim Thema Religion skeptisch waren, waren dem Aspekt der „guten Taten" gegenüber aufgeschlossen. Jamaika, die Nativity School, Arbeit bei den Obdachlosen – das sprach sie an. Zum Glück nahm ihr Interesse an der spirituellen Grundlegung für diese Arbeit zu, wenn sie meine Arbeit gut fanden. Trotzdem war es komisch, dass ich um meinen Glauben herumreden musste. Er war ein wichtiger Teil meines Lebens geworden, über den ich offen mit meinen Brüdern bei den Jesuiten sprechen konnte. Dass einige meiner Freunde nicht dazu bereit waren, etwas darüber zu erfahren, schloss einen großen Teil meines Lebens von unseren Gesprächen aus.

Nur ganz wenige Freunde verurteilten die Jesuiten bewusst und ich fühlte mich bei ihnen nicht wohl. Keiner kam zu mir und sagte, dass ich mich irre. Aber einige begannen mit mir hitzige Diskussionen über die Geschichte der katholischen Kirche, ihren „Reichtum", ihren Standpunkt beim Thema Rechte der Frauen, Empfängnisverhütung, Abtreibung, usw. Die Existenz Gottes und die im Gebet erfahrene Wirklichkeit waren ihrer Meinung nach reine Einbildung. Die Jesuiten kamen ihnen besonders ritualorientiert vor. Ich wusste zwar, dass meine kritischen Freunde das soziale Engagement schätzten, aber weil die Sozialarbeit von den Jesuiten ausging, kam ihnen sogar der Einsatz für die Armen verdächtig vor. Die Jesuiten mussten einen Hintergedanken bei ihrem sozialen Engagement haben. „Was war ihre politische Motivation?", fragte einer meiner Kollegen von GE skeptisch. Wofür hatten die Jesuiten das Geld, das die Menschen gespendet haben, *wirklich* benutzt? Die Kirche hatte doch viel Grundbesitz, oder? Meine kritischen Freunde bedauerten, dass ich zu den Jesuiten gegangen war, und ich bedauerte ihre Einstellung.

Bruce erzählte mir, dass einer unserer Freunde aus dem College bei einer Silvesterparty mit einem tiefen Seufzen gesagt hatte: „Es ist echt schade um Jim. Er hat früher so viele verschiedene Sachen gemacht. Er ist ins Museum gegangen und ist viel im Kino gewesen und so. Und jetzt kann er das alles wahrscheinlich niemehr wieder machen."

„Er ist zu den Jesuiten gegangen", gab Bruce zurück, „er ist nicht tot."

Natürlich wollte ich keine Freunde nur wegen der Jesuiten verlieren. Ich hoffte, dass sie meine Entscheidung besser verstehen würden, wenn sie die Jesuiten besser kennen lernten. Und tatsächlich, als meine Freunde mehr Zeit mit anderen Jesuiten und mir verbrachten, sahen die meisten, dass ich kein Roboter mit vorausgegangener Gehirnwäsche geworden war. Trotzdem fühlte ich mich bei den wenigen, die meiner Entscheidung gegenüber negativ eingestellt waren, nicht wohl. Langsam begann ich mich von ihnen wegzubewegen. (Ich habe deswegen ein schlechtes Gewissen.) Aber es war schon schwer genug, ein Novize zu sein, ohne auch noch Leute um mich herum zu haben, die meine Entscheidung in Frage stellten.

Während meiner Zeit in der Nativity bekam ich auch einen Vorgeschmack darauf, was es hieß, öffentlich eine „religiöse Person" zu sein. Ich musste noch mit den Krücken gehen, als unser Team zu einer Benefizveranstaltung für die Schule eingeladen wurde. Das Ganze wurde von einer Art Hilfsorganisation von jungen Managern in Manhattan veranstaltet. Im Mai gaben sie ein Benefiz-Dinner mit Tanz in einem großen Club in der West Side. Es war eine schwüle Nacht und ich fing schon zu schwitzen an, wenn ich nur daran dachte, mit meinen Krücken in Anzug und Krawatte herumzuhopsen. Da war es doch bestimmt besser, ein Klerikerhemd zu tragen – es hatte kurze Ärmel und ging trotzdem als „gut angezogen" durch. Außerdem war ich neugierig, was passieren würde.

„Ooh, hallo *Pater*!", riefen die Lehrer einstimmig, als ich aus dem Wohnheim kam. Wir nahmen wegen meiner Krücken ein Taxi zum Club.

Der Saal war voll mit jungen Managern ... Sie sahen ungefähr so aus wie ich vor zwei Jahren. Die Lehrer und ich setzten uns zum Abendessen an unseren Tisch. Das Essen wurde von Absolventen der Nativity School serviert, die für diesen Abend gut bezahlt wurden. „Hey, Mr Martin, Sie sind ja ein Priester!", riefen sie, als sie den weißen Kragen sahen.

Es war nicht einfach, in den Krücken herumzugehen. Also blieb ich an unserem Tisch und ließ meine Freunde die Drinks bringen. Ein edel angezogener Partygast rempelte mich auf seinem Weg zur Bar an. „Pass doch auf!", schimpfte er und ging weiter.

Als er wegging, sah er meinen Kragen. „Oh, *Pater*, es tut mir Leid!", sagte er mit einem Mal voll Reue. „Ich habe Sie gar nicht gesehen. Entschuldigen Sie *vielmals!*"

Ein Konzerntyp kam zu mir, um mir zu sagen, welch tolle Arbeit wir an der Nativity School leisteten. Er redete viel und stellte einige kluge Fragen zur Schule. Ich fragte ihn, womit er seinen Lebensunterhalt verdiene.

„Also, Pater, ich arbeite im Finanzbereich. Für eine Investmentbank." Er machte eine Pause, weil er vielleicht dachte, ich hätte das nicht verstanden. „Eine Investmentbank macht ungefähr Folgendes: Sie betreut das Geld von anderen Leuten und hilft ihnen dabei, es zu investieren. Das ist etwas anderes als eine *normale* Bank."

„Jaja. Ich kenne den Unterschied noch", sagte ich und dachte an das Vorstellungsgespräch bei den Salomon Brothers. „Ich habe übrigens auch einmal im Finanzbereich gearbeitet. Ich war bei GE Capital." Er starrte mich an, vollkommen überrascht. Und sein Unterkiefer klappte nach unten. Ich weiß noch, dass mir damals durch den Kopf ging, dass ich noch nie gesehen hatte, wie der Unterkiefer von jemandem nach unten geklappt war. Ich hätte genauso gut sagen können: „Ich kann auch fliegen!" Nach ein paar ausweichenden Worten ging er zurück an den Tisch mit den Drinks.

Am Ende des Abens kam eine sehr betrunkene und sehr attraktive Frau zu mir. Nach einem lockeren small talk griff sie nach meinem Arm und zog mich zu sich her. „Wissen Sie, was ich heute Nacht wirklich brauche, Pater?"

Ich wusste es nicht.

„Jemanden, mit dem ich schlafen kann." Sie sah mich vielsagend an.

Ich wusste nicht, was ich darauf sagen sollte. Also sagte ich nichts.

„Kann ich Sie etwas fragen … wenn es nicht zu persönlich ist?"

„Von mir aus", sagte ich zögernd.

„Sind Sie Alkoholiker?"

„Ähm, nein." Ich trank gerade Ginger Ale.

„Sind Sie schwul?", fragte sie weiter.

„Wie bitte?"

„Sind Sie schwul, Pater?"

„Sie haben doch gerade gesagt, dass das nicht zu persönlich wird", sagte ich.

„Sie sind hetero, oder?", sagte sie. „Das sehe ich doch."

Ich nahm vorsichtig ihre Hand von meinem Arm und bedankte mich für ihr Kommen.

Sie wankte davon. Miguel, einer der Jungs von Nativity kam zu mir herüber und sagte: „Mr Martin, wer war denn *das*?"

„Pass mal auf, Miguel", sagte ich. „Wenn du jemals Frauen verführen willst, dann kauf dir so ein schwarzes Hemd wie meines hier."

„Ist ja super! Wo gibt's die?"

Mit meinen aufgesplitteten Aufgaben in der Nativity war ich nie ganz zufrieden. Vielleicht war ich immer noch zu sehr an die Struktur gewöhnt, die ich bei GE gehabt hatte. Der Schule schien die Strukturlosigkeit zu nutzen. Wir erreichten alles trotz der verrückten Umstände dort (oder vielleicht *wegen* ihnen). Die Kids fühlten sich geliebt und zu Hause. Das wäre vielleicht in einer spartanischeren und reglementierteren

Schule nicht so gewesen. Trotz mancher Enttäuschung über meine Aufgaben mochte ich die Kinder. Ich bewunderte das Team und das Engagement der Schule. Sie lag genau dort, wo ein Jesuit sein sollte. An meinem letzten Tag gab es einen besonderen Abschiedskuchen zum Mittagessen. Nachdem Pater Jack eine kleine Rede gehalten hatte, klopften die Jungen auf den Tisch, stampften mit den Füßen auf den Boden und schrien vor Begeisterung. Das war besser als jede Gehaltsabrechnung, die ich jemals bekommen hatte.

ANFANG JUNI kamen alle Novizen von ihrem „Experiment" in das Arrupe House zurück. Der *ordo* im Sommer war locker: Wir lernten Spanisch in Cambridge (außer Herman, dessen Muttersprache Spanisch war, der lernte Englisch) und arbeiteten viel im Garten. Dann hatte ich eine Woche Ferien (bei den Jesuiten: „*villa*") bei meinen Eltern und danach eine Woche Urlaub mit den anderen Novizen auf Cape Cod.

Wir *secundi* bewegten uns auf die Gelübde im August zu. Es war an der Zeit, sich noch einmal grundlegend damit zu beschäftigen. Ich hatte nie Zweifel daran, dass ich die Gelübde ablegen wollte. Aber jetzt, nach zwei Jahren Probezeit, musste man bei den Vorgesetzten formal die „Bewerbung" um die Gelübde einreichen. Aber zuerst bekam ich gesagt, dass ich zu etwas anderem zugelassen sei. „Gratuliere!", sagte der Novizenmeister im Juni zu mir, „du hast die Zulassung dafür, dich um die Gelübde zu bewerben."

Mir war bisher noch nicht klar gewesen, dass diese Stufe im Bewerbungsprozess überhaupt gab – dass ich für die *Bewerbung* zugelassen werde. „Ich habe immer gedacht, dass man sich einfach bewirbt", sagte ich.

„Ganz falsch, man muss erst die Zulassung dafür haben", sagte Jerry. „Dann kann man sich bewerben."

„Dann bin ich aber froh über die Nachricht", sagte ich, „glaube ich wenigstens."

Der Novizenmeister bat Bill und mich, unsere Erfahrungen als Novizen in den letzten zwei Jahren zu reflektieren. Wir sollten über den anderen eine „*informatio*" schreiben und, das war eine echte Überraschung, auch über uns selbst. Aber eine *informatio* über die eigene Person zu schreiben erwies sich als sinnvolle Übung für die Selbsteinschätzung (zumindest war es eine echte Herausforderung über sich selbst Fragen zu beantworten wie die: „Würden Sie mit diesem Mann gerne in einer Gemeinschaft leben? – oder: „Was glauben Sie, wie gut kennen Sie diesen Jesuiten?"). Zum Abschluss sollten wir vor unserem Gelübdetag dreitägige „Gelübde-Exerzitien" machen. Die *informatio* und die Exerzitien boten uns die Möglichkeit, über das Leben als Jesuit zu reflektieren – Welche Erlebnisse bestärkten uns in unserer Berufung zum Jesuiten und welche nicht? Womit kamen wir gut zurecht und womit nicht? Was gefiel uns an diesem Leben und was nicht? Kurz gesagt: Waren wir für ein Leben als Jesuit geschaffen? Doch zuerst einmal musste ich mir die einzelnen Gelübde noch einmal vor Augen stellen.

Armut war für mich als Novize kein großes Problem. Obwohl ich bei GE ein gutes Gehalt verdient hatte, war mir das Geld selbst nie wichtig gewesen. Ich hatte mir nur ein paar Mal einen kurzen Urlaub in Europa gegönnt. Den Rest des Gelds hatte ich gespart. Das aufzugeben wäre nicht schwer, glaubte ich zumindest.

Ein Teil der Armut war auch ganz einfach. Kein Konto mehr; keine Kreditkarten; keine Kundendienste beim Auto;

keine Miete; keine Strategien mehr, wie man an den Job mit dem meisten Geld kommt; kein Neid mehr, ob das eigene Gehalt hoch genug war oder ob jemand anderes mehr verdiente. Diese Sorgen loszuwerden war ein wunderbar befreiendes Erlebnis, ganz so wie es gedacht war. Im Großen und Ganzen schien ein einfaches Leben gut zu mir zu passen.

Aber bei einem Budget von 70 Dollar im Monat muss man auch echte Opfer bringen. Manchmal kam es mir so vor, als würde mein ganzes Geld für Toilettenartikel und Ferngespräche draufgehen. (Ich begann, mich nur noch jeden zweiten Tag zu rasieren, um Rasiercreme zu sparen.) Und ich war von den Jesuiten finanziell vollkommen abhängig. *De jure* besaß ich gar nichts. *De facto* (was *de jure* gleichkam) hatte ich kaum Geld, um irgendetwas damit anzufangen. Bei allem, was ich brauchte oder wollte, musste ich fragen. Und ich musste damit rechnen, dass die Antwort „Nein" hieß.

Meine Arbeit bei den Jesuiten brachte mich auch an Orte, wo ein luxuriöseres Leben entweder unmöglich war oder für die Menschen vor Ort eine Provokation darstellte. Eine Obdachlosenunterkunft in Boston. Ein Slum in Kingston. Die Lower East Side von New York. Man kommt gar nicht darauf, dass man viel braucht oder verdient hat, wenn man den Lebensstandard um einen herum ansieht. Ich konnte nicht in meine Hausgemeinschaft in Kingston zurückkehren und mich über das Essen beklagen, wenn ich gerade Jungen Nachhilfe gegeben hatte, die buchstäblich gar nichts hatten. Und wenn ich es tat, fühlte ich mich sofort schuldig.

Trotzdem fand ich es als Novize manchmal schwierig, meine Vorstellung von „Armut" mit dem Lebensstil im Novizenhaus zu versöhnen. Ich hielt immer noch an einer wahrscheinlich zu zwanghaften Vorstellung von Armut als vollkommener Armut fest. Die Armut der Jesuiten ist sicher von Einfachheit und Distanz geprägt, davon, dass man nur das benutzt, was man wirklich braucht. Aber es ist eben keine Armut in völliger Mittellosigkeit, wie es schon Ignatius erklärt hatte. Ignatius kannte aus eigener Erfahrung die Probleme, die äußerste Armut mit sich brachte – keine Nahrung bedeutet schlechte Gesundheit und das bedeutet die Unfähigkeit zum Dienst am Menschen. Das konnte ich verstehen. Wir brauchten wenigstens ein paar Dinge, um unsere Arbeit verrichten zu können.

Aber manchmal fragte ich mich schon, wie wir es rechtfertigen konnten, so viele Dinge zu „brauchen". Ein paar Jahre nach meinem Noviziat besuchte ich eine jesuitische Gemeinschaft, in der jeden Morgen das Frühstück nach der individuellen Bestellung zubereitet wurde. Ich war auch bei einer Gemeinschaft, wo jeder Jesuit sein eigenes Auto hatte. Manchmal verwirrte mich das. Dann wiederum, wenn ich mich besonders überlegen fühlte, verurteilte ich das. Manchmal konnte ich das ganz entspannt sehen, wenn ich mich ermahnte, dass ich selbst weit davon entfernt war, vollkommen zu sein. Dann sagte ich mir, dass es falsch sei, einen meiner Brüder bei den Jesuiten zu verurteilen, die sich mühen, Armut ehrlich und aufrichtig zu leben.

Bei manchen Gelegenheiten konnte ich unsere Unzulänglichkeiten auch mit Humor sehen. „Wenn das Armut ist", flüsterte mir ein Jesuit bei einem opulenten Mahl in einer jesuitischen Hausgemeinschaft zu, „dann mal her mit der Keuschheit!"

Trotz meiner rigorosen Vorstellungen und meiner Neigung, andere zu verurteilen, war mir klar, dass ich nicht in äußerster Armut leben konnte. An einem Abend in Kingston hatte sich unsere kleine Gruppe von jesuitischen Novizen und Studenten mit kanadischen Jesuiten zum Essen getroffen. Die Kanadier lebten in einem Slum. Ich lebte ja auch in einem Slum. Aber der Unterschied war, dass die Kanadier in einem winzigen Zuhause wohnten, das dem Zuhause der Menschen um sie herum sehr ähnlich war. Es gab wenig Raum, Probleme mit den Wasserleitungen und nur sporadisch Strom. Ich dagegen wohnte in einer großen, sicheren Anlage, die von Stacheldraht umgeben war. Wir hatten fast immer heißes Wasser und obendrein eine Köchin, die mein Essen machte. Ihre Lebensweise war authentischer, dachte ich mir über die kanadischen Jesuiten. Das zog mich sehr an. Aber ich wusste auch, dass ich nicht so leben konnte – wenigstens damals noch nicht.

Es gibt auch eine tiefer gehende Art von Armut, der sich ein Jesuit auch aussetzt – spirituelle Armut, mit der sich jeder irgendwann konfrontiert sieht. Diese Armut liegt darin, einfach menschlich zu sein, mit Versagen, Krankheit, Hunger und Enttäuschung zu leben. Dazu gehörte etwa die Unfähigkeit, die Menschen im Youville Hospital zu heilen oder etwas für sie zu „tun", aber auch das Wissen, dass die Alpha Boys wahrscheinlich einem Leben in Armut nicht entgehen würden, ganz gleich wie viele Nachhilfestunden ich ihnen gab. Teil der spirituellen Armut war die Erkenntnis, dass die Menschen, die ich in der Obdachlosenunterkunft von St. Francis kennen gelernt hatte, wahrscheinlich obdachlos bleiben würden oder dass einige Jungen aus der Nativity School sicher ein Leben voller Mühe und Entbehrungen haben würden, auch wenn wir noch so viel Zeit mit den Kindern verbrachten. Ich glaube, dass diese Art von Einsicht ohne Glauben zur Verzweiflung werden kann. Diese Art der Armut zwingt einen dazu, sich auf Gott zu verlassen.

Aber die Zeit im Noviziat half mir dabei zu erkennen, dass das Akzeptieren dieser spirituellen Armut große Freiheit bringen kann. Wenn man akzeptiert, dass alles von Gott herkommt, befreit man sich von dem Mythos der Selbstständigkeit und der Unabhängigkeit. Im Grunde gibt man den Versuch auf, die Probleme aller Menschen auf eigene Faust zu lösen – man gibt nicht auf, die Probleme zu ändern, aber, sie zu lösen. Solange man sich nur auf sich selbst verlässt, ist man zur Verzweiflung verurteilt. Aber sich selbst für die spirituelle Armut zu öffnen – für die Armut der eigenen Grenzen – befreit aus der Verzweiflung. Der eigene Dienst trägt mehr Früchte, wenn man Gott erlaubt, aus einem selbst heraus stärker zu wirken. Kurz gesagt, man lässt die Verzweiflung hinter sich und findet Hoffnung.

Mit dem zweiten Gelübde – Keuschheit – hatte ich schon immer mehr Schwierigkeiten. Sex ist super. Es ist eine echte Herausforderung, auf Sex und körperliche Intimität zu verzichten. Aber noch schwieriger als der Verzicht auf körperliche Nähe ist der Verzicht auf einen Menschen, auf den man sich stützen kann. Eine „ausschließliche Beziehung", wie das in religiöser Sprache heißt. Manchmal spürte ich eine Welle von Neid und Zweifel, wenn ich sah, wie zwei Menschen Arm in Arm gingen, während ich wusste, dass ich das in meinem Leben nie haben würde.

Aber durch das Gelübde der Keuschheit erlebt man auch hier eine Befreiung. Ein Freund bei den Jesuiten erzählte mir einmal: „Ich hätte nicht nur eine Frau heiraten können – ich habe mich einfach zu oft verliebt. Ich hätte hundert Mal heiraten müssen." Mir geht es nicht ganz so, aber er hatte

das grundlegende Ziel der Keuschheit auf einen Punkt gebracht – es ist natürlich die Liebe. Auch die Keuschheit kann
nicht verhindern, dass man sich verliebt. Ich habe mich oft
verliebt, seit ich Jesuit geworden bin. Das ist nur normal,
und woran David mich immer in der spirituellen Anleitung
erinnerte: Wenn man sich nicht verliebt, dann zeigt das nur,
dass man ein großes Problem hat. Sich zu verlieben und verliebt zu sein sind Geschenke Gottes. Es kommt nur darauf
an, was man macht, wenn man sich als zölibatärer Mensch
verliebt. Leugnet man das Gefühl oder unterdrückt es und
wird dadurch frustriert und neurotisch, oder versucht man,
dieses Gefühl in sein Leben in Keuschheit zu integrieren?

Ein Mensch, der in Keuschheit lebt, versucht wie Jesus
selbst so viele Menschen wie möglich zu lieben. Es gibt ein
paar Zyniker, die sagen, dass man niemand liebe, wenn man
alle liebe. Und ganz sicher ist das eine Gefahr bei einem
Leben in Keuschheit. In einem Comic der „Peanuts" sagt
Charlie Brown zu Linus, dass Linus niemals Arzt werden
könne, weil er die Menschheit nicht liebe. „Aber ich liebe
doch die Menschheit", sagt Linus, „es sind nur die ganzen
Leute, die ich nicht ausstehen kann."

Ganz pragmatisch gesehen weiß ich einfach, dass ich
mehr Zeit und Energie für andere aufbringen kann, wenn
ich in Keuschheit lebe. Ich achte mehr auf mein Gegenüber, höre besser zu und kann ihm näher sein als in einem
Leben in einer ausschließlichen Beziehung. Das heißt überhaupt nicht, dass jeder in Keuschheit leben sollte oder dass
ein Leben in Keuschheit irgendwie „besser" als ein Leben
in der Ehe oder als Single ist. Wie die Menschen in der Ehe
kann auch ich meine Gelübde nicht immer perfekt einhalten und manchmal komme ich überhaupt nicht damit

zurecht. Aber sobald das Leben in Keuschheit aufgeht, ist es wunderbar. Es befreit mich und gibt mir die Fähigkeit, Gottes Liebe und Gnade zu erfahren.

Der Gehorsam kam mir immer als das leichteste von allen drei Gelübden vor, wenigstens in meiner Novizenzeit. Schließlich hatte ich bei GE immer Anordnungen ausgeführt und keine Sekunde deswegen gezögert. Es erstaunt mich jedesmal, wenn jemand nicht verstehen kann, wie man ein Gehorsamsgelübde ablegen kann, obwohl er selbst 15 Stunden am Tag arbeitet und für den Konzern die Familie aus ihrem gewohnten Umfeld herausreißt und mit ihr quer durch das ganze Land zieht. „Wie kannst du dir nur von jemandem sagen lassen, was du zu tun hast?" Als ob eine Kanzlei, eine Bank oder Universität nicht genau dasselbe von einem verlangen würde – und das meistens mit weit weniger Einfühlungsvermögen.

Joe, der spirituelle Leiter, der bei uns im Novizenhaus wohnte, erzählte mir, dass jedes Jahr am 31. Juli der *status* der Provinz veröffentlicht wurde. Darin wurden die Aufgaben jedes Jesuiten für das kommende Jahr aufgelistet. Ein Jahr, nachdem Joe sein Philosophiestudium abgeschlossen hatte – das muss so in den 50er Jahren gewesen sein – kam der jährliche *status* heraus. Darin stand, dass Joe Chemie an der Cranwell School, einer der alten Schulen der Jesuiten in West Massachussetts, lehren sollte.

„Ich bin zum Provinzial gegangen", erzählte mir Joe, „weil ich geglaubt habe, dass da ein Irrtum vorlag. Ich hatte nicht nur noch nie Chemie unterrichtet, ich hatte es noch nicht einmal an der Schule gelernt! Aber der Provinzial erklärte mir, dass da kein Irrtum vorlag. Sie brauchten damals einen Chemielehrer."

„Und was hast du dann gemacht?", fragte ich erstaunt.

„Ha!", lachte er. „Ich habe Chemie unterrichtet, drei Jahre lang! Und weißt du was? Ich bin richtig gut darin geworden!"

Diese Art von Gehorsam bedeutet auch, dass Jesuiten in ihrer Karriere von einer Aufgabe zur anderen wechseln müssen. Das hängt vom Bedarf der Gesellschaft und letztlich der Kirche ab. Ignatius, der die Arroganz kannte, die oft mit Positionen mit großer Autorität einherging, gab die Anweisung, dass Provinziale und Superioren ihr Amt nur für eine begrenzte Zeit innehaben sollen. Danach sollten diese Jesuiten wieder mit ihren Brüdern zusammenleben, die zuvor ihre Untergebenen gewesen waren. Dadurch bleiben die Jesuiten am Boden und halten sich nicht so leicht für etwas Besseres. Ignatius forderte auch, dass Jesuiten, soweit das möglich ist, davon Abstand nehmen, Bischöfe oder Kardinäle zu werden. Daher ist in der Formel zum abschließenden Gelübde der Jesuiten, die ihre Ausbildung beendet haben, das Versprechen eingeschlossen, keine hohe Stellung in der Gesellschaft Jesu anzustreben.

Aber auf jeden Jesuiten, der ein Dutzend verschiedener Jobs in seiner Karriere innehatte und wie ein Ping-pong-Ball von Gemeinschaft zu Gemeinschaft gesprungen ist, kommt ein Jesuit, der entschlossen an einem Ort und in einer Gemeinschaft geblieben ist. (Und wehe dem Provinzial, der versucht, ihn zu versetzen.) „Ich wohne seit 40 Jahren in diesem Zimmer", sagte einmal ein älterer Jesuit zu mir. Ich wusste nicht, ob ich ihn bemitleiden oder ihm gratulieren sollte.

In jüngster Zeit wird unter Gehorsam die Art der Entscheidungsfindung verstanden, die Ignatius am liebsten mochte. Dabei werden die Wünsche des Jesuiten und seines

Vorgesetzten als gleich wichtig angesehen. (Das heißt aber nicht, dass Ignatius den Gehorsam locker sah. In seinen „Konstitutionen" schrieb er, dass ein Jesuit auf eine Bitte seines Superiors hören sollte, „als ob sie von Christus selbst käme.") Also geht es normalerweise nicht darum, dass jemand, der sich mit Händen und Füßen wehrt, irgendwohin verschleppt wird, um dort Chemie zu unterrichten. Viel öfter ist eine gleichermaßen schwierige Art des Gehorsams der einfache Gehorsam in der täglichen Arbeit. Gehorsam heißt, zu der Aufgabe zu stehen, zu der man entsendet wurde, sei es zum Unterrichten, zum Arbeiten, zum Lernen oder zum Beten *pro Soc. et Eccles.*, und dabei zu erkennen, dass diese Aufgabe Gottes Wille für einen selbst ist, auch wenn dies manchmal schwer zu glauben ist. Oder dass die Aufgabe wenigstens so nahe an Gottes Willen liegt, wie dies der Superior und man selbst ausmachen können. Letztlich glaubt ein Jesuit daran, dass durch Gebet und das Gespräch mit seinem Superior Gottes Wille erfüllt werden kann.

Als ich an der Nativity School war und mich fragte, ob mein Job genauso wichtig war wie die Aufgabe der Lehrer, die Vollzeit unterrichteten, musste ich mich daran erinnern, dass ich aus Gehorsam dorthin gegangen war. Als ich mich im Youville Hospital langweilte oder mir überflüssig vorkam, musste ich mich an den Gehorsam mahnen. Wenn ich irgendwie dem Waschen der alten Männer in Kingston aus dem Weg gehen wollte (was eigentlich jeden Tag so war), war Gehorsam sicher nicht das Einzige, was mich dort hielt. Aber er brachte mich davon ab, ständig ans Aufhören zu denken. Täglich gehorsam sein. Wenn ich jetzt zurückblicke, dann bin ich froh, dass ich bei jeder meiner Aufgaben geblieben bin.

Als die Gelübde immer näher kamen, bat uns der Novizenmeister auch, unser „Gebetsleben" zu reflektieren. Damit meinte er die Art, wie wir beten und die Frage, welche Rolle das Gebet in unserem Alltag spielt.

Es erstaunte mich, als mir klar wurde, dass in nur zwei Jahren das Gebet zum zentralen Element in meinem Leben wurde. Das Gebet war fast so selbstverständlich wie das Atmen. Wenn ich einmal an einem Tag nicht betete, dann fühlte ich mich unausgeglichen, ohne Verbindung zum innersten Teil meines Selbst – Verbindung, die mich mit Gott verknüpfte. Und jetzt, am Ende meines *secundi*-Jahres, nach zwei Jahren täglichen Gebets, wöchentlicher spiritueller Anleitung und langen Exerzitien, hatte ich auch herausgefunden, was mir beim Beten half. Ich wusste, dass ich echte Stille zum Beten brauchte – Stille außen und Stille in mir. Weil äußere Stille im Novizenhaus nicht immer leicht zu finden war, betete ich normalerweise in der Hauskapelle (dem ruhigsten Ort im Haus) nach der Konferenz am späten Vormittag (der ruhigsten Zeit im Haus).

Ein Freund bei den Jesuiten erzählte mir, dass er einmal zu Exerzitien in ein Trappistenkloster gefahren war. Er freute sich auf eine Zeit ruhiger Kontemplation. Wie die meisten Klöster, die sich finanziell selbst tragen, hatte auch dieses Kloster eine spezielle Einnahmequelle – Brot backen. Mein Freund stellte sich vor, dass er mit den fröhlichen Mönchen arbeiten würde – er würde die frisch gebackenen Laiber Brot aus den warmen Ziegelöfen ziehen und mit dem Geruch von frischem Brot in der Nase mit den Mönchen das tägliches Gebet singen. Aber bald nach seiner Ankunft fand sich mein Freund in einer riesigen, lauten Fabrik bei der Arbeit wieder. Zu den Gebetszeiten gingen die Mönche einfach mit ihrem Brevier in eine Ecke der Fabrik und riefen ihr Gebet über den Höllenlärm der Maschinen.

Noch wichtiger als das Wo und das Wann für das Gebet war es, das Wie herauszufinden. Dafür konnte ich mich vor allem auf die Einsicht und den Rat unseres Novizenmeisters und meines spirituellen Leiters verlassen.

Einen anderen wertvollen Tipp für das Gebet bekam ich aus dem kleinen, aber wunderbaren Buch „God and you" von dem Jesuiten William Barry, einem erfahrenen spirituellen Leiter. In seinem Buch regt Barry dazu an, die Beziehung zu Gott mit der Beziehung zu einem anderen Menschen zu vergleichen. Natürlich ist es nicht *genau* dasselbe: Schließlich haben die meisten unserer Freunde nicht das Universum *ex nihilo* erschaffen. Was das Buch meint, ist, dass die Art und Weise, wie wir persönliche Beziehungen sehen, uns helfen kann, unsere Beziehung zu Gott zu überdenken und zu vertiefen. Zum Beispiel: In einer guten Beziehung zu stehen, heißt, dass man Zeit mit dem anderen Menschen verbringen muss. In der Beziehung zu Gott ist es genauso. Und in jeder Beziehung will man so viel wie möglich über den anderen Menschen erfahren: über seine Lebensgeschichte, seine Probleme, seine Freuden. Dasselbe gilt in der Beziehung zu Gott – und da ist es dann gut, dass es die Bibel gibt. (Wenn man Jesus kennen lernen will, kann man die Evangelien lesen.) Eine gute Freundschaft verlangt es, dass man einander zuhört. Man würde sich wohl kaum als einen guten Freund bezeichnen, wenn man nur reden und ständig um etwas bitten würde (so, wie wir es aber oft in unserem Gebet machen). Das Zuhören ist in jeder Beziehung sehr wichtig, vielleicht das Wichtigste überhaupt.

Wenn man sich Gott so vorstellte – wie in einer persönlichen Beziehung, dann war das Auf und Ab im Gebet viel weniger schlimm. Am Beginn einer Beziehung gibt es zum Beispiel oft eine Phase des „Verknalltseins". Man will am liebsten die ganze Zeit mit dem anderen Menschen zusammen sein. So ist es auch mit dem Gebet: Wenn man anfängt zu beten, will man seine Zeit nur noch mit Gott verbringen, so schön ist es. Aber die Beziehung muss über dieses oberflächliche Niveau hinaus auf eine tiefere Ebene vordringen. Wie jede Freundschaft muss sie wachsen und offen für Veränderung sein. Genauso ändert sich das Gebet während des Lebens: Manchmal entsteht es wie von selbst, mit einer Leichtigkeit, und fühlt sich reich und tiefgehend an; manchmal ist das Gebet äußerst schwer, fast eine Last, bringt fast nichts an „Ergebnissen". Aber das Wichtige ist – wie in jeder Freundschaft – dabei zu bleiben und letztlich den anderen Menschen besser kennen zu lernen und ihn noch stärker zu lieben. Wie der Theologe Karl Rahner, ein Jesuit, einmal schrieb: Es ist nicht wichtig, etwas über Gott zu wissen, sondern ihn zu kennen.

Das Gebet beinhaltet auch das tiefe Vertrauen, dass Gott denen, die ihn aufrichtig suchen, entgegenkommen wird. In einem islamischen Sprichwort heißt es: Bei jedem Schritt, den du auf Gott zu machst, kommt er dir zwei entgegen; und wenn du auf Gott zugehst, läuft er dir entgegen.

Für mich war das Gebet in meiner Novizenzeit die meiste Zeit über emotional. Ich empfand ein Gefühl von Liebe oder Dankbarkeit oder von Ehrfurcht davor, wie Gott in meinem Leben wirkte. Während der zwei Jahre Novizenzeit lernte ich Gott – und mich – besser kennen. Das ist ziemlich naiv, das weiß ich. Aber ich bin eben nicht Ignatius von

Loyola, Thérèse von Lisieux oder Thomas Merton. Es war schon schwierig genug, einfach ich selbst zu sein.

ALS DER AUGUST kam, waren Bill und ich damit beschäftigt, unseren Gelübdetag vorzubereiten. Zuerst schrieben wir mit der Hand vier verschiedene Gelübde-„Formeln" in ein gebundenes Buch, das im Novizenhaus aufbewahrt wurde. Als Erstes kam die offizielle Gelübdeformel, die wir während der Messe sprechen würden. Seit Jahrhunderten haben die Jesuiten genau diese Formel benutzt. Ich blätterte im letzten Gelübdebuch, das zehn Jahre zurückreichte. Dabei sah ich mir die Handschrift der Novizen an, die mir vorausgegangen waren: Manche waren kräftig, andere gedrungen, manche unleserlich. Aber alle hatten Gott gegenüber dasselbe Versprechen abgelegt. Bill und ich schrieben unser Versprechen, jeden „Rang" und jeden Status, den uns die Gesellschaft zuweisen würde, zu akzeptieren. Jede der Gelübdeformeln würden wir sofort nach der Messe am Professtag unterschreiben.

Wir wurden auch danach gefragt, ob wir einen „Professnamen" annehmen wollten, etwa so wie man sich bei der Firmung einen Namen aussuchen kann. Ich dachte mir: „Ein neuer Name gratis, warum nicht?" Während unserer dreitägigen Gelübde-Exerzitien war mir (unter anderem) aufgegangen, dass mich Jesus liebte, obwohl ich alles andere als perfekt war – wie Petrus. Daher bat ich darum, Peter als meinen Professnamen tragen zu dürfen.

Nachdem uns die Provinz New England zu den Gelübden zugelassen hatte, setzten wir einen Gottesdienst in der Kirche der Unbefleckten Empfängnis an. Das war die Hauskapelle des Provinzialats der Provinz New England. Es ist eine wunderschöne Kirche, die erst vor ein paar Jahren renoviert wurde. An der hohen Wand entlang stehen auf großen, weißen Säulen Büsten von jesuitischen Heiligen. Hoch über dem Altar ist ein fein gearbeitetes Fresko, das Maria unter den Heiligen im Himmel zeigt. So schön die Kirche auch renoviert war, eine Klimaanlage hatte sie keine. Der Gelübdetag war der 18. August. Daher fürchteten wir die Hitze. Auf jeden Fall, so beschlossen wir, sollten Ventilatoren in der Kirche sein. Dann würde es schon nicht so schlimm werden.

Die Vorbereitung auf die Gelübde war fast wie die Vorbereitung auf eine Hochzeit. Wir ließen Einladungen und Programme drucken, wir suchten die Lieder, die Lesungen, den Priester für die Predigt und die Zelebranten aus. Wir suchten sogar nach einem Party-Service, der die Gäste nach dem Gottesdienst versorgen sollte. (Die 250 Dollar, die wir beim Eintritt in das Noviziat bezahlen mussten, hatten schließlich ihren Zweck gefunden.) Die steigenden Kosten erinnerten mich an eine Geschichte über Pedro Arrupe, den früheren Ordensgeneral der Jesuiten. Einer der Provinziale erklärte Pater Arrupe, dass das Novizenhaus von einer reichen Nachbarschaft in ein ärmeres Stadtviertel verlegt werden musste. Das bedeutete, ein neues Haus zu finden und zu renovieren. Das würde ziemlich teuer werden. „Ach", sagte Pater Arrupe, „kostet es nicht ein Vermögen, unsere Männer arm zu halten?"

Der 18. August war ein heißer und schwüler Tag. Ich schwitzte schon, als ich mit den anderen Novizen um 12 Uhr vom Novizenhaus zur Kirche ging.

Ich versicherte mich, dass alles für den Gottesdienst vorbereitet war – die Programme, die Blumen und der Organist.

Dann ging ich durch die Kirche und begrüßte jeden. Zu meiner großen Freude hatten sich meine Eltern wieder versöhnt und waren wieder zusammengezogen. Meine Schwester war verlobt. Also hatte meine Familie nicht nur wieder ihre frühere Größe, sondern war sogar gewachsen. Meine Verwandten und meine Freunde aus der High School waren von Philadelphia angereist. Meine Freunde von der Penn kamen von überall an der Ostküste angeflogen. Frühere Kollegen von GE waren von Stamford und New York gekommen. Alle Lehrer von der Nativity School hatten sich in ihren Schulbus gequetscht und hatten sich auf die Pilgerreise von New York aus gemacht. Auch ein paar Freundinnen meiner Schwester aus Harvard wollten kommen. Bruce und seine Mutter waren aus Washington, D. C., hergefahren. „Für sie ist es fast so schön, wie wenn *ich* Jesuit geworden wäre", hatte mir Bruce ein paar Wochen vor dem Gelübdetag erzählt.

Die Orgel begann zu spielen und ich flitzte an das Ende der Kirche, um mich in eine lange Schlange von Priestern einzureihen, die gerade den Mittelgang entlangschritten. Ich versuchte gerade, mich zu sammeln, da kamen die College-Freundinnen meiner Schwester an. Sie sahen mich, kamen zur Prozession der Priester dazu und begannen mit mir zu plaudern. „Hallo, wie geht's? – Du siehst gut aus. – Du auch. – Danke fürs Kommen."

Schritt für Schritt ging ich den Mittelgang entlang.

„Wann geht denn die Messe los?", fragte eine der Freundinnen, während sie neben mir herging.

„Also, eigentlich jetzt", sagte ich. „Du bist gerade mitten in der Einzugsprozession. Vielleicht suchst du dir erst einmal einen Platz."

Der Gottesdienst verlief reibungslos. Meine Schwester und Bills Schwester lasen jeweils eine Lesung. Als Evangelium hatten Bill und ich das 21. Kapitel aus dem Johannesevangelium ausgesucht. Dort sagt Jesus zu seinen Jüngern: „Weidet meine Schafe!" Wir sahen darin eine gute Beschreibung des Dienstes in der Kirche.

Nach der Predigt begannen David und Jerry mit dem Hochgebet. Eine ganze Reihe von Zelebranten stand neben David um den Altar, während er die Gebete sprach. Mir fiel auf, dass einer von ihnen schlecht aussah. Er hieß Dan und hatte mit Bill in seinem Großen Experiment zusammengearbeitet. Dan hatte eine komische graue Gesichtsfarbe. „Das ist ja interessant", dachte ich mir, „bis jetzt habe ich immer nur von Leuten gelesen, die grau aussahen, aber ich habe es bis jetzt noch nie gesehen." Plötzlich ließ sich Dan auf seinen Stuhl fallen. Ein paar Priester beugten sich sofort zu ihm und fragten ihn, ob es ihm gut gehe. Es war sehr heiß in der Kirche geworden. Da wurde Dan bewusstlos und sackte in seinem Stuhl zusammen.

In der Kirche waren einige Jesuiten, die Ärzte waren. Zwei liefen den Gang entlang, um Dan zu helfen. Wir hatten einen großen Schrecken und mussten zusehen, wie sie Dan auf den Teppich legten und ihm Luft zufächelten. Später erfuhr ich, dass Dan Heilfasten machte und den ganzen Tag noch nichts gegessen hatte. Die Mischung aus Fasten und extremer Hitze hatte ihn einfach umgehauen. Auf jeden Fall lag der arme Jesuit da am Boden und das während einer Professmesse, zwei Priester waren bei ihm, und die gesamte Provinz sah zu. Man konnte verstehen, dass er ziemlich betreten aussah.

Myles, einer der jesuitischen Ärzte und ein guter Freund von mir, fing meinen Blick auf, während er bei Dan kniete, um seinen Puls zu fühlen. Ich war nun wahrscheinlich genauso grau wie Dan am Boden. Über die Schulter lächelte Myles mir zu und flüsterte ein Wort: „Gratuliere!"

Jerry war im Hochgebet bei der Wandlung angelangt. Er sagte mir später, dass er gedacht hatte, es würde nur noch mehr Aufmerksamkeit auf Dan lenken und daher für Dan noch peinlicher sein, wenn er die Messe unterbrechen würde. Also entschied sich Jerry, mit dem Gottesdienst fortzufahren.

Nach der Wandlung kam Jerry zu mir. „Wir müssen eure Gelübde später machen", flüsterte er.

Was? Erschrocken glaubte ich, dass er die Gelübde auf einen anderen *Tag* verschieben wollte. Aber er meinte nur: ein bisschen später im Verlauf der Messe. Normalerweise legen die Jesuiten ihre Gelübde nach der Wandlung ab, während der Novizenmeister die Hostie vor ihnen hochhält. Aber weil zu diesem Zeitpunkt immer noch ein Mensch mit dem Rücken auf dem Boden lag, entschied Jerry, dass es klüger sei, bis nach der Kommunion zu warten.

Während Jerry und David die Kommunion austeilten, hörten wir Sirenen näher kommen. Ein paar Minuten später platzte ein Notarztteam in die Kirche und rollte eine quietschende Bahre den Gang entlang. Die Sanitäter gaben Dan etwas Wasser, legten ihn auf die Bahre und rollten ihn unter den gespannten Augen der Gottesdienstbesucher nach draußen. Das war der dramatische Höhepunkt des Gottesdienstes. Von jetzt an konnte alles nur noch anti-klimatisch sein.

Das war natürlich nicht ganz der Ablauf, den ich mir gewünscht hatte. Nach der Kommunion signalisierte Jerry mir, dass ich jetzt meine Gelübde ablegen sollte. Während die Leute auf mich sahen, kniete ich mich schwitzend auf den überraschend kühlen Teppich. Ich schloß meine Augen, bat Gott, an meiner Seite zu sein, und begann zu sprechen:

Allmächtiger ewiger Gott, ich, James Peter Martin, wiewohl allseits deines göttlichen Anblicks höchst unwürdig, doch auf deine unendliche Güte und Barmherzigkeit vertrauend und angetrieben von dem Verlangen, dir zu dienen, gelobe vor der heiligsten Jungfrau Maria und deinem gesamten himmlischen Hof deiner göttlichen Majestät immerwährende Armut, Keuschheit und Gehorsam in der Gesellschaft Jesu; und ich verspreche, dass ich in diese Gesellschaft eintreten werde, um für immer mein Leben in ihr zu verbringen, wobei ich alles gemäß den Satzungen der Gesellschaft selbst verstehe. So erbitte ich flehentlich von deiner unermesslichen Güte und Milde durch das Blut Jesu Christi, du wollest dieses Ganzbrandopfer zum Wohlgeruch annehmen und, wie du zu dem Verlangen danach und es darzubringen die Gnade geschenkt hast, sie auch zu seiner Erfüllung in reichem Maß schenken.

Das Gelübde zu sprechen war ein umwerfendes Gefühl. Sogar in der ganzen Aufregung – den Vorbereitungen, der Nervosität, den Gästen, der Hitze, der Ohnmacht und dem Notarztteam – war ich völlig konzentriert. Es war, wie wenn ich vor meinen Freunden und vor meiner Familie zu Gott beten würde. Und ich dachte mir: „Ja, hier soll ich sein; dort gehöre ich hin. So ist es, das Leben im Ganzen zu sehen."

Nach der Messe war ich von Dutzenden von Priestern in weißen Alben umringt. Sie umarmten mich und gratulierten mir. Natürlich war Dans Ohnmachtsanfall das große Gesprächsthema. „Eines ist sicher, keiner wird jemals *eure* Professmesse vergessen!", sagte der Provinzial. Ich speicherte bei mir bereits ab, meine Priesterweihe auf jeden Fall im Winter zu feiern. Und dafür zu sorgen, dass es genug Wasser für alle gab.

Nachdem Bill und ich alle offiziellen Dokumente in der Sakristei unterschrieben hatten, fuhren wir zu einem Empfang in den Hinterhof des Arrupe House zurück. Ich war froh, meinen Anzug ausziehen zu können. Ich sprang in eine kurze Hose und ein T-Shirt und konnte die Zeit mit meinen Freunden verbringen. Ich war froh, dass meine Freunde und meine Familie, die meinen Eintritt bei den Jesuiten skeptisch gesehen hatten, jetzt sehen konnten, dass ich glücklich war.

„Hallo, *Pater*", sagte George, mein alter Freund von der Penn zu mir.

„Ich bin noch kein Pater", korrigierte ich ihn. „Das kommt erst in neun oder zehn Jahren."

George setzte ein verzweifeltes Gesicht auf: „Das gibt's doch nicht. Ich muss *noch einmal* zu einer Messe herkommen?"

Dass so viele Freunde die Pilgerreise nach Boston angetreten waren, empfand ich als großen Segen für mich. Mir wurde klar, wie sehr sie zu mir gehalten hatten, auch wenn ein paar von ihnen nicht ganz verstanden, was ich hier machte. Aber allein ihre Anwesenheit zeigte ihre Verlässlichkeit und ihre Loyalität. Bruce erzählte mir an diesem Tag, dass ein paar Freunde von der Penn gewettet hatten, dass ich es nicht länger als sechs Monate aushalten würde. (Aber Bruce wollte mir nicht sagen, wer gewettet hatte, dass ich es schaffe, und wer, dass ich es nicht schaffe.)

Dan erholte sich schnell. Er brauchte nur etwas Flüssigkeit. Am Ende konnte jeder, auch Dan, darüber lachen. Er schaffte es sogar noch zur Party. Dan sei der perfekte Jesuit, zog ich ihn auf. „Er verpasst die Messe, aber schafft es zu den Drinks."

Die Feier dauerte bis zum Abendessen. Dann ging ich mit meiner Familie und meinem künftigen Schwager zu einem Festessen nach Cambridge. Beim Abschied waren meine Eltern weniger aufgeregt als vor zwei Jahren. Denn sie wussten ja nun, dass mein Leben als Jesuit mich nicht daran hinderte, sie zu besuchen. Am nächsten Tag sollte ich nach Chicago fliegen, um den nächsten Abschnitt meiner Ausbildung bei den Jesuiten anzugehen – Das Philosophistudium an der Loyola University.

Als alle weg waren, ging ich zum Novizenmeister und dankte ihm für das viele Verständnis, das er mir während der letzten zwei Jahre gezeigt hatte. Dann gab ich ihm das Geld, das ich von meinen Freunden als Geschenk erhalten hatte. Das war die normale Praxis in der jesuitischen Armut. „Du gibst es dem Falschen", lachte Jerry. „Du bist jetzt kein Novize mehr!"

SPÄT NACHTS, nachdem wir alles aufgeräumt hatten, ging ich nach oben in die Kapelle des Novizenhauses. Es war noch warm draußen und der Ventilator an der Decke erzeugte einen feinen Luftzug in dem dunklen Raum. Ich setzte mich auf eines der Kissen, auf denen ich jeden Vormittag betete. Das Kerzenlicht, das vor dem kleinen hölzernen Tabernakel flackerte, leistete mir Gesellschaft.

Ich wollte nie Jesuit werden. Meine Herkunft legte mir etwas ganz anderes nahe als das, was ich jetzt geworden war. Als ich bei GE begonnen hatte, glaubte ich, dass ich dort meine ganze Karriere aufbauen könnte. Ich erwartete, dass ich viel Geld haben würde, ein großzügiges Bankkonto, Kreditkarten, ein Auto und vielleicht sogar ein Hypothek für ein Haus. Ich konnte mir nichts vorstellen, das mich von meinem immer genauer vorgezeichneten Lebensweg abbringen konnte.

Nie hätte ich gedacht, dass ich einmal in einem Krankenhaus arbeiten würde und Menschen begleiten würde, die sich auf den Tod vorbereiteten. In die Dritte Welt zu gehen und an der Seite von Mutter Teresas Schwestern für die Kranken zu arbeiten, war etwas, das andere Menschen taten. Es war etwas, worüber ich las oder was ich in Filmen sah. Die Obdachlosen waren Menschen, über die ich in Manhattan stieg und ansonsten ignorierte. Und ich hatte geglaubt, dass ich nichts mehr mit Siebtklässlern zu tun haben würde, nachdem ich selbst die Junior High Schol hinter mir hatte. Gebet und echte Religion, das war etwas für heilige Menschen, aber nicht für mich. Gott schien ganz weit weg zu sein.

Während ich in der Kapelle saß, war ich überwältigt davon, welchen Segen und welche Gnade ich in den letzten Jahren empfangen hatte, und wie groß die Freude war, die mein Leben als Jesuit durchdrang. In nur zwei Jahren hatte sich mein Leben, fast ohne mein Zutun, vollkommen geändert. Und vollkommen zum Besseren.

Nichts ist, wie der Engel Gabriel zu Maria sagte, unmöglich für Gott.

NACHWORT ZUR DEUTSCHEN AUSGABE

Da soll noch jemand sagen, Ordensleben würde nicht in unsere Zeit passen! James Martin jedenfalls zeigt sowohl von seiner Erfahrung, wie von der Sprache in seinem Buch her, dass es nicht so sein muss. Sicher prallen zwei Welten aufeinander, wenn er aus seinem Leben als Banker erzählt und dann seinen Weg als Jesuit beschreibt. Aber sind nicht auch schon für den Ordensgründer Ignatius von Loyola vor mehr als 400 Jahren „Welten" aufeinandergestoßen, als er sich vom Lebemann zum Ordensmann entwickelte?

Abgesehen davon, dass einen James Martin an seiner eigenen inneren Entwicklung teilhaben lässt, gibt er im Zusammenhang seines Erlebens einen guten Einblick in Tradition und aktuelle Realität des Jesuitenordens, eingeschlossen die Auseinandersetzung mit den Reaktionen seiner Umwelt auf die Entscheidung, Jesuit zu werden. Der Leser erfährt etwas über Ignatius selbst und den Prozess der Ordensgründung, aber auch über die Ordensstruktur und über die Situation des Ordens heute. Er wird ferner eingeführt in „jesuitische Grundbegriffe". Und das ist wichtig, stammen sie doch weitgehend aus einer anderen Zeit und können ohne Erläuterung durchaus missverständlich sein. Schließlich findet er eine Darstellung der so genannten „Großen Exerzitien". Sie waren nun mal der Impuls, dass der Orden überhaupt entstand, und sie sind Grundlage und zentrale Orientierung bis heute. Der Prozess der Persönlichkeitsentwicklung des Ordensgründers muss die Leitlinie der „Weise des Vorangehens" (wie Jesuiten zu sagen pflegen) bleiben, wenn die Gesellschaft Jesu ihre typische Identität wahren will.

So ist mit guten Gründen zu hoffen, dass dieses Buch Menschen von heute ansprechen, ja vielleicht sogar anregen kann, sich selbst in der Frage nach dem eigenen Leben auf jene nach der Möglichkeit der Nachfolge Jesu einzulassen.

Mein Dank gilt allen, die das Erscheinen dieser „Geschichte einer Berufung" möglich gemacht haben. Dabei freue ich mich über die Zusammenarbeit zweier Ordensgemeinschaften, der Salesianer Don Boscos und der Jesuiten, die sich auch in anderen Bereichen bewährt. Von meiner Seite aus darf ich Frau Dr. Rita Haub erwähnen, die in ihrer Kompetenz als Historikerin und Leiterin des Archivum Monacense SJ das Manuskript geprüft hat und so dem Lektorat des Don Bosco Verlags in Begriffen jesuitischen Lebens beratend zur Seite stand.

Bernd Franke SJ
Deutsche Jesuiten – München
Provinzial

Jesuiten in Deutschland, Österreich und der Schweiz – Kontaktadressen

Deutschland

Deutsche Jesuiten,
Körperschaft des öffentlichen Rechts
Provinzialat
Seestr. 14
80802 München
jesuiten@jesuiten.org
www.jesuiten.org

Kommunikationsreferat
Kaulbachstr. 22a
80539 München
online@jesuiten.org

Österreich

Provinzialat der Jesuiten
Dr.-Ignaz-Seipel-Platz 1
1010 Wien
provinzialat.at@jesuiten.org
www.jesuiten.at

Kommunikationsreferat
Dr. Ignaz-Seipel-Platz 1
1010 Wien
kommunikation.at@jesuiten.org

Kontaktstelle der Jesuiten in Österreich
Haus Manresa
Domgasse 3
4010 Linz
haus-manresa.at@jesuiten.org
www.haus-manresa.at

Schweiz

Provinzialat der Jesuiten
Hirschengraben 74
8001 Zürich
provsj@swissline.ch
www.jesuiten.ch

Kontaktstelle der Jesuiten in der Schweiz
kontakt@jesuiten.ch